인문학과 자연과학이 하나 되는 삶의 지혜

경북대학교 기초교육원
복현모둠강좌 No. 5

인문학과 자연과학이 하나 되는 삶의 지혜

찍은날 2012년 1월 12일 • **펴낸날** 2012년 1월 16일

저자 이재열 황상일 김영화 손중권 이정우 남권희
손영학 김윤상 조영기 이길재 윤재석

펴낸이 함인석 • **펴낸곳** 경북대학교출판부 • **출판등록** 1973년 10월 10일 ㉑97호

주소 대구광역시 북구 대학로 80번지 • **전화** 053-950-6741~3 • **팩스** 053-953-4692

이메일 press@knu.ac.kr • **홈페이지** http://knupress.com

정가 15,000원 • ISBN 978-89-7180-322-6 93000

※파본은 바꾸어 드립니다.

인문학과 자연과학이 하나 되는 전통과 미래

이재열 황상일 김영화 손중권 이정우
남권희 손영학 김윤상 조영기 이길재
윤재석 공저

| 머리말 |

인문학과 자연과학이 하나 되는 삶의 지혜

경북대학교 기초교육원에서는 학생들에게 여러 분야의 학문 세계를 폭넓게 보여 줄 수 있는 교양교과목으로 〈복현모둠강좌〉라는 새로운 형태의 교양과목을 준비하였다. 나는 오래전부터 자연과학과 인문학이 하나로 어울리는 통합적인 학문 세계를 학생들에게 알려 주는 것이 필요하겠다는 생각을 해 보았기에 '인문학과 자연과학이 하나 되는 삶의 지혜'라는 교과목을 제시하고 강좌를 개설하게 되었다.

〈복현모둠강좌〉는 일반 교양과목과 같이 담당 교수가 한 학기 내내 하나의 주제를 정해 놓고 혼자서 강의하는 것이 아니다. 대신에 여러 분야의 전문가들이 자기가 전공하는 분야를 중심으로 학생들에게 도움이 될 만하다고 생각하는 내용을 알기 쉽게 이야기해 주는 것이다. 그러기 위해서는 한 주에 특정한 주제를 전공한 강사가 학생들에게 주제에 관한 지식 전달은 물론이고 주제와 연관된 문화적인 여유를 느낄 수 있도록 학생들의 호기심을 이끌어 내어 이야기하는 식으로 설명하자는 것이다.

누구나 자신이 알고 있는 지식을 일방적으로 전달해 주는 강의는 얼마든지 가능하다. 그렇지만 〈복현모둠강좌〉처럼 전문적인 지식을 쌓은 여러 분야의 강사들이 학생들과 얼굴을 맞대고 자신의 경험과 지식을 들려 주며 학생들로 하여금 미래를 설계할 수 있도록 이끌어 주는 강의는 이제까지 거의 찾아보기 어려웠다. 더욱이 이 강좌에서 다루는 주제는 인문학과 자연과학이 하나로 통할 수 있는 내용을 끌어와 하나의 이야기로 아우르는 것이기에 더욱 의미가 있는 것이다.

이 과목의 진행자로서 인문학과 자연과학을 하나로 아우르는 주제를 고른다는 것부터가 쉬운 문제가 아니었고, 더욱이 주제를 고르고도 누구에게 강의를 부탁드려야 할까 하는 것도 간단하지가 않았다. 오랜 시간 고민하다가 과학과 학문 그리고 문화 분야의 발전을 위해 도움이 되는 삶의 지혜에 관한 주제를 골라 보기로 하였다. 그리고 이들 주제에 관해 옛날부터 지금까지 우리 생활과 생각에 도움을 줄 수 있는 내용을 설명해 줄 강사를 모시고자 강좌의 취지를 말씀드리고 강연을 부탁하였다. 주위에 의외로 이러한 강좌를 기다렸다는 듯이 공감하며 흔쾌히 동참해 주신 분들이 많았기에 이 강좌를 진행할 수 있었다.

〈복현모둠강좌〉의 특징 하나는 평점 대신에 가/불가(S/U) 방식으로 성적을 부여한다는 점이다. 아마도 이러한 평가는 학생들로 하여금 듣고 싶은 교양과목을 편한 마음으로 들을 수 있게 하는 장점이 있다. 어쩌면 이런 장점이 많은 학생들에게 이 과목을 신청하도록 이끌었는지도 모르겠다. 그래서인지 이 과목은 수강신청이 시작되자마자 바로 마감되어 뒤늦게 신청한 학생들에게까지 수강 기회가 돌아가지 못했다. 그렇다고 해서 수강 학생들이 이 과목을 신청만 하면 바로 학점을 받는 것으로 생각해서는 곤란하다. 매주 주제가 바뀌는 강연을 듣고 다음 시간까지 감상문을 적어 내야 비로소 출석이 인정되기 때문에 수강생은 감상문을 써야만 한다. 강연을 듣고 정성스레 쓴 감상문은 학기가 끝나고 강연 내용을 모아 책으로 발간할 때에 첨부하기로 했다. 이런 과정을 거쳐 태어난 것이 이 책이다. 그러기에 이 책에는 강사들의 이야기와 함께 학생들의 느낌이 한데 녹아 있는 또 다른 이야기까지 들어 있다.

이재열

| 차례 |

첫 번째 강의

인문학과 자연과학이 하나 되는 삶의 지혜

– 이재열 경북대학교 생명과학부

1. 이야기를 시작하며

'과학은 교양이 되는가?'라는 질문으로부터 이야기를 시작해 보자. 만약 '과학은 교양인가?'라고 질문을 바꾼다면 대답은 의외로 간단해진다. '그렇다'이거나 '아니다'라는 간단한 말로도 답이 가능하기 때문이다. 그런데 질문은 'A는 B가 되는가?'라는 형식이므로 이에 답을 하기 위해서는 A와 B, 서로의 관계를 생각해 보아야 하는 어려움이 생긴다. 그리고 이 질문에 답을 하려면 당연히 과학과 교양에 대한 생각을 다시 한 번 가다듬어 보아야 한다. 과연 과학과 교양이 어떤 것인지 그리고 이들이 서로 어떠한 관계를 만들고 있는지 조금이라도 알아야 이 질문에 제대로 된 답을 할 수 있을 것이다.

과학이란 '어떤 영역의 대상을 객관적인 방법으로 체계를 세워 연구하는 활동'을 뜻하며 '그러한 성과의 내용까지도 포함'하고 있다. 경우에 따라서는 특별히 자연과학을 가리키는 말로 쓰이기도 한다. 자연과학自然科學, Natural Sciences의

정의는 '자연계에서 일어나는 현상을 연구하는 학문으로서 자연 현상 사이의 상호관계나 원인 등을 연구하여 그에 관한 일반적인 법칙을 탐구하는 과학'이다. 그리고 자연과학은 정치·경제·사회·역사·학예 따위의 정신과학을 통틀어 지칭하는 인문학과 비교할 수 있다.

과학이 무엇인지 정확히 알지 못하는 사람이라도 한 가지 사물에 대해서 조금만 관심을 갖고 생각해 본다면 누구나 새로운 사실을 알 수 있다. 우리가 생활에서 누리고 있는 모든 것들은 과학과 기술이 밑받침을 이루고 있기 때문이다. 다시 말해 물리 · 화학 · 생물 · 지구과학 등 여러 분야에 포함된 과학적인 지식들이 생활 속에서 과학과 기술 그리고 더 나아가 문화를 이루는 기본이 된다. 모든 생활의 밑거름이 되는 과학적인 생각과 행동은 당연히 사람들의 생활에서 기본적인 교양으로 자리 잡을 수밖에 없다. 교양教養이란 '사람들의 생활 속에서 학식을 바탕으로 이루어지는 품행과 문화에 대한 지식을 통틀어 일컫는 말'이기 때문이다. 교양과 문화라는 말이 영어에서는 'culture'라는 단어로 함께 쓰이고 있다는 것을 생각해 볼 때에 이들은 서로 발음이 다를 뿐 그 뿌리는 같은 것임을 알 수가 있다.

사람들은 과학이 생활에서 기본적인 요소가 된다는 것을 느끼면서도 한편으로는 교양으로서의 과학은 인정하고 싶어 하지 않는다. 이처럼 많은 사람들은 아직도 과학이 교양이 될 것이라고 막연하게는 생각하면서도 바로 과학이 교양이라고 인정하기는 꺼린다. 그렇지만 과학도 교양이 된다는 사실을 차근차근 설명하면 사람들은 고개를 끄덕이며 인정하기도 한다. 이쯤에서 한두 가지 예를 들어 설명해 보자. 과학이라는 말조차 없던 과거에는 사람들이 어떻게 과학적인 생각을 하고 살았을까?

사람은 누구나 살아가면서 잘 살고자 노력하는 것처럼 일을 하거나 공부를 하거나 심지어 노는 것까지도 효과적으로 하고자 하며 동시에 좋은 결과를 원한다. 그러기 위해서는 누구나 머리를 쓰면서 생각하는 태도를 가져야 한다. 눈에 보이는 모든 사물에 대해 이치적으로 생각하고 원인과 결과를 생각하는 습관을 길러야 삶을 효과적으로 살아갈 수 있다는 사실을 옛날 사람들도 잘 알고 있었다. 그러기에 옛사람들은 사물의 본질이나 이치를 끝까지 연구하여 후천적인 지식을 닦는 것을 '격물치지格物致知'라고 하였다. 물론 사물의 이치를 철저히 연구하여 밝힌다는 뜻으로 '격물格物'이라고 줄여서 부르기도 했다. 이처럼 옛날 사람들이 생각하며 살아가는 모습을 표현한 또 다른 말로는 '궁리窮理'가 있다. 이것 역시 사람들이 일을 처리하거나 이치를 밝히기 위해 깊이 생각하거나 연구하는 모습을 뜻하는 말이다.

옛날 사람들이라 하더라도 요즈음 우리들이 생각하고 행동하는 것과 똑같이 생각하고 살아왔음을 금방 깨달을 수 있다. 그리고 대부분의 사람들은 옛날 사람들도 당연히 삶의 지혜를 찾으며 살았을 것이라고 인정한다. 그러다가도 사람들은 뒤돌아서면 본래의 생각으로 되돌아가 버리는 경우가 많다. 마치 많은 사람들이 간단히 생각해 버리는 것처럼, 옛날 사람들은 지금처럼 잘살지 못했을 터이니 생각도 없이 대충 살았을 것이라는 생각으로 되돌아가 버리고 만다. 과학과 교양에 대해서도 이와 마찬가지로 사람들은 간단하게 생각하기가 쉽다. 과학은 과학이고 교양은 교양일 뿐 그 이상도, 그 이하도 아닌 것으로 생각해 버리고 더 이상 깊이 생각해 보지 않는다. 그것은 아무래도 사람들의 이성이 감성보다 앞서기 때문이라고 본다. 요즈음을 살고 있는 대부분의 사람들은 이와 같이 이성의 판단에 앞서 감성으로 사물을 보는 경우가 많기 때문이다.

2. 과학은 어렵다?

해마다 날씨가 차가워지고 첫눈이 내릴 때쯤이면 한창 피가 끓어오르는 젊은이들에게 성장통成長痛 하나가 어김없이 찾아온다. 그것은 바로 해마다 실시되는 수학능력시험수능평가이라는 통과의례이다. 대학에 들어가 더 많은 공부를 하려는 꿈을 가진 젊은이라면 누구나 한번은 이 과정을 겪어야 한다. 대학에서 공부를 마치고 사회에 나아가야 개인의 삶을 개척할 수 있다고 많은 사람들이 생각하기 때문이다. 물론 이 과정을 건너뛰고 자신의 삶을 다른 방향으로 개척해 나가는 젊은이도 있지만, 그러기 위해서는 남들과 다른 대단한 용기가 필요한 것이 요즘의 현실이다.

수능평가는 인문계, 자연계, 예체능계라는 계열에 따라 나뉜다. 수능평가를 받는 젊은이들은 이 계열에 맞추어 고등학교에서 적절한 교과목을 공부하고 그에 따른 계열별 평가를 받는다. 물론 계열 선택은 자신이 결정하는 것이기에 자신의 적성에 가장 알맞은 계열을 찾아 선택한다. 그런데 계열 선택은 모두가 잘 아는 것처럼 고등학교 1학년을 마치고 2학년에 올라가면서 이런저런 조건을 맞춰 보고 결정한다. 그리고 이러한 결정에 따라 인문계열은 문과文科에서, 자연계열은 이과理科에서 그에 맞는 과목을 공부하고 3학년 때 수능평가를 치른다. 이러한 수능평가의 내용은 대한민국 국민이라면 누구나 잘 알고 있다.

아마도 고등학교 교육과정에서 문과와 이과로 나뉘어 공부하는 그 순간부터 자신의 미래가 결정되어 버린다는 사실을 심각하게 느끼지 못하는 젊은이들이 거의 대부분일 것이다. 물론 수능평가를 받을 때에 계열을 바꾸어 선택할 수 있는 기회가 열려 있다는 사실을 젊은이들도 잘 알고는 있다. 그러나 대부분의 젊은이들은 특별한 경우를 제외하고는 자신이 선택한 계열을 그대로 따라가는 경우가 훨씬 더 많다. 그러다 보니 젊은이들은 대학에서도 자신이 공부한 계열의 학과를 선택하는 것을 당연하게 여긴다. 이처럼 자신의 성향이 문과인지 이과인지 스스로 선택하고 그 계열에 따라 공부하며 대학 입학 후 학과까지도 선택하는 것이 지극히 자연스러운 현실이 되어 버렸다.

그렇다고 지금 젊은이들이 고등학교 시절에 문과와 이과로 나누어 공부하는 것이 잘못되었다고 이야기하려는 것은 아니다. 문과나 이과를 선택하는 젊은이들에게 결정적인 계기가 되는 것은 자신이 좋아하거나 싫어하는 과목이 어느 계열에 속해 있는가 하는 점이다. 그렇다고 볼 때 문과를 선택한 거의 대부분의 젊은이들은 어쩌면 이과에서 중요하게 생각하는 수학과 과학 과목이 너무나 어렵다는 생각에, 이 과목을 피해 가려는 생각으로 문과를 선택한 것으로 보아도 좋을 것이다.

사람들은 보통 자신이 싫어하는 것에는 눈길조차 주려 하지 않는다. 한번 그렇게 생각한 사람들의 생각을 바꾸게 하는 것은 아무래도 힘든 일이다. 그런데 요즈음 대학에서뿐만 아니라 사회에서도 학제 간의 통합이 이슈로 떠오르고 있다. 문과와 이과를 구분하는 교육에서 벗어나 서로 다른 성격을 가진 학문끼리도 함께 어울려 서로의 부족함을 보충해 보자는 생각에서이다. 그래서 대학교육에서도 학제 간의 통합교육은 물론이고, 학생들에게도 서로 다른 영역의 교과목을 공부하도록 권하며, 더 나아가 다른 전공도 부전공 및 복수전공으로 공부하기를 권장하고 있다. 그러나 대학생들은 고등학교에서부터 길들여진 교육 때문에 스스로의 생각을 바꾸는 것에 여러 가지 어려움을 느끼고 있는 것이다.

3. 그렇다면 방법은 없는가?

이제까지 우리는 너무나 오랫동안 문과와 이과로 나뉜 교육에 길들여져 왔기에 거의 모두가 과학은 어려운 과목이라고 생각한다. 그렇기 때문에 나이 지긋한 어른들뿐만 아니라 대학에 갓 들어온 인문계열의 신입생들까지도 여전히 수학과 과학 분야의 교과목이 어렵다고 생각하고 있다. 그렇다고 해서 잘못 심긴 생각을 바꾸는 방법이 없다고 손을 놓고 구경만 할 수도 없는 일이다. 다행히 대학생들은 젊은 편이니 이들에게 학제 간의 통합에 대한 필요성과 그 중요성을 이야기하면서 조금씩 변화의 힘을 실어 준다면 자신의 생각을 바꾸는 것이 전혀 불가능하지는 않을 것이다.

그러나 사람이 자신의 생각이 잘못되었다고 인정해도 그 생각을 금방 바꾸기는 무척 어렵다. 더욱이 이처럼 어려운 일을 사람들에게 강요하는 것은 결코 현명한 생각이 아니다. 그러기에 과학이 어렵다고 생각하는 사람들에게는 과학이 쉽다는 설명만으로 생각을 바꾸게 하는 것은 어림도 없는 일이다. 과학이 어렵다고 생각하기에 거들떠보지도 않으려는 사람들에게 아무리 과학이 쉽다고 설명한들 믿지도 않을 뿐 아니라 관심조차 보이지 않을 것이기 때문이다. 그렇지만 대학은 잘못된 것은 바꾸어야 한다는 생각을 가진 학생들에게 올바른 관점을 심어 주는 교육을 할 수 있는, 마지막 보루라고 할 수 있다. 이러한 점에서 대학에서 실시하는 교양교육은 그만큼 어렵고도 중요한 일이다.

학생을 가르치는 과정 가운데 빼놓을 수 없는 것 하나가 '인간 존중'이라는 생각이다. 억지로 강요하는 교육보다는 어떻게 해서든지 듣는 사람들의 관심을 끌어내고 그 사람들이 재미를 느끼면서 자연스럽게 지식을 얻을 수 있도록 이끌어 주는 교육이 절실하다. 물론 이러한 교육이 결코 쉬운 일은 아니다. 그러기 위해서는 우선 과학을 가르치는 사람들의 지속적인 노력이 있어야 한다. 물론 그뿐만이 아니다. 우선, 어렵다고 생각하는 과학 내용을 쉽게 설명하는 기술이 필요하고, 그 다음으로는 어렵다고 생각하는 과학 내용을 쉽게 이해시킬 수 있는 이야기를 만드는 것도 필요하다. 이러한 어려움을 이겨내고 이야기를 하는 사람과 듣는 사람 모두가 공감할 수 있는 새로운 이야기가 만들어질 때에 비로소 교육 효과가 나타나는 것이다.

이쯤에서 사람들이 자신의 생각을 바꿀 수 있는 방법에 대해서 한번 알아보자. 거의 대부분의 사람들은 자기가 싫어하는 일은 더 이상 하려고 하지도 않고 생각조차 하지 않는다. 그렇다고 세상을 살아가면서 자기가 하고 싶은 일만 할 수는 없다는 것을 누구나 잘 알고 있다. 그러나 하고 싶지 않더라도 꼭 해야 하는 일이 있다. 그래서 사람들은 어차피 피할 수 없는 일이라면 차라리 즐기라고 말한다. 이것은 맞는 말이다. 공부를 해야 하는 학생들에게도 이 말은 그대로 적용된다. 그런데 대학교육은 학생뿐만 아니라 가르치는 사람과 책 그리고 배우는 장소도 있어야 한다. 이 가운데 책은 공부할 수 있는 내용이 담긴 안내 자료이다. 그런데 이 자료가 보는 사람에게 예쁘지도 않고, 재미도 없으며, 자신과 전혀 관계가 없는 것이라고 생각하게 만든다면 자연히 학생들은 이런 자료로는 공부하는 재미를 느낄 수가 없을 것이다. 이러한 사실을 아는 사람이라면 학생들에게 어떤 자료를 제공해야 할지 고민하지 않을 수 없다.

내가 관심을 기울이고, 재미를 느낄 수 있으며, 도움이 될 만한 내용을 담은 책을 단번에 골라내기란 지극히 어려운 일이다. 이와 마찬가지로 학생들이 듣고 싶어 하고 또한 들을 만한 교과목을 선택하는 것도 결코 쉽지 않다. 이와 같은 선택의 어려움이 있을 때, 그래도 내 주변의 일과 관계되는 것이 눈에 띄면 큰 두려움 없이 선택을 할 수 있다. 내가 경험한 일은 남에게 자신 있게 이야기할 수 있는 것처럼 내가 아는 주변의 이야기라면 쉽게 이해할 수 있을 것이기 때문이다. 이러한 점에서 우리 생활 주변의 이야기는 부담 없는 친구처럼 누구에게나 가까이 다가갈 수 있다.

공부하는 데 길잡이가 되는 안내 자료인 책도 마찬가지이다. 주변에서 쉽게 찾아볼 수 있는 내용을 다룬 것이라면 어려움이나 두려움 없이 쉽게 가까이 할 수 있는 마음의 여유가 생긴다. 이런 것처럼 생활 속에 담겨있는 이야기를 끌어와 과학을 설명한다면 독자들은 거부감 없이 읽을 수 있을 것이다. 더욱이 자신이 겪었던 경험을 바탕으로 이야기를 꾸밀 때에는 이런저런 이야기가 더욱 실감나게 이어질 것이다. 그러기에 우리 생활 속에 숨어 있는 삶의 이야기를 끌어와 사람들이 어렵다고 생각하는 과학 이야기를 풀어내려는 것이 과학에 관한 책을 쓰고자 하는 사람들의 동기와 의도라고 할 수 있다. 그것은 어쩌면 이제까지 우리가 생활 속에서 눈여겨 살펴보지 않았던 과학이야기 즉, 우리 '삶의 지혜'를 둘러보고자 하는 것이라고 해도 좋다.

4. 삶의 지혜를 찾아서

우리가 이제껏 살아온 생활 속에 숨겨진 '삶의 지혜'는 보면 볼수록 멋지고 아름답다. 사람이 살아가는 데에 필요한 것들은 모두 '살림'이라는 생활에 속한다. 그리고 이런 살림 속에서 사람이 살 수 있도록 도와주는 것도 '살림'이라는 생명의 뜻으로 통한다. 이처럼 생활과 생명은 '살림'이라는 하나의 말로 어울리면서 그 속에는 과학이라는 사실에 근거한 '삶의 지혜'가 깃들어 있다. 생활과 생명이 하나로 통하는 '살림'이 '삶'으로 이어지고, 더 나아가 우리가 살고 있는 모든 삶에는 '지혜'라고 불리는 과학이 깔려 있듯이, 우리와 관계되는 모든 것들이 문화라는 하나의 길로 나아간다는 것을 항상 생각해야 할 것이다. 그것도 어려움 없이 즐거운 마음으로 말이다.

우리가 살고 있는 생활 주변을 둘러보자. 어떤 종류의 과학과 기술이 문화로 이어져 있는지 살펴보는 것도 매우 의미 있는 일이다. 우리 생활에 도움을 주는 과학기술이라고 해서 반드시 최근에 개발된 첨단기술만을 생각해야 하는 것은 아니다. 오래전부터 우리가 살아온 생활 속에는 전통과 문화라는 이름으로 여러 가지 크고 작은 삶의 지혜가 녹아들어 있다. 이러한 여러 가지 삶의 지혜는 그 시절에 가장 사용하기에 편하고 좋은 것이기에 많은 사람들이 생활에 앞다투어 이용한 것들이다. 이처럼 사람들이 즐겨 사용한 삶의 지혜는 이전 것이라 하더라도 지금까지도 쓰이며 또한 앞으로도 계속해서 사람들에게 사랑을 받으며 사용될 것이다. 그것은 어제가 없이 오늘이 있을 수 없고, 오늘이 없이는 내일이 오지 않는 것과 같이 삶의 지혜는 쉼 없이 이어지고 있기 때문이다.

우리가 지금까지 사용하고 있는 삶의 지혜는 그야말로 헤아릴 수 없이 많다. 이처럼 수많은 삶의 지혜를 의식주라는 삶의 분야로 나누고, 그 안에서 한두 가지만이라도 살펴보는 것은 아주 흥미로운 일이다. 의식주라는 삶의 조건은 우리가 살아가는 동안에 어느 것 하나라도 빠뜨릴 수 없는 중요한 요소이기 때문이다. 먼저 '주거생활'의 중심이 되는 집에 대해 몇 가지만 간단히 살펴보자. 옛날 사람들이 살았던 집을 둘러보면 구석구석에 놓여있는 자그마한 물건 하나까지도 우리 조상들의 지혜와 훌륭한 솜씨를 엿볼 수 있다.

우리나라 '집'의 고유한 특징을 꼽아 본다면 가장 먼저 떠오르는 것이 마루와 온돌이다. 사계절이 뚜렷한 우리나라에서 더운 여름에는 땅에서 올라오는 습기와 열기 그리고 병해충을 막기 위해 4개의 튼튼한 기둥을 세우고 그 위에 바닥을 깔았던 것이 발전해 마루가 되었다고 한다. 유난히 덥고 습한 우리나라의 여름을 지내기에 가장 좋은 방법인 마루를 사람들이 찾아내어 이용한 것이다. 그리고 온돌은 추운 겨울을 지내기에 가장 알맞은 방법이다. 서양 사람들의 집 구조에서 발전한 벽난로와 달리 우리나라의 온돌은 방바닥에 열기를 전해 주어 방 전체의 공기를 따뜻하게 해 준다는 특징을 가진다. 이러한 온돌은 세계 사람들이 관심을 갖고 칭찬하는, 효율적인 난방기술이다.

이와 같은 우리나라 집의 구조에서 마루와 온돌은 여름과 겨울의 더위와 추위를 피하고 이겨내는 데에 제 몫을 하면서 생활 속에 즐거움과 여유를 더해 주고 있다. 그러나 요즘에는 마루와 온돌방을 찾아보기가 힘들다. 우리 주변에서 전통가옥의 수가 줄어들고 이를 대신하는 아파트가 들어서고 있기 때문이다. 국민의 절반 이상이 살고 있는 아파트에는 멋스럽게 짠 통판나무 대신 무늬만 비슷하게 만든 장판이나 나무를 얇게 깎은 쪽판이, 온돌처럼 방을 데워 주는 파이프 온돌 위에 깔려 있을 뿐이다. 온수로 파이프를 데우지 않으면 마루처럼 시원한 느낌이 드는 것은 마치 옛날의 마루를 그대로 이용하는 것처럼 보이기도 한다. 그렇지만 오늘날 우리가 사는 거의 대부분의 집은 콘크리트와 시멘트 그리고 유리와 플라스틱 등을 이용해 지었다. 이런 집은 바람이 통하지 않아 마치 감옥같이 '죽은 집'이다. 이에 비해 전통가옥인 기와집이나 초가집은 자연에서 구할 수 있는 나무와 돌 그리고 흙과 짚 등의 자연소재로 만들어 인체에 해를 끼치지 않는 자연친화적인 집이다. 그야말로 '살아 숨 쉬는 집'이라고 할 수 있다.

우리가 하루도 거르지 않고 매일 먹어야 하는 음식도 마찬가지다. 우리나라 사람이라면 당연히 먹는 음식은 밥과 반찬이다. 반찬에서 장醬과 젓갈 그리고 절임 등의 기본반찬과 함께 빼놓을 수 없는 것이 김치이다. 우리가 먹는 김치에는 여러 종류가 있지만, 이들 모두가 발효식품이고, 또한 장과 절임도 모두 발효식품들이다. 이처럼 우리가 즐겨 먹는 발효식품은 발효미생물을 이용한, 살아 숨쉬는 음식이다. 옛날사람들은 발효식품을 이용하면서 오랫동안 음식을 보관하는 방법을 찾아내어 여러 가지 필요한 영양소를 충분히 섭취했던 것이다.

더욱이 옛사람들은 봄부터 가을까지 나무와 풀들이 자라는 동안에는 언제나 싱싱한 채소를 마음껏 먹을 수 있는 지혜를 찾아내었다. 그것은 바로 '텃밭'이다. 텃밭을 한마디로 표현하자면 '살아 있는 자연냉장고'라고 할 수 있다. 요즈음에는 채소를 냉장고에 넣어 보관하지만, 흙에 뿌리를 박고 살아 있는 상태가 아니라 뿌리가 잘린 상태이기 때문에 싱싱하게 보관되는 기간은 불과 며칠에 불과하다. 그러기에 채소를 싱싱한 상태로 보관하자면 기껏해야 땅에 묻거나 깊은 굴안에 넣는 정도가 오늘날의 냉장고를 대신하는 방법일 것이다. 그렇지만 텃밭에서 기른 채소는 사람들이 뜯어서 바구니에 담는 그 순간에도 살아 숨 쉬고 있었을 것이다. 이보다 더 싱싱한 채소가 어디 있겠는가? 아무리 과학의 힘이 발달해도 밭에서 갓 따온 것만큼 싱싱하고 맛있는 채소는 없을 것이다.

과학과 기술은 우리의 생활에 편리함을 가져다주었지만, 한편으로는 우리가 잃어버린 것도 있다. 봄부터 가을까지 이런저런 수많은 종류의 채소와 과일을 밭에서 길러 먹을 수 있지만, 날씨가 추운 겨울에는 싱싱한 푸성귀나 열매를 마음대로 먹을 수가 없다. 그러나 요즘에는 추운 겨울에도 온실에서 많은 에너지를 들여 기른 여러 종류의 채소는 물론이고 수박이나 딸기, 참외 등의 과일도 먹을 수 있게 되었다. 그렇지만 그 맛은 아무래도 더운 여름에 땀 흘리며 길러 먹는 것만큼 맛있지는 않을 것이다. 더욱이 겨울에 먹는 채소와 과일은 아무래도 제철만큼 값싸지는 않을 것이다.

과학의 힘으로 예전에는 상상할 수도 없을 정도로 계절의 한계를 뛰어넘는 여러 가지 일들이 우리 생활 속에서 일어나고 있다. 그렇지만 무분별한 개발에 따른 생활의 변화는 알게 모르게 우리로 하여금 우리가 지켜야 할 중요한 것도 조금씩 사라지게 하고 있다. 이러한 생활의 변화 속에서도 옛것을 찾고 또한 옛것으로 돌아가려는 움직임을 곳곳에서 찾아볼 수 있다는 것만으로도 다행이라고 할 수 있다. 우리는 집 안에서도 친환경 소재로 만든 벽지를 바르고 자연 상태에 더 가까이 다가가는 생활을 희망하며 먹을거리도 자연에서 기른 것을 선호한다. 한 발짝 더 나아가 뜻있는 사람들은 아예 시골로 돌아가서 텃밭을 가꾸고 농사를 지으며 살고자 하기도 한다.

우리가 입는 옷도 그렇다. 합성섬유로 만든 옷은 구김이 없고 탄력이 높으며 대량생산으로 인해 값이 싸 경제적이기는 하지만, 인체에 부작용을 일으키고, 땀을 잘 흡수하지 못하는 단점이 있어서 요즘에는 사람들이 천연섬유로 만든 옷을 더 선호하고 있다. 이처럼 자연으로 되돌아가려는 사람들의 첫걸음은 작은 일로부터 시작되고, 자연을 향하는 사람들의 생각과 뜻을 하나로 합치는 자그마한 행동에서부터 시작될 것이다. 아스팔트와 시멘트로 둘러싸인 무채색 도시에 살고 있는 우리에게 가장 필요한 것은 흙과 나무, 풀과 꽃이 어우러진 유채색 환경을 만들어 가는 것이라고 할 수 있다. 자연을 꿈꾸는 사람들에게 한 가지 답을 줄 수 있는 것은 어쩌면 우리 옛 선조들이 찾아낸 훌륭한 삶의 지혜를 오늘에 되살리는 것이 아닐까 생각해 본다. 자연 속에서 자연과 더불어 살아가는 사람들에 의해 역사가 이루어지고 시간이 흐르면서 삶의 지혜가 모여 문화로 발전해 가는 것이 우리 삶의 모습이다. 사람은 자연을 벗어나서는 살 수 없는 존재이기 때문이다.

| 감상문 |

우리생활의 재발견

권혜림(화학공학과)

여름방학 기간에 경영학과와 공과대학 학생들을 대상으로 추진된 리더십아카데미에서 경영학과 학생들이 자신감 넘치는 태도로 사회가 돌아가는 현상에 대해 발표하는 모습을 보며 문득 나는 공대생이라는 핑계로 전공 공부에만 집중하다 보니 요즘 우리가 '교양'이라고 부르는 것들과는 멀어졌다는 생각이 들었다. 이번 학기에도 전공으로만 시간표를 채울 수는 없다는 생각이 들어 다양한 교양 과목들을 찾아보던 중에 복현모둠강좌의 강의계획서를 보니 여러 분야의 교수님들에게서 다양한 주제의 강연을 들을 수 있다는 점이 마음에 들어 신청하게 되었다.

첫 강의에서 교수님의 말씀을 듣고 역시 잘 선택했다는 생각이 들었다. 하고 싶었던 것이 정말 많았던 나는 고등학교에서 문·이과를 선택할 때 한참 고민했다. 이과반에 들어가게 된 뒤로 지난 5년간 나는 과학을 전문으로 배우는 학생이었고 인문학, 사회과학 등 소위 문과계열의 분야들과는 너무나 멀어져 있었다. 교양은 곧 문화이고 모든 학문은 결국 하나로 연결될 수 있으며 세대 간 소통의 벽이 있더라도 좌절하지 말고 도전하라는 교수님의 말씀 덕분에 마음 편히 강연에 집중할 수 있었다.

이번 강연에서는 의식주문화에 대해 되돌아보았다. 인간의 의식주생활에 미생물의 생존환경을 대입한 것은 매우 흥미로웠으며 의식주는 인간뿐만 아니라 모든 생물체가 살아가는 데 있어서 필수적인 요소라는 것을 쉽게 이해할 수 있었다. 다만 인간들에게 있어서는 그것이 단순한 생존요소를 넘어 삶을 편리하게 하거나 미적 감수성을 표현하여 정서적인 부분을 채워 주는 등 문화적인 의미를 함께 포함하고 있다. 나는 이것이 바로 다른 생물체와 인간을 구분할 수 있게 하고, 인간이 스스로 자신들을 지적 생명체라고 말할 수 있는 근거라고 생각한다.

의식주문화에서 우리 조상들은 실용과 자연친화 그리고 멋을 동시에 잘 추구해 왔다. 주변에서 흔히 볼 수 있는 나무, 흙, 돌 등으로 집을 지었고 추수를 한 뒤 나오는 지푸라기를 가축에게 먹이고, 그 남은 것들로 초가집의 지붕이나 각종 살림도구를 만들었다. 또한 자연에서 자라난 식물을 이용해 아름다운 빛깔의 옷을 지어내고 식물뿐만이 아니라 황토를 이용해서도 소박하면서도 멋이 느껴지는 황토색으로 물들이기도 했다. 어디 이뿐인가, 냉장고와 비닐하우스가 없던 그 옛날에 제철 과일과 채소만으로도 다채로운 식단을 만들고 석빙고가 없이도 텃밭에서 신선한 채소를 직접 길러다 먹고 김치와 젓갈과 같은 발효식품으로 저장문제를 해결함과 동시에 풍미와 맛 또한 지켜냈다. 우리의 선조들은 참으로 지혜로운 분들이었다.

그러나 오늘날 우리는 어떠한가? 도시의 좁은 땅덩어리로 사람들이 몰려 들어가자 공간의 효율성을 높이겠다며 아파트를 지어 올리는 모습을 볼 수 있다. 도시에도 숲은 숲이되 시원한 바람과 새소리 대신 에어컨 실외기에서 쏟아져 나오는 열기와 각종 소음들로 뒤덮인 빌딩숲이 퍼져나가고 있는 것이다. 또한 나날이 높아지는 건물이 무너지지 않기 위해 더 튼튼하게 만든다며 철근과 콘크리트를 붓고, 그 안을 멋지게 꾸미겠다고 마룻바닥 대신 플라스틱과 각종 화학합성 물질들이 포함된 바닥과 벽지, 가구들로 채운다. 나날이 높아지는 건물들 속에서 사람들은 소음공해는 물론이고,

아토피와 새집증후군에 시달리고 있다.

화학물질은 건물에만 있는 것이 아니다. 우리가 입고 있는 옷을 보면 폴리에스테르와 같은 합성섬유가 있고 면 100%라고 하더라도 화학물질로 색을 입혀 놓아 피부가 민감한 사람들은 옷도 편히 입지 못한다. 이뿐 아니라 음식 속엔 방부제를 비롯한 각종 화학물질과 맛있게 보이기 위한 색소가 들어 있어 우리의 마음을 불안하게 만든다. 의식주생활은 인공적인 것들로 가득 차 버린 것이다. 더 큰 문제는 화학물질을 만들기 위해서는 더 많은 화학폐기물들이 자연으로 배출되어 환경을 파괴하고 있다는 것이다. 최근 웰빙이나 친환경주의라는 말이 널리 퍼지며 점차 천연재료를 사용하는 경우가 늘어나고 있다지만 우리의 의식주문화는 여전히 자연스러운 것이 아닌, 인공적인 것들로 가득 차 있다.

'온고지신溫故知新'이라는 말이 있다. 매일 아침 첨단과학기술이 쏟아져 나오는 오늘날, 당장 과거와 같은 생활로 돌아가기란 쉽지 않다. 그러나 우리 선조들이 어떻게 자연에 순응하고 또 자연을 지혜롭게 이용하면서 자연과 더불어 살아왔는지 다시 한 번 되새길 필요가 있다. 말로만 친환경을 찾을 것이 아니라 생활 속 사소한 것부터 자연에 순응하는 태도를 길러 간다면 우리의 파괴적이고 소비적인 의식주문화에서 자연친화적이며 한반도의 멋을 이어가는 의식주문화로 바꾸어갈 수 있으리라 생각된다.

두 번째 강의

낙동강 하류부 홀로세Holocene 충적평야 지형발달

– 황상일 경북대학교 지리학과

1. 들어가며

충적평야는 지질시대 중 가장 최근에 해당하는 신생대 제4기 후기에 형성되었다. 하천이 퇴적한 충적층으로 이루어진 평야란 의미의 충적평야는 주로 하천을 연하여 분포하며, 하천의 범람에 의해 공급된 퇴적물로 이루어진다. 대단히 평탄하므로 미세한 고도차에 의해 구분되는데, 충적평야 미지형 각각의 특징에 따라 독특한 생태계가 구성되며, 생물들에게 다양한 서식공간을 제공한다.

충적층은 하천 퇴적층을 의미하나, 다소의 해성층과 호성층이 포함될 수 있다. 즉, 유수에 의해서 운반되는 충적층은 다소의 층상구조를 가지며, 자갈, 모래, 실트, 점토로 구성되며, 그 구성 비율은 하천의 유황에 따라 차이가 있다. 또한 충적평야에서 충적층을 담고 있는 하곡은 하천 하류부에서 최후빙기 최성기에 해면이 낮아지면서 이에 대응하여 하상고도가 최대로 낮아지면서 형성한 침식곡이다. 현재의 충적평야는 후빙기에 이르러 하천의 침식기준면이 다시 높아짐에 따라 침식곡을 매적하면서 형성된 것이다.

따라서 충적평야는 대하천의 하류부에서 그 분포가 가장 넓어 홍수 시 하천의 범람에 의해 하도 양안에 자연제방이 형성되고, 그 배후에는 상대적으로 퇴적물 공급이 줄고 입자가 세립화되어 낮은 저지대에 습지 등의 미지형이 나타나게 된다. 일반적으로, 충적평야는 범람원과 동의어로 인식되고 있으나 충적평야가 보다 포괄적인 지형 용어이다. 그러나, 한반도 대하천 주변의 충적평야는 한강을 비롯하여 구조선의 지배를 받는 경우가 많고, 전반적으로 산지 및 구릉지가 하천에 근접해 있어서 하천의 규모에 비해 충적평야의 면적은 그리 넓지 않다. 대신 대하천 본류로 유입하는 지류의 하류부에서는 충적평야의 면적이 상대적으로 매우 넓다.

특히, 하천의 하류부는 지난 빙기 최성기 이후 기후온난화에 의해 해면이 상승할 때 이에 순응하여 하천의 침식기준면이 함께 상승하였으며, 홀로세에 이르러 해면이 안정된 후에도 미세한 하천 침식기준면의 변동은 하류부 충적평야에 그 증거가 남아 있다. 따라서 본 연구에서 다루는 충적평야는 현재의 침식기준면에 순응하는 홀로세로 형성시기를 국한하여 내용을 전개한다.

한편 충적평야는 주변에 물을 얻기 쉽고 넓은 용지를 제공하므로 인간들이 일찍부터 거주지, 경지로 이용하였으며, 근대 이후 산업화가 진전되면서 도시와 공단이 들어서면서 지표면 중 가장 인구밀도가 높고 토지이용율이 높은 지역이 되었다. 따라서 이 지형은 공업화가 본격화 된 20세기 중기 이후 대부분 크게 변형되었으며, 자연적인 생태계가 보전된 곳은 거의 없다. 그러나 충적평야는 현재도 계속 지형발달이 이루어지고 있는 공간이므로 더 이상 인간에 의한 영향이 자연현상을 거스르는 쪽으로 미치지 않는다면 자연은 그들 본래의 모습을 회복할 수 있을 것이다.

20,000~18,000년 BP 경의 최종빙기 최성기 이후 급하게 상승한 해면이 약 7,000년 BP 경에 현수준에 도달한 이후 미변동을 거듭하면서 현재에 이르렀으

므로, 현재의 충적평야 윤곽이 갖추어지기 시작한 것은 그리 오래되지 않았다. 그러므로 충적평야는 앞으로도 계속 해면의 변동에 순응하여 발달할 것이다. 다만 산업혁명 이후 화석연료의 사용이 크게 증가하면서 대기 중 온실가스의 비율이 높아지면서 기후변화가 예상되고 이에 따라 해면상승이 있을 것이므로, 이것이 충적평야의 발달에 어떤 영향을 미칠 것인지에 대해 연구가 이루어져야 할 것이다.

본고에서는 충적평야가 형성된 홀로세의 시기를 정의하고, 홀로세 해면변동과 관련하여 남해안으로 유입하는 낙동강 하류부 충적평야의 지형발달을 검토하였다.

2. 충적평야와 홀로세Holocene의 정의

충적평야alluvial plain의 의미는 영국·미국의 경우와 중부 유럽·일본에서 사용되는 것이 다르다. 중부 유럽 및 일본에서는 최종빙기에 형성된 침식곡을 최종빙기 최성기 이후에 매적하면서 형성된 하천 연변의 퇴적평야를 말하며, 이와 같은 평야는 현재의 침식기준면과 순응하는 평야지형을 형성하고 있다(조화룡, 1987).

이와 같은 의미로 사용된 충적평야를 이해하기 위해서는 신생대 제4기, 플레이스토세Pleistocene와 홀로세Holocene, 최종빙기, 최종빙기 최성기 등의 용어를 알아야 한다. 지질시대의 가장 최근에 해당하는 신생대는 약 6,300만 년 BP 이후부터 현재까지인데 제3기와 제4기로 나누어진다. 제4기는 약 200만 년 전부터 현재까지의 시기인데, Pleistocene플레이스토세와 Holocene충적세 또는 홀로세, 완신세, 현세로 나누어진다. 플레이스토세는 빙기와 간빙기가 반복적으로 되풀이되어 기후변화가 매우 컸던 시기로서, 마지막 빙기(또는 최종빙기)가 끝나는 1만 년 BP 경을 경계로 이후 시기가 홀로세이다.

최종빙기는 약 8만 년에서 1만 년 BP 사이의 시기로 북알프스에서는 뷔름Würm빙기, 북미에서는 Wisconsian 빙기로 불린다. 약 7만 년 동안 계속된 추운 시기 중 가장 추운 시기가 최종빙기 최성기LGM: Last Glacial Maximum인데 약 18,000년 BP로 알려져 있다. 이때 바닷물 중의 많은 수분이 얼음의 형태로 육지에 고정되면서 해면이 하강하였는데 현재보다 약 140m 아래에 있었던 것으로 보고되고 있다.

제4기의 기후변화는 동식물의 공간분포뿐 아니라 지표의 기복에도 많은 변화를 초래하였는데, 중위도에 위치한 한반도의 경우 산지에는 풍화와 침식작용이 왕성한 시기와 미약한 시기가 반복되고, 하천과 해안에서는 침식과 퇴적작용이 되풀이되면서 다양한 지형이 형성되었다.

특히 해안에서는 침식기준면인 동시에 퇴적기준면이 되는 해면이 승강운동을 되풀이하여 다양한 지형 형성에 크게 영향을 미쳤다. 홀로세는 1969년 파리에서 열린 국제제4기연구연합회의INQUA에서 만빙기 북부유럽에서 최후의 저온기인 영거드라이아스Younger Dryas기의 상한으로 하자는 원칙을 세우고 10,000년 BP로 하되 지방적인 편차를 인정하기로 하였다.

제4기의 시작은 영장류의 활동이 시작된 때와 거의 일치하는데, 인간들은 이러한 자연환경변화에 적응하면서 문명의 진화를 이루었다. 특히 최종빙기의 환경변화는 인간에게 대단히 큰 자극을 주었으며 빙하기를 벗어난 후 농경이 시작되는 신석기문화단계로 진입한다. 이와 같은 문화단계의 변화를 환경에 의한 자극의 영향으로 보는 견해도 있다(A.Goudie, 1992).

제4기 환경변화는 지형학 및 자연지리학, 해양학, 고고학, 고대사학, 생물학, 지구물리학, 지구화학, 건설공학 등 다양한 학문분야에서 관심을 가지고 연구하고 있다.

3. 한반도 최종빙기의 환경

가장 최근의 지질시대인 신생대 가운데 제4기Quaternary 플레이스토세Pleistocene는 대략 200만 년 BP부터 현재까지를 의미하며 기후변화가 대단히 심하여 빙기와 간빙기가 수십 번 반복되었다. 마지막 빙기는 약 70,000~10,000년 전에 있었는데, 이 시기 동안에도 기후는 항상 같지 않고 변화를 거듭하였다. 중위도에 위치한 한반도의 경우 산지에는 기후변화에 따라 풍화와 침식작용이 왕성한 시기와 미약한 시기가 반복되었고, 하천과 해안에서는 침식과 퇴적작용이 되풀이되면서 다양한 지형이 형성되었다. 특히 해안에서는 침식기준면인 동시에 퇴적기준면이 되는 해수면이 승강운동을 되풀이하여 다양한 지형 형성에 크게 영향을 미쳤다. 아울러 이와 같은 기후변화는 동, 식물의 공간분포에도 큰 변화를 초래하였을 것으로 판단된다.

심해저 보링코아boring core의 퇴적물 분석에 의하면 최종빙기는 전기아빙기MIS 4, 아간빙기MIS 3, 후기아빙기MIS 2의 세 시기로 세분된다. 이들 중 가장 한랭한 시기인 후기아빙기MIS 2는 대략 20,000~18,000년 BP로서 최종빙기 최성기LGM로 불린다. 이후 기후가 온난해지면서 해수면은 급격하게 상승하게 되었다. 제4기 환경변화는 여러 분야에서 연구되어 '제4기학'이란 학문을 탄생시켰다. 이전의 어느 시기보다도 변화무쌍한 자연환경 속에서 인류가 출현하여 환경에 적응하면서 현재에 이른 과정이 연구의 대상이 되므로 여러 학문 분야에서 제4기에 관심을 가지고 있다. 아울러 현재의 자연환경을 정확하게 이해하고 미래를 예측하기 위하여 과거의 환경을 파악하는 고환경 복원방법은 제4기학의 중요한 연구주제로서 최근 다양한 연대측정법을 기초로 해석이 더욱 정교해지고 있다.

제4기 가운데 최종빙기 최성기의 자연환경은 현재와 가장 가까운 시기의 빙기로서 자료가 상대적으로 많이 남아있으므로 복원이 유리하며, 한반도의 다양한 지형면들의 형성과정을 이해하고 당시 인간생활을 파악하는 중요한 기초자료가 된다. 최종빙기 최성기 기후환경을 검토하기 위해서는 동아시아의 현재 및 과거 기후 특성에 미치는 계절풍 및 탁월풍의 특성을 파악하고 최종빙기 한대전선의 분포를 밝히는 것이 중요하다. 당시 낮아진 해수면에 대응하여 얕은 바다는 공기 중에 드러났고 해안에는 침식이 부활되었으며, 기후환경을 복원할 수 있는 미화석들이 한반도 내륙 최종빙기 최성기의 퇴적물에서 보존되어 있다. 한편, 육상에 비해 잘 보존되어 있는 해저 심해저 퇴적물 보링 코아의 분석 결과에서도 최종빙기 최성기에 관한 많은 정보를 획득할 수 있다. 동시에 화분분석을 이용한 미화석 분석으로 최종빙기 최성기의 동식물 분포 특징과 자연환경을 복원할 수 있다.

1) 최종빙기 최성기 해안선 분포와 황해 해저 퇴적물 분석 결과

최종빙기 최성기 동북아시아의 바다와 육지의 분포는 현재와 크게 차이가 난다. 동지나해의 대륙붕과 황해는 낮아진 해면으로 공기 중에 완전히 드러났다. 따라서 제주도를 포함하여 한반도는 유라시아 대륙에 폭넓게 연결되었고, 중국과의 사이에 경사가 완만한 저지가 넓게 분포하였다(그림 1).

퇴적학적 연구에 의하면, 최종빙기 동안 아시아 중앙부에서는 카스피해에서 현재 동중국해의 대륙붕지역까지 여러 개의 소규모 사막으로 이루어진 건조지역인 반원형 사막지대semicircular desert zone가 분포하였고(그림 2), 황해의 해양조사 결과와 천해 보링주상도 분석 결과에서도 서해 해저에서 최종빙기에 형성된 사막의 존재를 확인하였다.

한편, 최종빙기에는 쓰시마對馬해류가 동해로 유입하지 않아 동해는 커다란 호수 환경이었고 수온은 현재보다 7~8°C 낮아 8~12°C 정도였던 것으로 보고 있다. 동해에는 해수가 유입되지 않아 육지에서만 물이 공급되었으므로 표면은 담수로 덮였을 것이다. 증발량도 현재보다 현저하게 적어 동해 주변은 강설량이 훨씬 감소하였을 것이다.

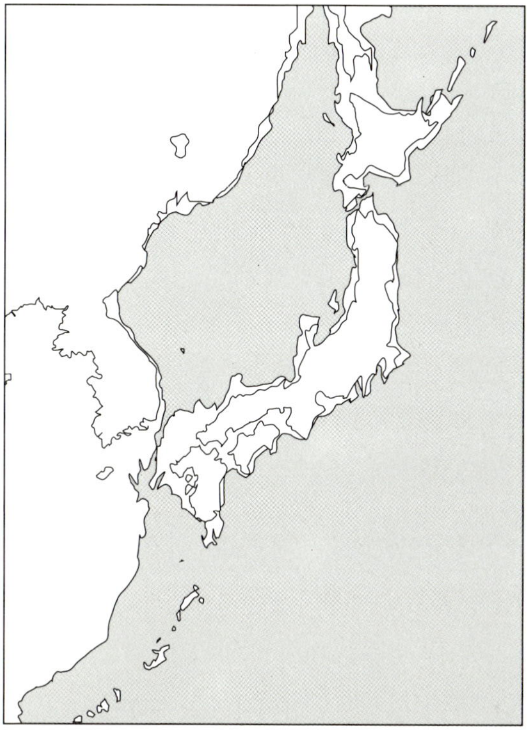

〈그림 1〉 최종빙기 최성기 한반도 주변 해안선분포(郡須孝悌, 1980)

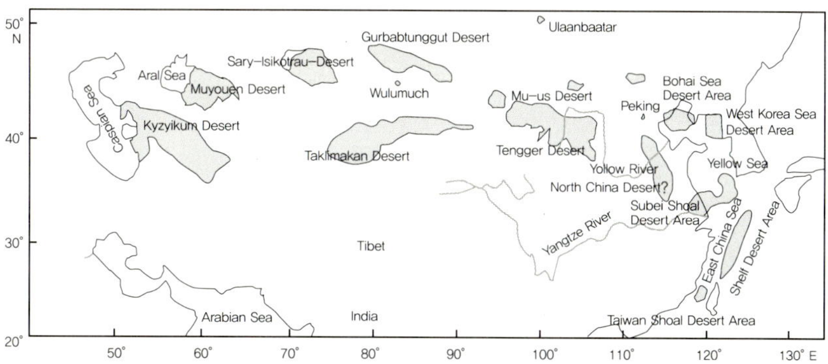

〈그림 2〉 최종빙기 최성기의 중앙아시아 반원형 사막 분포(Qin and Zhao, 1991)

2) 한반도의 최종빙기 식생

한반도의 최종빙기 최성기에 대한 고기후 식생 자료는 많지 않을 뿐 아니라 층준의 두께도 대부분 얇아서 상세한 식생환경이나 기후변화를 파악하는 데 무리가 있다. 따라서 현재까지의 화분분석 결과 가운데 경상북도 영양(Hwang(Yoon), 1994; 윤순옥 · 조화룡, 1996), 속초 영랑호(安田, 1980), 부여 규암 나복리(윤순옥, 2009)와 천안 불당동 지역(박지훈, 2006), 그리고 제주도 Hanon Maar 호수 지역(정철환, 2007) 등 5 지역에서 한반도의 최종빙기 식생환경에 대한 보고가 있었다.

속초 영랑호에서는 약 7m 두께의 호소층 맨하부층 화분대 I이 대략 17,000~15,000년 BP를 지시하여 LGM에 가까운 시기의 화분조성임을 알 수 있다. 즉, 아한대성 수목인 전나무Abies속屬, 잣나무속Pinus Haploxylon, 가문비나무속Picea, 이깔나무속Larix이 거의 동일한 비율로 출현하여 현재의 식생과 매우 상이하므로 한국 중부 동해안 영동지방의 가장 추웠던 시기의 식물상으로 간주된다.

경북 영양지역에서는 화분대 III의 마지막 시기인 IIId 시기가 최종빙기 최성기와 대비된다. 즉, 보링지점 YY1에서는 26,200~15,000년 BP 시기에 가문비나무속Picea을 주로 하는 자작나무Betula속이 우점하였고, YY2에서는 20,600~15,000년 BP에 자작나무를 주로 하는 가문비나무속이 우점하였다. 최종빙기 최성기를 전후한 영양 일대는 가문비나무와 자작나무속 등의 목본이 전체 화분량의 20~40%에 지나지 않았고, 초본은 크게 우점하여 삼림이 희박한 냉량하고 척박한 식생환경을 나타내었다. 영양에서는 영랑호에서 중요한 수목인 전나무속과 이깔나무속의 비율이 거의 출현하지 않았고, 영랑호에서는 영양에서 크게 우점하였던 자작나무속이 거의 나타나지 않았다.

충남 부여 규암면 나복리에서는 약 30,000~20,000년 전의 토탄층에서 소나무속이 우점하였고, 그 가운데 오엽송인 잣나무속Pinus koraiensis이 다량 출현하여 한냉한 기후환경을 지시하였다. 이 시기는 약간 앞서지만 최종빙기 최성기 환경에 근접하는 것으로 평가된다. 한편, 오리나무속Alnus과 참나무혼합림EMW의 출현율도 높은데 소나무속Pinus이 감소하면서 상대적으로 증가하였다. 목본조성은 영양지역과 달리 가문비나무속이나 자작나무속의 비율은 매우 낮았다. 반면, 영양지역과 유사하게 오이풀속Sanguisorba, 산형과Umbelliferae, 국화과Compositae, 쑥속Artemisia 등을 중심으로 벼과Gramineae와 사초과Cyperaceae 등 초본화분이 우세하였다.

〈표 1〉 경북 영양지역의 최종빙기 이후의 식생변화(윤순옥, 조화룡, 1996)

profil TT1

m.a.s.l (m)	sedimentary facies	Pollenzone		doninant AP	y. BP
240.0	plowed soil				
239.0–238.0	silt				
(unconformity)					15000(?)
237.0–236.0	compact decomposed brown peat	III	d	Betula-Picea	
235.0		III	c	Picea-Betula	
		III	b	Pinus	
234.0		III	a	Betula	43000(?)
233.0		II		Quercus	
		I		Betula	60,000(?)
232.0	sand with gravel				

profil TT2

m.a.s.l (m)	sedimentary facies	Pollenzone		doninant AP	y. BP
240.0	plowed soil				
239.0	fiberous silty peat	V	c	Pinus-Quercus	
238.0		V	b	Pinus-Quercus	
237.0	fiberous peat	V	a	Pinus-Quercus	
		IV	b	Quercus	6000(?)
236.0		IV	a	Tilia	
(unconformity)					15000
235.0	compact decomposed brown peat	III	d	Picea-Betula	
234.0		III	c	Betula-Picea	
233.0		III	b	Pinus	
		III	a	Betula	43000
232.0	sand with gravel				

충남 천안 불당동 지역은 현재 냉온대 남부/저산지형의 낙엽활엽수림 지역이지만, 최종빙기 최성기를 벗어난 시기부터 만빙기 후기까지(16,000~12,000 yr BP)의 화분조성은 신갈나무Quercus mongolica와 잣나무Pinus koreana가 중심이며, 이것으로 볼 때 당시의 기후는 현재보다 훨씬 한랭하였다. 천안 지역은 부여 규암과 유사하게 잣나무속과 소나무속 그리고 참나무속을 포함한 냉온대 북부/고산지형의 침엽수 · 활엽수혼합림지역으로 분류되었다.

즉, 영랑호나 영양지역과 달리 부여 규암과 천안 불당동 일대의 LGM 동안의 목본 화분조성은 비교적 온난, 습윤성 온대 활엽수가 중심이었다. 그러나 충남의 두 지역 모두 초본류 비율이 목본류 보다 월등하게 높아서 홀로세 식생환경과는 뚜렷한 차이를 보인다. 목본의 이와 같은 조성은 당시의 기후가 대단히 건조하고 상당히 한냉하였음을 지시한다. 현재는 한반도 동 · 서부 지역 간에 큰 기후차이가 없는 온대 낙엽활엽수림이 출현하지만 당시에는 동해안에 비해 한반도 서부 지역이 상대적으로 온난하였다.

이러한 특징은 최종 빙기 최성기 한반도 동 · 서부 지역의 지형 및 수문 차이에서도 찾을 수 있다. 서부지역은 황해로 이어지는 완만한 사면경사를 유지하였고, 또한 황해 가운데에는 황하나 양쯔강으로 이어지는 크고 작은 하곡이 형성되어 동부 지역보다 온난하였을 것으로 판단된다. 그럼에도 불구하고 한반도 남부 지방은 목본의 밀도가 낮고 주로 초지가 넓게 전개되는 식생 경관이었을 것이다. 이것은 낮은 해면 고도와 강한 대륙고기압의 영향, 그리고 한대전선의 하강 등으로 인해 최종 빙기 최성기에는 서부 지역도 한냉하고 건조한 기후환경에 있었음을 시사한다.

한반도 남부에서 LGMMIS 2 동안 가장 한냉한 화분분석 결과가 제시된 경북 내륙 영양 지역에는 가문비나무속과 자작나무속이 우점하는 가운데 전반적으로 초지가 우세하였다. 이러한 특징은 최종빙기 중 아간빙기MIS 3의 참나무속 우점기와 전혀 달랐다. 현재의 식생 분포 패턴과 상이한 지역인 경북 영양에서 확인된 화분조성을 통해 당시의 기후환경을 검토하였다. 〈그림 3〉은 이들 주요 식생들의 생태적 특징을 나타낸 것이다.

자작나무속Betula은 연강수량 1,500mm 정도, 7월 평균기온 15°C를 적정온도로 하는 한대성 수목이며, 가문비나무Picea는 7월 평균기온 12~15°C, 연강수량 800~1,200mm이나, 1,500mm를 넘지 않아야 한다. 특히 가문비나무는 생육조건 중 온도와 강수량에 있어서 참나무속Quercus과 대조적이다. 연평균 4°C가 이들 사이의 경계온도로, 이보다 따뜻하면 참나무속이 우점하고 냉량하면 가문비나무가 우점한다(그림 3).

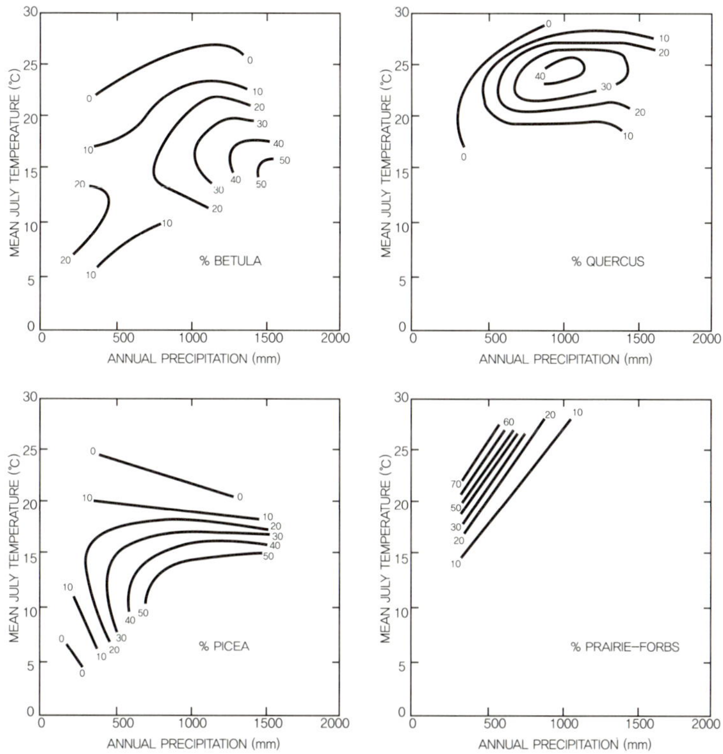

〈그림 3〉 주요 식생별 7월 평균온도와 연강수량 분포도(Bartlein et al., 1986)

최종빙기 최성기에 경북 영양에서 우점하였던 목본들의 서식환경과 현재 한반도 남부에서 우점종인 참나무속의 최적 서식 환경을 비교하면, 당시 이 지역의 7월 평균기온은 현재보다 약 10°C 정도 낮았으며, 초본들이 광범위하게 분포하는 가운데 한대성 수목들이 입지한 환경이었음을 확인할 수 있다. 이러한 특징은 한반도 기타 지역에서도 유사하게 적용될 수 있을 것으로 판단된다.

3) 최종 빙기 최성기의 동아시아 한대전선의 분포와 기후특성

동아시아의 최종빙기 최성기의 자연환경 및 고기후를 파악하기 위하여 중국 및 일본의 한대전선의 분포 및 식물 분포 특징을 파악하였다. 당시의 한대전선의 위치는 당시의 고기후를 이해하는 중요한 관건이 된다. 일본의 경우, 한대전선은 당시의 식생분포로 볼 때 여름에도 세토나이카이-큐우슈우 북부를 연결하였으나 한반도에서는 난대상록활엽수가 가장 남쪽인 제주도에도 분포하지 않았다.

일본 열도에서 복원된 최종빙기 최성기의 한대전선, 황해의 해양퇴적물 특성과 위도와 대비되는 반월형 사막의 분포, 화분분석 결과로 추정한 고식생환경, 그리고 당시의 한반도 기후특성 등을 참고할 때 한국의 최종빙기 최성기 한대전선은 제주도를 벗어나 훨씬 남쪽으로 바다를 통과하였다. 즉, 일본을 중심으로 하는 최종빙기 동북아시아에서 한대전선은 하계에도 일본의 세도나이카이-대마도와 제주도의 남쪽 해양을 북동-남서 방향으로 연결하는 선에 걸쳐 있었던 것으로 복원되었다.

당시 한대전선의 위치를 동북아시아 전 지역에서 확인하기 위하여 중국과 일본, 그리고 한국에서의 고식생 분포 특징을 검토하였다. 중국의 경우 대만과 남중국해 해안을 따라 북위 25° 이남에 분포하는 난대상록활엽수림이 북쪽의 온대낙엽수림과 경계를 이루는 위치로 추정된다. 난대림은 보다 고온, 습윤한 환경의 생태적 특성을 요구하므로 동지나해의 해양성 습윤기후와 중국대륙 간에 형성된 전선대에서 강수가 집중되는 곳에 분포했을 것이다. 일본 열도의 이세반도-세토나이카이-큐우슈우의 북부를 연결하는 한대전선의 분포는 LGM 시기 동안의 해양성 습윤 수목인 너도밤나무 분포지와 대략 일치하고, 아열대성 상록광엽수림의 북한계와도 대비되었다.

이와 같은 사실들을 종합하면, 한반도 부근에서 LGM 동안의 한대전선은 겨울에도 일본의 큐우슈우 북부와 대만, 남중국 해안을 연결하는 연장선상에 있었으므로, 제주도 보다 훨씬 남쪽의 해상을 통과하였을 것이다(그림 4).

동북아시아에서 LGM 동안 식생대의 위도별 분포를 현재와 비교해 보면 약 10° 차이가 난다. 이것은 위도 1°를 연평균기온 1°C 차이로 본다면, 약 10°C 차이가 나므로 영양지역에서 추정한 온도 차이와 거의 같다. 또한 온대낙엽수림과 난대상록수활엽수 분포지역의 경계는 현재의 1월 한대전선의 분포와 잘 맞고 아울러 LGM의 여름철 한대전선의 북한계와도 일치할 것으로 추정된다.

한편, LGM 동안의 강수량은 현재 1월 한대전선의 위치와 화분분석 결과를 통해 개략적으로 추정할 때, 한반도는 여름에도 전선이 한반도에 진입하지 못하였으므로 상당히 건조하였을 것이다. 이것은 목본보다 초본비율이 훨씬 더 높은 데서도 확인할 수 있다.

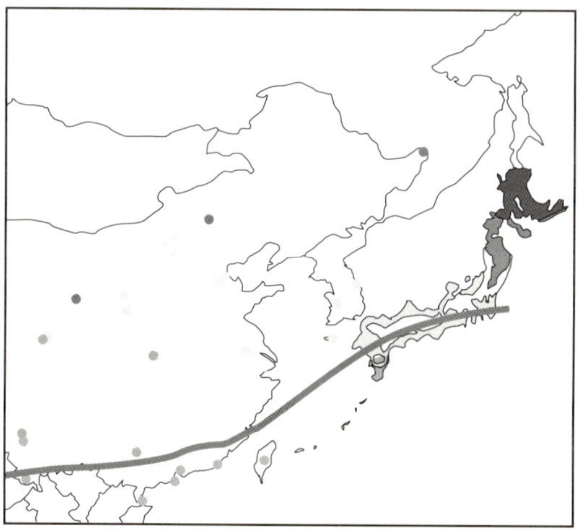

〈그림 4〉 추정 최종빙기 최성기 동북아의 한대전선 분포(황상일, 2009)

4. 홀로세Holocene 해면변동과 충적평야의 미지형발달

해안의 하구부에서는 해면이 현 수준에 도달한 이후 내만을 이루는 침식곡을 매적시키는 동안 해면의 미변동에 따라 퇴적 환경을 달리하면서 다양한 미지형을 형성하였다. 낙동강과 금강 등 대하천 하류부의 경우, 이들 하천에 지류가 합류하는 곳에서는 홀로세 해면이 현 수준에 도달한 이후 범람에 의해 자연제방과 배후습지성 호소가 발달하여 특이한 지형경관을 이루었다. 우리나라 대하천 가운데 배후습지성 호소가 가장 잘 발달되어 있는 곳은 낙동강 하류분지의 충적평야이다. 따라서 홀로세 해면변동 경향은 충적평야의 미지형의 형성과 깊게 관련되어 있다.

1) 홀로세 해면변동

한반도의 동해와 남해의 대륙붕에는 해저 수심 138~140m에 달하는 여러 해저지형에서 late Pleistocene의 최종빙기 최성기에 해당하는 고 해빈 퇴적층이 발견되었다(박용안, 2001).

이때 한반도는 반도의 형태가 아니라 아시아 대륙의 한쪽에 붙어있는 대륙의 일부분이며, 당시 황해서해, 동지나해 및 남해는 존재하지 않았고 일본열도와 중국 및 한반도가 연결되어 있었으며, 동해는 거대한 호수였다.

중국 해안에서 연구된 해면변동자료를 검토하면, 황해분지는 지난 제4기 동안 빙하 발달정도와 크기 변화와 함께 여러 번 완전히 혹은 부분적으로 대기 중에 노출되었다. 특히 최종빙기 최성기 동안에는 황해분지는 대기 중에 완전히 노출되었다.

한반도의 최종빙기 및 홀로세 서해안, 동해안의 해안충적평야와 해저환경에 관한 연구의 기초로서 해면변동연구는 지형학자와 해양학자들에 의해 이루어졌다.

최초로 해면변동곡선을 보고한 박용안(1969)은 서해안의 전북 김제 신평천의 연안 조간대 지층을 조사대상으로 선정하여 6m 이상 깊이까지 주상시료를 채취하였다. 그는 이 연구를 통하여 현재의 황해서해가 홀로세 동안에 상승하는 해면에 의해 침수되었음을 확인하였다. 조화룡(1986)은 서해안 호남평야 탑천 유역의 황등리 부근에서 규조분석, 화분분석, 탄소연대측정자료를 이용하여 6,200~4,000년 BP 사이의 해면변동곡선을 복원하였다. 장진호(1996)는 곰소만 조간대층을 대상으로 기준적 유기물을 채취하여, 시료채취지역의 조위에 근거하여 각 시료의 고도 범위를 결정한 다음, 과거 평균 해수면의 위치를 산출하였다. 황상일 · 윤순옥 · 조화룡(1997)은 경기도 평택 도대천의 충적평야에서 규조분석, 화분분석, 퇴적상분석과 탄소연대측정 자료를 통하여 7,200~6,500년 BP 사이의 해면변동곡선을 복원하였다. 황상일(1998)은 경기도 일산의 충적평야 퇴적상과 규조분석결과, 탄소연대측정결과 등을 통하여 7,000년 BP부터 기원 전후 시기 사이의 해면변동을 검토하였다.

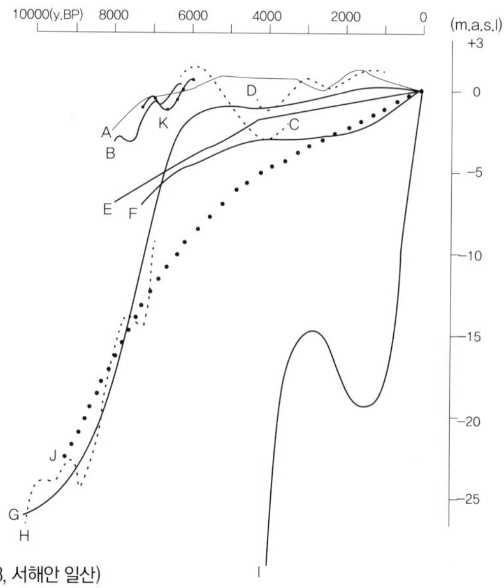

A: 황상일(1998, 서해안 일산)
B: 황상일 · 윤순옥 · 조화룡(1997, 서해안 평택)
C: 조화룡(1987, 서해안 황등)
D: 조화룡(1980, 동해안 화분분석으로 복원한 해면변동)
E: Park, Y. A. and A. L. Bloom(1984, 서해안)
F: 장진호(1996, 서해안 곰소만)
G: 조화룡(1980, 동해안 개략적 해면변동)
H: 조화룡(1980, 동해안 입도분석으로 복원한 해면변동)
I: 이연규(2005, 남해안 대륙붕 표층 패각으로 복원한 해면변동)
J: 류춘길 · 강소라 · 정성교(2005, 낙동강 삼각주 퇴적물)
K: 황상일 · 윤순옥(2002, 울산 도토리구덩기로 복원한 해면변동)

〈그림 5〉 한반도 홀로세 해면변동 곡선(황상일 외, 2009)

한국 동해안의 해면변동 연구로는 조화룡(1980)이 동해안 여러 지점에서 얻은 자료로 홀로세 전 시기에 대한 해면변동을 보고하였으며, 조화룡 · 황상일 · 이종남(1985), 황상일(1995)이 추가하였으나, 주로 약 6,000년 BP 이후의 해면 미변동 경향과 부분적인 해면고도의 확인에 그쳤다.

한반도에서 이루어진 해면변동곡선을 시간-해발고도 그래프에 나타낸 것이 〈그림 5〉이다.

2) 해안선변화에 따른 충적평야 지형발달

최종빙기 최성기 이후 급격히 상승한 해면이 서해안에서는 홀로세 해진극상기인 6,500년 BP 경에 거의 현 수준에 도달하였으며, 6,000~5,000년 BP 경에는 현 수준보다 약 0.8m 더 높았다. 대체로 6,500년 BP 경까지 해면은 빠르게 상승하였다. 따라서 울산 및 동해안에서는 6,500~6,000년 BP 경의 정선이 어떻게 분포하였으며, 이 시기 이후 정선이 어떻게 변하였으며 이에 따른 충적평야 지형발달이 관심을 끈다.

정선의 이동은 하천이 하구로 운반해 오는 사력의 퇴적속도와 해면의 상승속도와의 상관관계에서 결정된다. 홀로세에 해면이 빠르게 상승할 때, 상류와 중류에서 공급되는 운반물질이 특별히 많지 않다면, 하구부가 매적되는 속도는 해면의 상승속도보다 느리므로, 해안선은 내륙으로 전진한다. 즉, 최종빙기 최성기 이후 해면이 6,500년 BP 경에 현재 수준에 도달할 때까지 정선은 하천을 따라 내륙으로 전진하였다.

우리나라 해안에 유입하는 하천 하류부에서 홀로세 해진극상기에 정선이 도달한 범위를 조화룡(1987)은 다음과 같은 과정을 통하여 계산하였다. 최종빙기 최성기에 있어서 하상의 표고가 현해수면과 일치하는 곳(해발고도 0m)은 후빙기 해면 상승과 더불어 침식곡이 바다에 의해 익곡되는 구간과도 관계가 있으며, 충적평야가 해수준변동에 의해 직접 영향을 받은 범위가 된다. 해발고도 0m가 되는 지점을 추정하는 방법은 조화룡(1985)에 의해 정리되었는데 빙기氷期의 하천 하류부 평균종단 구배(Y)로 계산된다. 그의 관계식은 Y = ax + a′x′ / a + a′으로 표현된다. 이 식에서 a는 현 하천의 중 · 하류부 길이(km), a′는 빙기 연장천의 길이(km), x는 현재 하천의 중 · 하류부 평균구배(‰), x′는 연장천 구간의 해저 평균구배(‰)이다.

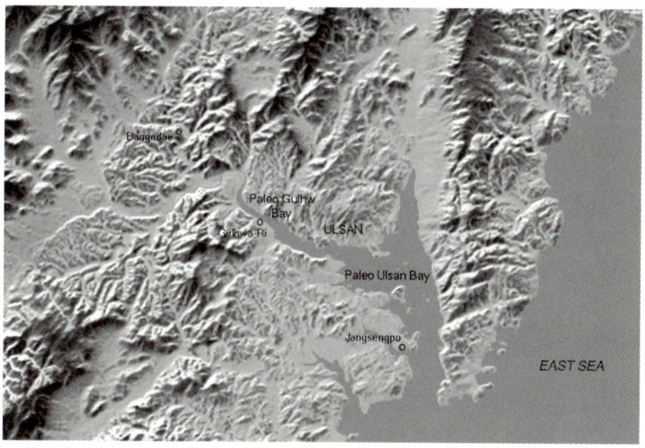

〈그림 6〉 홀로세 해진 극상기 울산만의 지형(황상일 · 윤순옥, 2000)

이를 태화강에 적용하면, 후빙기 해진 극상기인 6,000 BP 경에 정선은 하구에서 내륙 쪽으로 약 13.6km 부근, 대략 현재 울산시 범서면 굴화리까지 도달하였다. 해진의 영향으로 현재 울산 신시가지가 입지한 태화강 남쪽 충적평야는 거대한 내만(고울산만)이었으며, 현재 태화강 하류부에는 최종빙기에 형성된 하곡에 바닷물이 들어와 내륙 쪽으로 길게 고굴화만이 형성되었다. 당시의 울산지역 해안선을 복원한 것이 〈그림 6〉이다. 황상일 · 윤순옥(2000)은 6,000년 BP 이후 울산지역 해안선의 공간변화를 통해 고래그림이 새겨진 반구대암각화의 제작시기를 논의하고, 당시 인간 활동을 파악하였다.

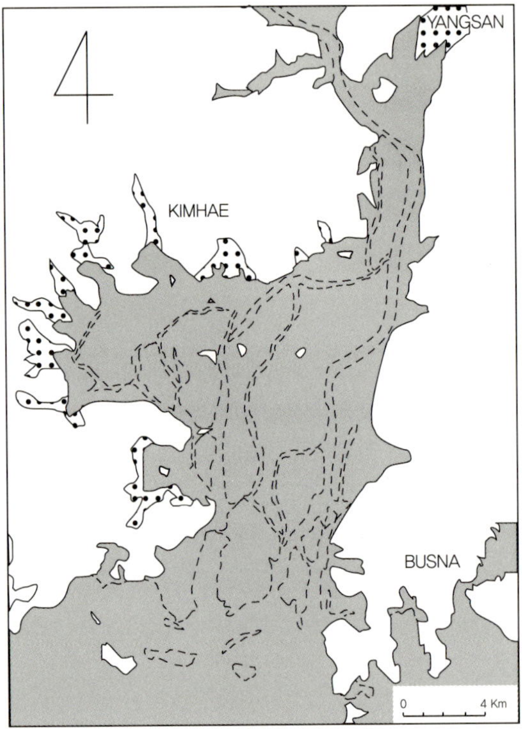

〈그림 7〉 홀로세 해진극상기 김해만의 해안선 분포
(조화룡, 1987의 자료로 추정한 것으로 검게 칠한 부분은 바다임)

〈그림 7〉은 홀로세 해진 극상기 김해만의 고지리古地理를 복원한 것으로, 당시 충적평야는 바닷물이 들어와 넓은 내만을 형성하고 있었다. 아울러 현재 낙동강의 하류부도 빙기의 낮은 침식기준면에 대응하여 깊게 파인 하곡에 해진에 의해 바닷물이 상류 쪽으로 전진하였으므로 좋은 교통로가 될 수 있었다.

김해지역에 고대국가가 성립될 때는 해진극상기와 약 4,000년의 시간차가 있으므로, 이 그림의 해안선과는 달랐을 것이다. 그러나 고고학적 발굴에서 밝혀진 패총의 범위와 퇴적물의 특징 등을 검토하면, 기원 전후한 시기에도 김해지역의 해안선은 6,000년 BP 경과 크게 다르지 않았다. 이렇게 볼 때, 김해의 금관가야는 외해에서 내륙으로 깊숙이 들어간 내만의 낙동강이 고김해만과 만나는 곳에 입지를 정하였으므로, 파랑의 위험이 없는 좋은 항구를 확보할 수 있었을 뿐 아니라, 현재보다 훨씬 넓고 깊은 낙동강을 이용하여 영남내륙 및 외국과 교역을 통해 국가의 부를 축적할 수 있었다고 생각된다.

참고문헌

류춘길 · 강소라 · 정성교, 2005,「낙동강 삼각주 서부지역의 제4기 후기 고환경 변화」,『한국지구과학회지』, 26(5), pp. 443~458.

박용안 외, 2001,『한국의 제4기 환경』, 서울: 서울대학교출판부.

박지훈, 2006,「화분분석을 이용한 천안시 불당동 지역의 제4기 후기 환경변화」,『한국지형학회지』, 13(3), pp. 75~90.

윤순옥, 1994,「도대천 충적평야의 홀로세 퇴적환경」,『지리학총』, 21 · 22, pp. 1~22.

윤순옥, 1996a,「Holocene 후기 삼천포 해안충적평야 지형발달과 환경변화」,『한국지형학회지』, 3(2), pp. 83~98.

윤순옥, 1996b,「제사기학에 있어서 화분분석의 적용과 한반도에서의 화분분석연구」,『지리학총』, 24, pp. 19~47.

윤순옥 · 조화룡, 1996,「제4기 후기 영양분지의 자연 환경 변화」,『대한지리학회지』, 31(3), pp. 447~468.

윤순옥, 1998,「강릉 운산충적평야의 홀로세 후기의 환경변화와 지형발달」,『대한지리학회지』, 33(2), pp. 127~142.

윤순옥 · 김혜령, 2001,「김포충적평야의 홀로세 후기 환경변화」,『제4기학회지』, 15(2), pp. 83~91.

윤순옥 · 황상일, 2009,「한반도와 주변지역의 최종빙기 최성기 자연환경」,『한국지형학회지』, 6(3), pp. 101~112.

이연규, 2005,「한국 남해해역 패류군집에서 나타나는 시간평균화 현상과 최종 빙하기 이후 해수면 변동」,『한국지구과학회지』, 26(6), pp. 541~550.

장진호, 1996,「한국 서해안 곰소만 조간대의 퇴적작용」, 서울대학교 박사학위논문.

曺華龍, 1979,「韓國東海岸地域における後氷期の花粉分析學的研究」,『東北地理』, 31, pp. 23~35.

曺華龍, 1980,「韓國東海岸における完新世の海水準變動」,『地理學評論, 53(5)』, pp.324~325.

조화룡, 1986,「만경강 연안 충적평야의 지형발달」,『경북대 사범대 교육연구지』, 28, 19~35.

조화룡 · 장호 · 이종남, 1987,「가조분지의 지형발달」,『제사기학회지』, 1(1), pp.35~45.

조화룡, 1987,『한국의 충적평야』, 서울: 교약연구사.

황상일 · 김정윤 · 윤순옥, 2009,「고김해만 북서지역의 Holocene 후기 환경변화와 지형발달」,『한국지형학회지』, 16(4), pp. 85~99.

황상일 · 윤순옥 · 조화룡, 1997,「Holocene 중기에 있어서 도대천유역의 퇴적 환경 변화」,『대한지리학회지』, 32(4), pp. 403~420.

황상일, 1998,「일산충적평야의 홀로세 퇴적환경변화와 해면변동」,『대한지리학회지』, 33(2), pp. 143~164.

황상일 · 윤순옥, 2000,「울산 태화강 중 · 하류부의 Holocene 자연환경과 선사인의 생활변화」,『한국고고학보』, 43, pp .67~112.

황상일 · 윤순옥, 2002,「울산시 황성동 세죽해안의 Holocene 중기 환경변화와 인간생활」,『한국고고학보』, 48, pp. 35~57.

황상일 · 조화룡, 1995,「사포해안충적평야의 Holocene 퇴적환경변화」,『한국지형학회지』, 2(1), pp. 1~8.

龜井節夫 · 天地万造 · 石井久夫, 1980,「ウルム氷期後半の日本列島の海岸線」,『ウルム氷期以降の生物地理における總合研究』, pp. 3~21.

那須孝悌, 1980,「ウルム氷期最盛期の古植生について」,『ウルム氷期以降の生物地理における總合研究』, pp. 39~66.

Godwin, H, 1945, "Coastal Peat-Beds of the North Sea Region, as Indicies of Land and Sea-Level Changes", New Phytol. 44, pp. 152~155.

Haggart, B. A., 1987, "Relative sea-level changes in the Moray-Firth area, Scotland", : in Tooley, M. J. & Shennan, I.(ed) Sea-level changes, Oxford.

Jelgersma, S. , 1961, "Holocene sea-level changes in the Netherlands", : in M. J. Tooly, 1978, Sea-level changes, Clarendon Press, p. 19

Qin, Yunshan and Zhao, Songling, 1991, Quaternary coastline change in China, China Ocean Press, Beijing.

| 감상문 |

낙동강 하류부 지형 발달

정수연(사회복지학과)

이번 강의는 지리학과 교수님이신 황상일 교수님의 강의였다. 개인적으로 고3 때 한국지리를 좋아했는데 졸업 후 잊어버렸던 많은 부분들(범람원, 배후습지, 자연제방, 선상지, 풍화작용 등의 개념)이 강의를 들으면서 생각이 나서 더욱 강의에 집중할 수 있었다.

하천은 역동적으로 쉽고 빠르게 변하기 때문에 사람들이 인위적으로 변화를 시킨다고 한다. 교수님께서는 '우포늪'을 예로 들어 설명하시며 우포늪에서는 더 이상 자연적인 아름다움을 찾아볼 수 없다고 하셨다. 자연환경이 사람에 의해 개발이 되면 편리해지는 좋은 점도 있지만, 그만큼 고유의 아름다움을 잃게 되는 것이니 이 둘을 절충할 수 있는, 적절한 개발이 필요하다.

낙동강 주변 지반은 화강암으로 구성되어 있는데 화강암이 바람에 의해 '풍화'가 잘 되다보니 낙동강 주변에는 모래가 많다고 한다. 모래는 물을 머금어 자연제방의 역할을 해서 홍수를 예방하기도 하고 오염물질을 걸러 주기도 하는 유용한 물질이다. 그런데 우리나라에는 모래가 많아서 사람들이 모래의 중요성을 잘 모르고 있다고 한다.

신생대 제4기 환경변화에 대한 설명 중에 5만 년 뒤에 빙기가 올 것이라는 이야기는 매우 충격적이었다. 비록 엄청난 시간이 흐른 후의 일이지만 그 엄청난 추위를 인류가 어떻게 견뎌낼지, 또 과연 견뎌낼 수는 있을지 궁금했고 이런 환경의 변화를 겪어 보고 싶다는 생각도 들었다. 또한 신생대에 특징적인 자연현상은 해수면 변동인데 해진극상기와 해진극상기 이후의 환경 변화에 대해 들을 수 있었다. 현재 하류의 충적평야 대부분이 해진극상기에는 대부분 바다였다고 한다. 하류 부근에서 발견되는 패총이 이를 증명해 준다. 경북대학교도서관에 가면 울산만의 홀로세 해수면의 변동과 하천 하류부의 경관 변화를 복원한 시청각 자료가 있다고 한다. 해진극상기 이후 하천 하류부에서는 자연재방, 배후습지와 같은 충적평야가 형성되었다. 이렇게 해수면의 변동은 지형에도 영향을 주었지만 사람들의 생활에도 큰 변화를 가져왔다. 예를 들어 같은 장소에서 해수면이 올라갔을 때는 굴을 주식으로 했다면, 해수면이 점점 낮아지면서 바닷물과 민물이 섞여 굴보다는 제첩을 주식으로 하게 된다는 것이다.

이렇듯 사람은 환경 변화의 영향을 많이 받는다. 강의 중에 지금 4대강 사업과 같이 환경을 바꾸는 것이 올바른 것인가에 대한 의문도 제기되었다. 교수님께서도 강의 중에 4대강사업에 대해 많은 말씀을 해 주셨다. 현 정부에서는 4대강사업을 통해 홍수도 예방하고 수질도 정화할 수 있다고 주장하지만 이 공사가 자연을 훼손하는 것은 아닐까? 홍수는 4대강 지역뿐 아니라 산간과 도시 곳곳에서 일어나기 때문에 4대강을 정비한다고 하여 홍수가 예방되지는 않을 것이다. 또한 보와 콘크리트의 설치로 물을 막아 두면 고인 물이 썩으면서 수질 오염을 개선하는 것이 아니라 오히려 악화시킬 것이다. 다양한 장점이 있다고는 하나 이러한 단점들을 안고서도 과연 좋은 결과를 가져올 수 있을지 의문이다. 이번 강의를 들으면서 그동안 관심을 기울이지 못했던 환경과 4대강사업에 대해 새롭게 깨닫게 되어 유익했다. 앞으로 개발에 따르는 부작용이 줄어들고, 나의 어릴 적 삶의 터전과도 같았던 낙동강이 더 이상 황폐해지지 않았으면 한다.

세 번째 강의

과학발전에 따른 삶의 지혜

인간과 사회 그리고 복지

– 김영화 경북대학교 사회복지학과

1. 사회과학이란?

사회과학이란 사회에서 일어나는 다양한 사회적 현상을 대상으로 하며, 의미 있는 사회적 사실의 발견fact finding을 통하여 진리truth를 탐구하는 학문이다.

세 사람 이상이 모이면 집단이 되고 여러 집단들이 서로 상호작용함으로써 모여 사회집단social group을 형성한다. 따라서 사회집단이란 공동의 목표를 가지고 어떠한 방법으로 상호작용을 수행하며, 함께 소속하고 있다는 일체감을 가지고 있는 사람들의 결합체, 즉 가족·친구·동료·학교·회사·병원·정당·스포츠클럽·단체·마을·도시·교회·국가 등을 말한다.

경북대학교의 경우 사회과학대학에 소속된 학과는 정치외교학과, 사회학과, 지리학과, 문헌정보학과, 심리학과, 사회복지학과, 신문방송학과 등 7개 학과이다. 그러나 각 대학마다 그 특성에 따라 분류방법과 소속 학과가 조금씩 다르다. 예전엔 인문대학 내에 지금의 사회과학 소속 학과들이 있었고, 학위이름도 문학사, 문학석사, 문학박사로 불리었다. 따라서 우리가 여기서 의미하는 인문학이란, 현재 인문학과 사회과학을 모두 합친 것으로 사용하면 된다.

2. 인간과 사회 그리고 복지

사람은 자기가 먹을 것을 가지고 태어난다는 옛말과는 달리 현대산업사회에서는 그렇지 못한 경우가 빈번하다. 그런 경우들을 방치하기보다는 적절한 형태로 사회적 후원을 해 준다면 기아와 빈곤에서 벗어날 수 있을 뿐 아니라, 개인의 삶이 질적으로 한 단계 높아질 수 있는 결정적 계기가 되기도 한다. 그러므로 복지는 인간의 존엄성을 지켜 주고 보호해 주는 역할을 한다. 인간과 사회의 본질은 무엇이며, 복지를 통해 어느 선에서 적절히 개인의 책임과 사회의 책임을 조화롭게 만들 것인가? 인간의 자유를 보장하기 위해서 어느 정도의 사회적 불평등을 감수해야 하며, 인간의 평등을 보장하기 위해서 어느 정도로 개인의 자유를 구속할 수 있는가? 인간의 자유와 평등을 모두 보장하기 위해서는 국가가 어느 정도의 제도적 장치를 가지고 개인의 삶에 개입할 수 있는가? 이것이 바로 "인간과 사회 그리고 복지"에 대한 근원적인 문제제기가 된다(김영화 외, 2005:5).

3. 평등과 공평의 문제

평등equality과 공평equity, faireness은 서로 상호교환적으로 사용되기는 하지만, 대단히 다른 의미를 가지고 있다. '평등'은 단순화시켜 본다면, 개개인 모두에게 주어지는 동등한 기회를 의미하지만, '공평'은 공정한 분배를 뜻한다. 만약 세 사람에게 빵을 분배한다면, 평등의 정책으로는 각자에게 1/3씩 나누어 주게 되지만, 한 사람은 배가 고프고 두 사람은 그렇지 않은 상태에 있다면 배가 고픈 사람에게 더 많은 빵을 나누어 주어 배가 고프지 않도록 결과를 같게 만드는 공평의 정책을 쓰게 된다. 그럼 나머지 두 사람 이 불공평하게 느끼지 않을까? 어떻게 하는 것이 그들에게도 공평한 것일까? 그들에게는 다음에 배가 고플 때를 대비해서 빵 먹을 기회를 남겨 두는 것이 공평할 것이다. 이런 것이 바로 '연대의 원칙'이 되며, 나아가서 이런 연대성의 원리를 기초로 사회보험제도를 만들게 된다.

사람들의 욕구가 똑같지 않다면, 균등과 적절함의 동시 해결은 불가능하게 된다. 정도의 문제problems of degree도 마찬가지로 중요한 문제로 부각되는데, '만약 사람들의 욕구가 같지 않다면 어느 정도로 공평성을 유지하면서 그 욕구를 해결할 수 있을 것인가' 하는 쟁점이 남게 된다.

인간은 어느 면에서는 공통점을 가지고 있다 하더라도 정신적, 육체적 상태가 다르고 재능이나 독창성이나 취미와 기호 등이 모두 다르다. 사람들은 서로 다른 삶의 기회를 타고 나며, 서로 다른 환경 속에서 살게 된다. 우리 모두가 질병으로 의사에게 치료를 받지만, 모두 똑같은 처방을 받지는 않는다. 빈민이나 노인, 장애인이나 이민자들, 그리고 여성 등의 사회적 약자들은 결과적으로 동등한 기회를 부여받지 못하고 있으며, 또한 그들이 느끼는 사회의 규범과 질서의 모순을 변화시킬 수 있는 자생적 능력도 그다지 강하지 못하다. 이렇게 모두 각각 다른 삶의 조건과 환경 속에서, 서로 다른 개개인들의 욕구를 공평하게, 어떻게 충족할 수 있을 것인가 하는 점이 공정한 사회를 위한 우리의 관심사가 된다. 따라서 공평한 분배를 위해 '긍정적 차별positive discrimination'이 불가피하게 되고, 여성, 장애인, 저소득층, 특정인종집단 등이 사회구성원들에게 사회적으로 유리하게 대우해 주는 '적극적 조치affirmative action'가 나타나게 되며, 일정한 비율을 특정집단에게 부여해 주는 '할당제'가 등장하게 된다.

사회복지정책은 자본주의사회를 기반으로 하여 실시되므로 기회의 평등을 강조하게 되면 실질적인 평등을 이루기 어렵게 되어, 원래 복지가 추구하는 목적에 어긋날 수 있다. 그러므로 사회복지정책은 기회의 평등보다는 결과의 평등을 더 중요시하게 된다(김영화 외, 2005:159~160).

4. 사회정의의 문제

존 롤스John Rawls는 그의 『사회정의론』에서 칸트Kant의 '공평성으로서의 정의Justice as Fairness'의 개념으로 논의를 시작한다. 정의롭지 못한 사회적 부당함과 불평등은 기본적인 인간자원의 개념으로 생각해 볼 때 낭비적이고 비효율적이라고 생각하였다. 그리고 그는 '자유'의 개념과 '안정된 사회질서'의 개념에 대해서도 심사숙고를 하였으며, 이 두 개념은 결코 서로 모순되고 갈등을 일으키는 개념이 아님을 보여 주었다. 그리하여 그에게 있어서 평등과 공평은 그 자체의 개념적 의미보다는 사회를 유지하기 위한 수단이 되어야 하며, 동시에 평등과 공평 간의 관계를 규정하는 기본 원칙 또한 사회정의여야 한다고 보았다. 롤스의 『사회정의론』은 '사회 내에서의 정의justice in a society'에 대한 이론적 확립에 기여한 중요한 저서이다. 그의 정의론은 추상적, 형이상학적, 철학적인 정의를 논했다기보다는 사회 속에 존재하는 불평등을 완화하기 위한 실제적이며 현실적인 방법으로서의 사회정의를 논했다는 점에서 공헌한 바가 크다. 그의 논의는 평등의 원칙과 차등의 원칙으로 나누어지는데 평등의 원칙은 개인에 대한 정보를 전혀 알지 못하는 것(무지의 베일)을 전제로 기본적 자유에 대한 모든 사람들의 동등한 권리를 의미하는 근원적인 사회원칙이며, 차등의 원칙은 사회구성원의 공평성을 위해 개인적 욕구에 따라 차등하게 적용되는 원칙을 의미한다. 특히 이 차등의 원칙은 불평등의 적용이 사회의 가장 불우한 구성원들에게 보상의 결과를 가져올 때만 정당한 것으로 본다. 이것은 요구에 따른 차등적 권리로서 사회 경제적 가치의 공정한 분배를 위해 정당한 불평등justiable inequality의 기준이 전제된다. 따라서 정의로운 사회는 '각자의 능력에 따라 혜택을 받는 것보다는 각자의 욕구에 따라 혜택을 받을 수 있는 사회'이다. 사람들의 욕구란 다양하므로, 롤스의 정의로운 사회에서의 욕구 충족이란, 사회적으로 공정하지만 균등하지 않은 자원분배를 의미한다. 일정한 기준을 가지고 보았을 때 장애인들의 욕구는 비장애인들의 욕구보다 더 크며, 저소득 한 부모의 욕구는 중산층 양兩부모의 욕구(또는 결핍)보다 더 많으며, 오랜 세월동안 사회적인 불평등과 부당한 대접을 받아 온 여성은 남성보다 상대적으로 더 많은 욕구를 가지고 있다는 것을 뜻한다. 사회적 불평등이 없는 정의로운 사회는 권리와 부에 대한 분배가 공평하도록 조정되어야 한다. 롤스의 사회정의론적 입장은 "정의에 의해 다스려지는 사회에 살고 있는 사람들 모두에게 적용되는 선은 무엇인가?"라는 문제제기에서부터 공평성으로서의 정의를 논하고 있다.

평등하고 공평하다는 것은 한 사회에 속한 사회구성원이 재능이 있건 없건, 가족의 사랑을 받으며 태어났든 아니면 출생 시에 이미 버림을 받았든, 흑인이건 백인이건, 비장애인이든 장애인이든, 남성이든 여성이든, 종교적이건 무신론적이건 이런 모든 요인들은, 합리적으로 조직된 정의로운 사회에서는 그로 인해 차별을 받을 수 없다는 것을 보여 준다.

그의 평등의 원칙은 바로 평등성을 의미하고, 차등의 원칙은 공평성을 의미하게 되는데, 평등함은 국민의 기본적인 자유, 즉 투표권, 피선거권을 포함한 정치적 자유와 언론과 집회의 자유, 양심과 사상의 자유, 신체의 자유와 재산소유의 자유 등에 대한 국민 모두의 동등한 권리를 뜻하게 된다. 또한 공평함은 동등하지는 않으나 공정함을 의미하게 되며, 사회정책 분야에서 더욱 관심을 가지게 되는 것은 바로 개인의 기본적인 자유를 침해하지 않는 범위 내에서 공평성의 문제가 된다(김영화, 1996: 163~164).

5. 어떻게 사회정의와 공공선을 이룰 것인가?

사회 불평등은 인류의 역사와 함께 시작되었다고 하여도 과언이 아니다. 개인적 차이뿐만 아니라 서로 다른 환경과 배경 속에서 태어나고 자란 후천적, 환경적 요인으로 사회적 불평등의 격차는 더욱 커지게 된다.

사회복지는 서로 다른 개인들이 어떤 방법으로 사회정의의 공공선을 찾을 수 있는가를 추구한다. 예를 들면, 빈부의 격차를 줄이기 위하여 누진세를 도입하고, 최저생활을 유지하지 못하는 사람들에게 공공부조를 제공하며, 최저생계비를 벌지 못하는 사람들에게 세금을 감면해 주는 일련의 조치가 이에 해당된다. 이것은 사회복지의 기본 과제에 속하는 빈곤정책으로 볼 수 있다. 그러나 이러한 조치를 국가가 독단적으로 실시할 수는 없다. 왜냐하면 국민들이 내는 세금으로 이런 복지제도가 운영되기 때문이며, 이를 위해서는 국민적 합의가 필요하기 때문이다.

사회복지제도를 운영하기 위해서는 국민 모두가 합의하는 원칙을 세워야 하는데, 이것이 사회복지의 원리가 된다. 사회복지에 관한 기존의 많은 논의에서 사회복지의 목표를 다음과 같이 정리해 볼 수 있다.

1) 사회복지의 목표

① 개인의 취업 기회보장 및 기타 사회위험으로부터의 물질적 기본조건의 보장

② 분배의 공정성을 통한 사회정의 실현

③ 개인의 자유와 사회정의의 보장

④ 개인적 삶의 질적 향상에 대한 추구

위와 같은 추상적 목표에 대하여 실천적인 측면에서의 구체적인 사회복지 분야는 일반적으로 공공부조빈곤정책와 사회보험제도 및 사회적 약자를 중심으로

한 복지서비스, 그리고 일반인을 중심으로 한 복지정책 등으로 분류된다.

이러한 사회복지의 목표—사회정의의 실현, 사회보장, 개인의 자유로운 자아발전—는 어느 한 가지도 다른 한 가지를 위해서 희생될 수도, 우선될 수도 없는 것으로서 이러한 목표에 도달하기 위한 사회복지적 원리가 중요하게 된다. 즉, ① 연대성의 원리, ② 보조성의 원리, ③ 복지국가의 원리, ④ 개인의 자유와 자기책임의 원리, ⑤ 사회자치와 일관성의 원리 등이 이에 해당된다. 이 원리들은 서로 긴밀하게 연관되어 있고 또한 상호 보조적인 역할을 한다.

2) 사회복지 원리의 구현으로서 인권과 사회권 확보

① 보편적 권리로서의 사회권에 대한 인식 ② 정부예산확보 운동
③ 국가개입을 통한 사회보장 ④ 교육권과 주거권 보장

3) 사회복지의 논쟁점

① 보편주의와 선택주의 ② 평등과 공평
③ 현금과 현물 ④ 재분배 기능에 대한 의문

4)'젠더gender'요인에 의한 복지국가의 재평가

복지국가의 정책 수립에서 여성은 어머니와 아내로서의 역할에 더 큰 비중이 주어졌고, 그들에 대한 복지혜택이란 개인적 영역, 즉 가정 내에서의 처우개선에 초점이 맞추어졌다. 예를 들면 모성으로서의 여성을 위한 출산수당과 아동수당의 지불, 의료보건서비스, 나아가서 사회의 공공부조를 통한 빈민여성과 저임금 근로여성의 물질적 지원 등이 그것이다. 그리하여 가부장적 가족구조 속에서 국가는 물질적인 남녀의 역할분담을 고수하게 만드는 기능을 하고 있다. 또한 복지국가가 직접 담당해야 할 노인, 장애인, 병약자 등의 사회적 약자를 돌보는 업무를 가족에게 넘겨서 이들을 위한 복지비용을 따로 지출하지 않고도 여성들에

게 무보수 형태인 '사랑과 봉사'의 이름으로 전가시켜 왔다.

이리하여 인간의 모든 노동행위와 업적을 화폐로 환산하는 자본주의적 가치관은 잉여가치를 창출하지 못하는 가사노동을 노동으로 보지 않고 사회적으로 무가치한 것으로 보는 관념을 확산시키게 되었다. 그리고 무가치한 노동력을 소유한, 다시 말하자면 사회적 잉여가치가 있는 노동력을 소유하지 않은 여성들은 사회적으로 열등한 존재로 보이게 만들었다. 나아가서 직장에서 여성들에게 동일노동에 대해서도 남성 임금의 절반 정도를 지불함으로써 여성들의 노동력을 평가절하하고 있다. 이렇듯 가사노동의 무가치성이 가사노동의 담당자인 여성을 가치없게 만들고 나아가서 직장에서의 노동도 남성의 절반밖에 안 되는 것으로 평가하고 있다. 또한 여성의 사회적 노동조차 남성에게 종속된 노동으로 평가하고 있기 때문에 여성은 부수적인 가계수입자로 취급함으로써 동일노동에 정당한 가치를 인정받지 못하도록 만들었다.

그러므로 모든 여성은 가정이라는 틀 속에서 정책 대상자가 되며, 그것도 남편을 통한 제2차 수혜자로서의 자격을 가지고 있을 뿐이다. 따라서 늘어나는 독신자, 이혼자, 여성가장들은 일반적인 제도적 가족정책 수급권자의 대상에서 제외되는 실정이다. 복지국가가 전제하는 전형적인 가족형태는 '건강한 남성이 가장으로서 경제생산활동을 하며, 가사노동을 전업으로 하고 있는 주부와 한두 명의 자녀가 있고, 보호를 필요로 하는 노약자 등으로 구성된 가족'이다. 이러한 가족 형태와 가족구조를 기반으로 대부분의 복지정책을 펴 나가게 되는데, 이 전형적 형태에서 이탈된 가족이나 대상자들은 복지국가의 정책대상에서 특수한 경우나 예외로 취급되어 처리되고 있다. 이러한 가족형태를 전형적 모델로 상정하여 여성정책이나 기족정책을 실시하며, 복지국가의 복지서비스 대행인으로서 여성을 잘 활용하고 있다고 할 수 있다(김영화, 1993:8~9). 결과적으로 복지국가는 여성에게 오히려 억압적 요소로 작용할 수 있는데, 특히 국가가 가진 기존의 가부장적인 성격으로 인한 성별 간의 불평등 현상을 지적할 수 있다. 이것은 기존의 사회정책이 가부장적인 국가의 틀 속에서 마련되었기 때문에 성의 변수를 고려하지 못하고 있음을 보여 준다.

1945년 이후의 서구의 복지국가 건설에 직접적인 영향을 끼친 '베버리지 보고서Beveridge Report'에서도 완전고용제의 대상이 되었던 사람들은 남성이었다. 노동시장에 참여하는 대상은 남성과 오직 미혼여성이었고 남편이 있는 기혼여성에게 사회보장의 급여는 부수적인 것으로 설정하였다. 미혼 근로여성의 경우에는 결혼하기 전 짧은 기간 동안만 취업하는 것으로 간주되었으므로, 남성과 여성은 동등하게 취급되지 않았다. 또한 베버리지가 강조한 것은 경제적 단위로서 가족의 중요성이며, 여성은 인격을 가진 한 개인으로서가 아니라 가족의 한 단위로 취급됨으로써 복지국가의 고용정책이나 근로자 복지정책 등을 수립하는 데 있어서도 여성은 소외되고 제외되어 있다. 1942년 당시 베버리지가 그의 보고서를 완성했을 때의 상황설정이 현재까지도 유효하다는 것은 놀라운 사실이다. 이러한 사실을 뒷받침해 주는 좋은 예로는 성수대교 붕괴사건(1994)과 대구 상인동 폭발사건(1995)으로 목숨을 잃은 가정주부가 그 보상을 계산하는 데 일용직 무직자가 받는 당시의 1일 2만여 원을 기준으로 하여 보상금을 산출한 과정에서 잘 나타나고 있다. 가정의 중요함을 그렇게 강조하면서 가정에서 하루 종일 노동하는 가정주부의 노동가치를 사회에서 일자리가 없는 무직자와 동일하게 취급한다는 것은, 가정주부는 사회에 대한 기여도가 없는 존재라는 상징성을 대신 보여 주고 있다.

이러한 현실들은 성별 간의 불평등을 더욱 심화시킨다. 더구나 사회적 약자를 돌보고 사회적으로 소외된 사람들을 위해 일하는 사회복지기관 및 시설에 고용된 여성들에게 저임금의 반복된 일과, 장애인 어린이, 노인들을 돌보는 일을 지속시킴으로써 여성의 전통적 역할과 가정에서의 주부 역할의 연장선에서 비숙련노동으로서의 임금을 지불한다. 이것은 전근대시대의 자선적인 일과 시혜적인 일로서의 자선사업 내지는 사회사업의 기존 관념을 내세움으로써, 여성의 노동은 착취해도 된다는 합리적인 기제를 가지게 된다(김영화, 2005:165~167).

5) 정의란 무엇인가?

마이클 샌델Michael Sandel은 하버드대학 철학과 교수로서 1980년부터 30년간 정치철학을 가르치고 있다. 그가 강의를 토대로 저술한 『정의란 무엇인가Justice』는 2010년 11월 한국에서 출간 이후 여섯 달 만에 100만 부를 돌파하였다. 만 부만 팔려도 베스트셀러라고 하며, 대부분의 사회과학도서가 판매부수 2,000부를 넘기지 못하는 상황을 감안해 볼 때 엄청난 숫자로 판매되고 있어 한국사회의 현 시대적 상황에 대한 갈망이 "정의"의 열풍으로 나타난 것이 아닌가 분석되고 있다. 2010년 7월 한 달 집계된 독자층을 분석한 결과 주독자층은 20~30대로 전체 독자층의 64%(20대 24%, 30대 40%)를 차지한 것으로 나타났다.

마이클 센델 교수는 공동선, 공동체주의의 관점에서 정의론을 펼치며, 이를 위한 기준으로는 자유, 행복, 미덕 3가지로 요약한다. 또한 자유사회의 시민은 타인에게 어떤 의무를 지는가? 정부는 부자에게 세금을 부과해(부자세) 가난한 사람을 도와야 하는가? 자유시장은 공정한가? 진실을 말하는 것이 잘못일 때도 있는가? 도덕적으로 살인을 해야 할 때도 있는가? 도덕을 입법화하는 것이 바람직한가? 개인의 권리와 공익은 상충하는가? 등의 문제를 제기한다.

6. 인문학(교양) 강좌

1) 인문학강좌의 의미

복현모둠강좌와 같은 강의 개설은 입시경쟁과 직업교육, 성과위주의 경제형 인간 만들기에 몰두하는 우리사회의 현재 교육풍토에서 대단히 의미 있는 강좌라고 생각한다. 이러한 강좌는 이 시대를 살아가는 젊은 지성들에게 학문과 사회에 대한 지적자극과 탐구심을 통하여 성찰적 사고와 미래에 대한 희망과 좌표를 설정해 주는 이정표 역할을 한다.

요즈음 인기가 있는 인문학강좌의 사회적 역할은 소외되고 좌절한 사람들에게 삶의 희망을 주는 것이다.

2) 인문학강좌의 사회적 기능

구분	역할	계기	효과
엘 시스테마 (El Sistema)	베네수엘라 가난한 아이들과 청소년들에게 무상으로 악기를 빌려주고 음악을 배울 수 있도록 해 가난, 범죄, 가정폭력, 마약에 노출된 아이들에게 희망을 선물하는 교육시스템	1975년 베네수엘라 경제학자 호네 안토니오 아브레우 박사가 자신의 차고에서 방황하는 청소년들에게 음악을 가르치기 시작함. 시민운동으로 발전	청소년들에게 인성교육과 정서함양에 획기적인 평가를 받아 베네수엘라 정부가 정책화해 실시하고 있음. LA 필하모니의 상임지휘자 구스타보두다엘 등 배출
클레멘트 코스 (Clemente Course)	노숙인, 약물중독자, 교도소 재소자들에게 '훈련'이 아닌 '인문학 교육'이 필요하다고 강조해 성찰적 사고의 대화중심으로 코스 진행	얼 쇼리스(Earl Shoris)가 교도소의 여성 수감자 비니스(Viniece)에게 영감을 받음	인문학이 미국사회 빈민을 자활시키는 데 상당한 기여를 한다고 여겨지고 있음. 미국, 캐나다, 아르헨티나, 멕시코, 호주, 한국 등 60여곳에서 운영 중

클레멘트 코스는 1995년에 미국에서 시작된 소외된 사람들을 위한 정규대학 수준의 인문학 강좌이다. 주창자인 얼 쇼리스Earl Shorris는 중범죄 교도소에 수감된 여성재소자에게서 자극을 받아 이 강좌를 구상하게 되었다고 말한다. 이 여성재소자는 오랫동안 다른 재소자들을 관찰한 결과, 빈민들이 가난과 범죄에서 벗어날 수 있는 방법에 대해서 "그들에게 부유한 사람들의 정신적 삶을 가르쳐야 하는데, 그들에게 연극이나 박물관, 음악회, 강연회에 데리고 가면 그들은 더 이상 (정신적으로) 가난하지 않을 것"이라며 의견을 제시했다고 한다. 이는 가난과 범죄는 정신적으로 피폐되고 사회로부터 소외되어 나타난 좌절감을 극복하고 삶의 의미를 찾을 수 있도록 하는 것이 관건이라는 함의를 보여 준다.

얼 쇼리스가 쓴 책 제목도 『가난에서 민주주의로 가는 여정』인데 그의 착상은 가난의 반대는 물질적인 부富가 아니라 (인문학을 통한) 민주주의 완성이라 본 것이다.

3) 인간의 자유와 발전, 민주주의와 (복지)국가

아마티아 센Amartya Sen은 그의 저서 『자유로서의 발전Development as Freedem』에서 자유의 신장이란 발전의 근본적인 목표임과 동시에 일차적 수단이라고 하였다. 발전이란 사람들에게 이성에 따라 자신의 행위를 스스로 선택할 수 있게 하거나, 기회의 여지가 거의 없는 여러 유형과 부자유를 제거하는 것이다. 여기서 논의되는 발전은 실질적인 부자유를 제거하는 것이며, 발전이란 인간이 향유하는 실질적 자유를 확장하는 과정이다. 경제적 결핍은 바로 자유의 결핍을 말하며, 권리는 자유를 의미하고, 이것은 곧 경제적 풍족을 의미한다(아마티아 센, 2001:8,19). 따라서 빈곤은 단순한 저소득으로서가 아니라 기본적 능력의 박탈로 보아야 한다(아마티아 센, 2001:40).

이러한 자유를 보장해 주어야 하는 것이 바로 국가의 역할이다. 예를 들어 민주주의가 발달한 나라일수록 기근이 일어나지 않는다. 이는 복수정당제 민주주의 확립으로 기근방지정책을 세웠기 때문이다. 민주주의가 발달한 나라일수록 사회문제해결의 능력이 우수하고 이러한 정책을 통해 개인의 자율을 보장해 주어야 개인의 발전은 물론 국가의 발전과도 연결된다고 할 수 있다.

참고자료

김영화 외, 2005, 『인간과 사회 그리고 복지』, 학현사.

김영화, 1996, 「이론과 실천으로서의 사회정책」, 사회복지정책학회, 『사회복지정책』, 제2집.

김영화, 1993, 「여성과 사회정의」, 『사회과학연구』, 제9집, 경북대학교 사회과학연구소.

마이클 센델, 2010, 『정의란 무엇인가?』, 이창신 옮김(2010), 김영사.

아마티아 센, 1999, 『자유로서의 발전』, 박우희 옮김(2001), 세종연구원.

2009 KBS신년특집 〈커멘딩하이츠(commending heights)〉, 6부작.

2007 〈대국굴기〉 (1월 29일부터 2월 10일까지 EBS에서 특별기획으로 방영한 12부 대작 다큐멘터리)

www.justiceharvard.org 마이클 센델의 하버드대학에서의 강의 〈정의(justice)〉

| 감상문 |

인간과 사회 그리고 복지

이중엽(법학과)

"사실의 발견으로 바로 진리에 도달하는 것은 아니다."

강의의 시작과 함께 교수님께서 하신 말씀이다. 사실의 발견이라는 것은 퍼즐과 같은 것이기에 퍼즐 한 조각을 가지고 전체를 판단하는 것은 매우 위험한 발상이다. 따라서 우리는 한 가지 주제에 대하여 논할 때 다양한 관점에서, 편견 없이 바라보아야 그 주제의 핵심에 도달할 수 있게 되는 것이다.

이러한 측면에서 '인간과 사회 그리고 복지'라는 주제로 자유와 평등을 사회 복지적 관점에서 전개한 이 강의는 흥미로울 수밖에 없었다. 자유와 평등은 비단 사회과학에서만 다루어지는 영역은 아니다. 나의 전공인 법학에서도 이 두 이념의 대립은 법철학, 법조윤리, 나아가 헌법에서까지 다루어지는 핵심적 주제이기도 하다. 전공을 통해 자유와 평등에 접근하는 방식과는 또 다른 관점에서 이 두 이념을 바라보는 것, 이는 자칫하면 편협해질 수 있었던 나의 시각을 넓혀 주는 계기가 될 것이다.

사회복지정책은 기회의 평등이 아닌 결과적 평등을 추구한다. 공정은 일정한 권리가 보장되어야 한다. 존 롤스가 '그 혜택이 한 사회에서 가장 최하위 계층에게까지 돌아간다면 그 정책은 공정한 원리에 입각한 것이다'라는 내용의 '차등의 원칙'을 주장했다는 것을 비롯하여 여러 가지 이론과 내용들을 들었지만, 무엇보다 가장 기억에 남았던 것은 수업을 듣는 200명이 일제히 반응을 보였던 '군가산점 제도'였다.

공평에 대한 내용 중 '할당제' 부분에서 언급되었던 군가산점 제도의 정당성 여부에 대해 잠시 토론을 하였으나 교수님이 의도하신 방향으로 진행되지는 않았던 것 같다. 교수님은 '대한민국 남자라면 누구나가 부담하는 군복무에 대한 혜택이 단지 공무원을 준비하는 남성에게만 돌아가는 것이 공정한 정책인가'라는 질문을 던졌지만 돌아온 의견은 '군가산점 제도는 보상적 혜택이다', '여자는 출산의 고통이 있으므로 상호 상계되는 의무다'였다. 교수님은 이런 토론의 전개가 군가산점 제도에 대한 상호 편견에서 오는 것이라면서 안타까워하셨다. 나 역시 상호 소통이 단절된 토론 분위기가 아쉬웠는데 이 감상문을 통해 군가산점 제도에 대한 생각을 정리해 보고자 한다.

군복무가 대한민국 남성 모두에게 요구되는 '의무'라면, 군복무로부터 형성되는 '권리' 역시 그 의무를 다한 자들 모두가 향유할 수 있어야 한다. 군복무의 당위성 여부는 대법원은 물론 헌법재판소에까지 올라갔던 만큼 논쟁이 심한 것으로 헌법상 보장되는 기본권을 상당히 침해하는 것이다. 군복무 기간 또한 장기적이라 사실상 법이론적으로 설득력 있게 이를 정당화해 주는 학설은 존재하지 않는다. 다만 '국가존립과 수호'라는 큰 맥락에서 군복무의 당위성이 지탱되고 있는 것이다. 기본권의 상당한, 그리고 장기적인 침해에 대한 보상이 없다면, 군복무는 그저 기피하고만 싶은 대상이 될 뿐이다.

하지만 나는 그 군복무에 의한 권리라는 것이 기존에 존재했던 군가산점 제도로 부활하는 것에는 반대한다. 위에서도 언급했듯이 이 권리는 군복무를 마친 모든 사람에게 돌아가야 하는 것이다. 또한 권리 부여에 대한 정책이 또 다른 영역에서 불이익과 불공평을 야기한다면 이는 결코 좋은 정책이라 할 수 없다. 군복무자가 의무로서 한 행위들은 전부 국가를 위한 것이다. 그렇다면 그 권리는 국가로부터 나와야 하고, 혜택에 대한 급부는 국가가 부담해야 하는 것인데, 군가산점 제도라는 것은 군필자에 대한 혜택을 국가가 부담하는 것이 아니라 공무원을 준비하는 미복무자에게 부담지우는 것이기에 정당화될 수 없는 것이다.

한국사회에서 발생하는 수많은 여성 차별적 대우에 대한 문제를 군가산점 제도와 상호 상쇄하려는 몇몇 주장들도 있지만, 이는 서로 상쇄하여 쉬쉬할 문제가 아닌, 별도의 문제로서 각각의 영역에서 제도적으로, 의식적으로 해결하고 극복해야 할 것들인 것이다.

마지막으로 군가산점 제도를 남녀의 문제로 보는 시각 역시 없어져야 한다고 생각한다. 이는 단지 군복무자와 미복무자의 문제일 뿐이다. 이 주제가 표면화될 때마다 남자는 남자편, 여자는 여자편이라는 편견 하에 실익 없는 탁상공론을 해 왔다. 그 편견을 깨고 좀 더 호의적인 시각에서 상대측 의견을 들어 본다면 군가산점 제도라는 풀리지 않는 문제가 의외로 쉽게 풀릴지도 모르는 일이다.

자유와 평등에 때한 또 다른 접근, 군가산점 제도에 대한 의견을 적다 보니 다소 두서없는 글이 되고 말았다. 하지만 이 내용들은 교수님이 우리에게 강의를 통해 전달해 주고 싶었던 내용 즉, '사실의 발견이 바로 진리로 도달하는 것은 아니다', '관심을 가지고 자신만의 생각을 만들어 보아라', 그리고 '사회과학에서 답이라는 것은 없다' 등과 맥락을 같이 한다고 생각한다.

네 번째 강의

그래도 정답은 있다

– 손중권 경북대학교 통계학과

1. 들어가며

우리는 미래에 대해 관심이 많다. 특히 요즈음처럼 모든 것이 급속히 변하는 때에는 미래에 대해 막연한 불안감이 들 때가 있다. 통계학의 본질 가운데 하나는 미래에 대한 예측에 있다. 따라서 다가올 미래 어쩌면 이미 다가온 미래에 대해 통계를 바탕으로 생각해 보기로 하자.

2. 인구의 미래

우선 역사의 흐름에 있어 현재 우리가 어디에 있는지 알아보자. 인류의 역사가 100만 년 혹은 수백만 년 전까지 거슬러 올라간다고 하지만 유목민시대는 약 9만 년 지속된 것으로 간주한다. 그 이후 농경시대는 약 1만 년 정도 지속되었다.

그러다가 증기기관의 발명 등으로 인한 산업시대는 약 200년 정도 지속되었다. 이때 처음으로 기계가 나오고 공장이 설립되며 자본가가 등장한다. 또한 대량 생산과 소비가 이루어진다. 1970년 후반, 컴퓨터의 등장과 더불어 시작된 정보화시대는 1990년대 월드와이드웹이 구성되면서 정보화시대로 이전되어 기술의 엄청난 발전을 가져오게 된다. 즉 정보의 전 세계적 공유는 상상을 초월하는 기술들의 발전을 가져오게 된다. 사무실이나 도시의 정보화는 물론 다양한 지식과 정보가 공유가 되며 이를 기반으로 새로운 기술이 쉼 없이 쏟아져 나와 이른바 기술의 숲을 이루게 된다. 1990년대 말, 잠깐 동안 지식기반 사회라 불렀으나 지금은 지식사회 혹은 드림사회라 불리고 있을 만큼 시대의 변화는 가속도가 붙어 있다. 미래학자 엘빈 토플러는 『부의 미래』에서 프로슈머의 등장을 예측했는데 이미 지구 상 수많은 사람들이 프로슈머로서 활동하고 있다. 즉 스마트폰에 제공되는 각종 어플은 다운로드할 때마다 그 프로그램을 제작한 사람에게 경제적 이익을 주는 동시에 프로그램 제작자 자신 또한 스마트폰의 소비자가 되는 것이다. 이와 같은 지식시대를 일컬어 평생학습시대, 디지털시대, 신유목민시대 혹은 디지털 노마드라고 특징지을 수 있다. 예전엔 대학에서의 한 번의 학습으로 평생을 견딜 수 있었지만 이제 지식과 기술이 엄청나게 발전하게 됨에 따라 평생 학습을 해야만 견딜 수 있는 시대가 되었다. 한 가지 예로 핸드폰을 들 수 있는데 예전에 핸드폰이 처음 나왔을 때 문자 보내는 방법 등 휴대폰 사용법을 익히기에 바빴다. 그러다가 이제 스마트폰을 익히려면 몇 달이 걸린다고 한다. 이와 같이 한 번 배워 평생을 가기에는 너무 많은 발전을 이루어 어떤 분야든 항상 수시로 배워야 하고 모든 것이 디지털 기기로 이루진 시대가 왔다. 또한 과거에는 목초지를 따라 가축을 몰고 다녔다면 이제는 자신을 필요로 하는 곳이면 국적이나 지역에 관계없이 지구 상 어느 곳이든 가는, 이른바 신유목민시대가 된 것이다. 즉 디지털 장비로 무장한 디지털 노마드인 것이다. 이런 사회의 특성을 덴마크 코펜하겐 미래학 연구소에는 '상상력 사회'라 부른다. 그 특징은 네트워크로 이루어진 조직에 개인적 성장과 도전의 기회가 보장되며, 좋은 근로자란 상상력이 풍부한 창의력이 있는 사람이고 또한 중요한 제품 기준은 개인적 촉각에 의한 선택이 이루어지는 것으로 규정하고 있다.

이러한 역사적 시점에서 지구를 돌아보면 인구는 약 69억 명 정도로 최대의 국가는 여전히 14억 명 수준의 중국이나 2050년에는 18억 명의 인도가 될 것으로 예측하고 있다. 현재 우리나라 인구는 2010년 9월 말 기준 5,000만 명을 넘어섰고 세계 25위이다.

인구측면에서 한국의 미래에 대해 미래경영학자 피터 드러커의 저서 『다음 사회next society』에서 역사상 가장 빨리 노령화하는 국가로 언급되었다. 이러한 쇼크가 채 가시기 전 우리나라 인구의 고령화는 이제 데이빗 콜먼영국 옥스퍼드 인구문제 연구소에 의해 "Korea syndrome"으로 명명되면서 2300년이면 지구 상에서 사라지는 최초의 국가가 될 것이란 전망을 내놓았다. 과연 다가올 미래에는 어떤 일들이 벌어질 것이며, 우리는 어떻게 해야만 하는가? 여기서 다루고자 하는 문제는 인구와 기후에 대한 것이다. 특히 이 두 가지는 인간의 노력으로 해결하는 데 있어 가능할 수도 있어 보이지만 한편으로는 무척 어렵게도 간주될 수 있는 문제이다. 어쨌든 심각하게 생각하는 이유 가운데는, 이 두 가지 문제가 소리도 없이 벌써 우리 곁에 와 있음에도 불구하고 대부분의 국민들이 그다지 심각하게 생각하지 않는다는 것에 있다.

우선 인구문제에 대해 살펴보자. 우리나라 5,000년 역사를 되돌아보면, 우리가 기근에서 해방된 것은 최근 20~30년 정도밖에 되지 않았음을 알 수 있다. 이러한 사실을 이야기하면 요즈음의 젊은 세대들은 선뜻 납득이 가지 않는 모양이다. 조선시대 숙종 때 심한 기근이 있어 많은 국민들이 한양으로 몰려들었다. 중앙정부는 이를 감당하지 못해 지방 사람들은 사대문 안으로는 출입을 금지시켜야만 했다. 1960년대 말 청계천 복개공사를 할 때, 청계천 일대에서 엄청난 양의 인골이 발견되었다. 이는 이때 미처 사대문 안으로 들어가지 못한 사람들이 청계천 일대 움막을 짓고 살면서 굶어 죽어 그냥 청계천 일대에 묻혀 버린 사람들의 것으로 밝혀졌다. 일제하에서의 어려움이야 말로 다 할 수 없었고, 해방 이후에도 사정은 더 나아지지 않았다.

특히 6·25 한국동란을 겪으면서 온 나라가 식량문제로 힘들어 외국의 구호물자에 의존했다. 게다가 전후 대개 3년이면 일어나는 베이비붐으로 신생아 수는 급격히 늘었지만 영아사망률 또한 후진국형으로 매우 높았다. 이 때 당시 인구 피라미드를 나타내는 〈그림 1〉을 보면 인구통계의 인구변이 이론 중 제1단계에 속함을 알 수 있다.

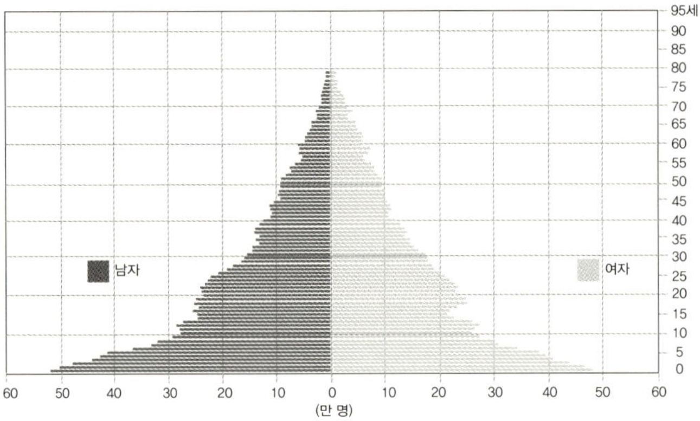

〈그림 1〉 1960년 우리나라의 인구 피라미드

그러다가 우리나라의 가족계획은 1961년 박정희대통령이 집권하면서부터 시작되었다. 그때 구호는 "아들 딸 구별 말고 둘 낳아 잘 기르자"였다. 당시는 가족당 자녀 수가 평균 3명이 넘었으며 4명 내지 5명은 예사였었다. 당시 말더스에 의해 '인구 폭발론'이 제기되면서 급증하는 인구에 대한 위기감을 조성하기에 이르렀다. 또 해마다 5월이면 춘궁기인 이른바 보릿고개가 다가와 모든 국민이 식량문제로 힘든 시간을 보내곤 했었다. 기억나는 것 중의 하나는 당시 외국 대사로 나갔던 모 장군의 "인구도 하나의 무기가 되는 것 같다"라는 말이었다. 1960년대 말 미국에서 수소폭탄 실험에 성공하자 당시 중공(지금의 중화민국)의 지도자였던 마오쩌둥이 미국에 수소폭탄이 있다면 우리에게는 인구폭탄이 있다고 했었다. 그러다가 1970년에 접어들면서 한편으로는 무섭게 늘어나는 인구문제와 식량문제가 서로 얽혀서 "아들 딸 구별 말고 하나 낳아 잘 기르자"로 구호가 바뀌게 된다. 1970년 당시의 인구 피라미드인 〈그림 2〉를 보면 그 변화를 알 수 있을 것이다. 즉 인구변이의 2단계에 접어들고 있는 것을 보여 주고 있다.

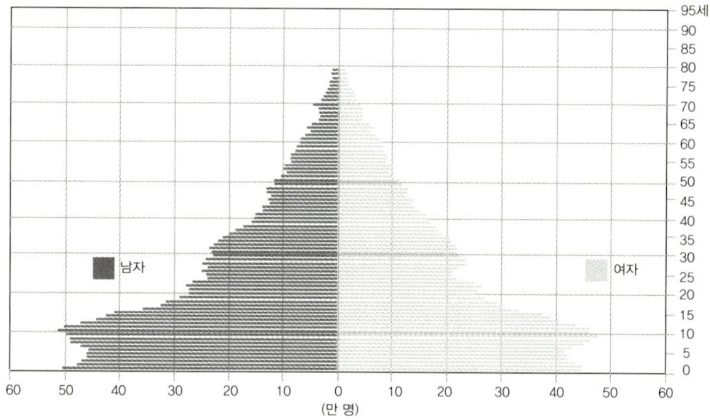

〈그림 2〉 1970년 우리나라의 인구 피라미드

그러면 2010년에는 어떤 모습일까?

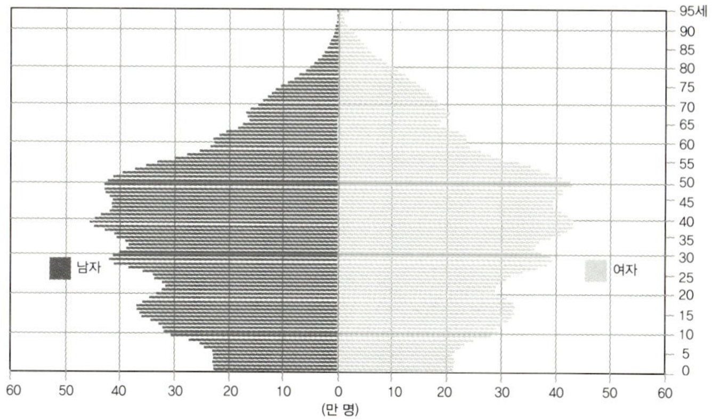

〈그림 3〉 2010년 우리나라의 인구피라미드

인구피라미드의 가장 최고점이 급속히 중앙인 40~50대 쪽으로 이동하고 있음을 알 수 있다. 이는 지난 40년간 굉장히 빠른 속도로 고령화되어 가고 있음을 나타내는 것이다. 통계로 보면 이 사실은 더욱 뚜렷해지는데, 2000년이 되면서 우리나라는 인구의 7%가 65세 이상인 고령화 사회로 접어들었으며 더욱 빠른 속도로 노령화되어 가고 있다. 인구의 14%가 65세 이상인 고령사회는 2018년으로 예상되며—이는 애초에 예상했던 2019년보다 1년 당겨졌다—20%가 65세인 초超고령사회는 2026년 정도로 예상하고 있다. 통계청의 추계에 의하면 우리나라 인구는 2020년을 정점으로 인구감소가 시작되어 2050년에는 지금의 인구인 4,850만 명보다 훨씬 적은 4,200만 명 정도로 예측되고 있다. 아울러 이때 우리나라의 인구 피라미드를 보면 다음의 〈그림 4〉와 같다.

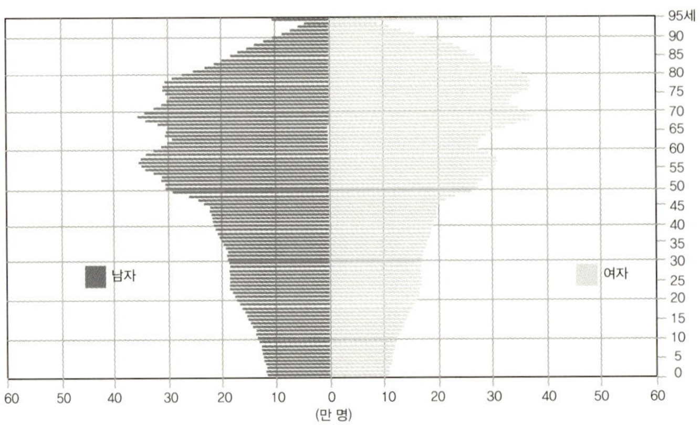

〈그림 4〉 2050년 우리나라의 인구피라미드

특히 그림에서 눈에 띄는 것은 95세 이상의 인구가 많이 증가할 것이고 특히 여자 쪽이 남자보다는 훨씬 많이 증가할 것으로 예상된다. 또한 전 국민의 연령에 대한 중앙값이 무려 51세에 달할 것이라 한다. 이는 다음 〈그림 5〉를 보면 더욱 확실해진다.

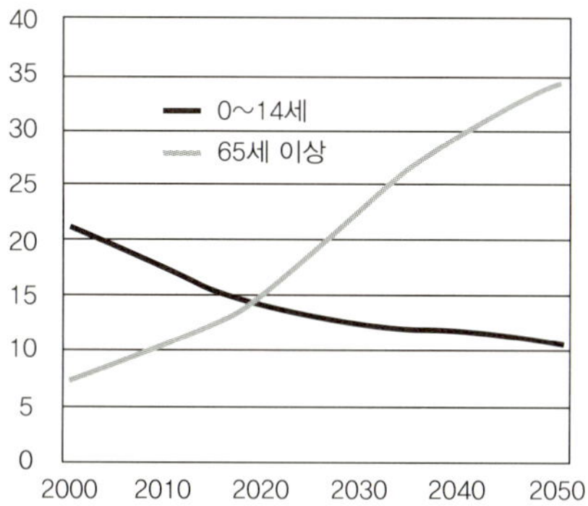

〈그림 5〉 우리나라 인구의 고령화 추이

또 세계 어느 국가보다 빠르게 노령화가 진행되고 있음을 다음의 그래프를 통해 선진 각국과 비교해 보면 명약관화하다.

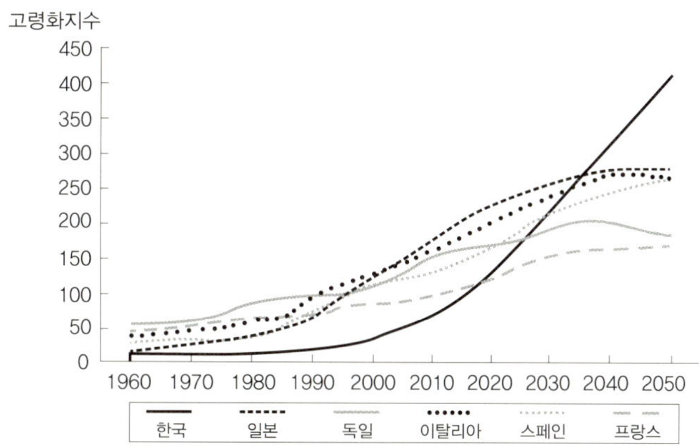

〈그림 6〉 세계 각국의 고령화지수

하지만 이러한 상황에서도 저출산에 대한 대응 지출은 세계적으로 가장 낮은 수준에 있음을 다음의 〈표 1〉을 통해 알 수 있다.

〈표 1〉 저출산 대응 재정지출 수준 하위 10개국

국가	GDP대비가족정책 재정지출비율(2005년)	출산율(2007)	출산율 개선율 (1980~2007)
OECD평균	2.1%	1.68명	−15.2%
Korea	0.3%	1.25명	−55.7%
United States	0.6%	2.12명	15.4%
Japan	0.8%	1.34명	−23.4%
Canada	1.0%	1.66명	1.2%
Mexico	1.0%	2.13명	−57.1%
Greece	1.1%	1.42명	−35.9%
Poland	1.1%	1.31명	−42.6%
Spain	1.1%	1.40명	−36.8%
Portugal	1.2%	1.33명	−39.0%
Italy	1.3%	1.38명	−18.1%

또한 다음의 〈그림 7〉을 보면 우리나라의 연령대별 인구 변화 전망이 어떻게 되어 갈 것인지 알 수 있다.

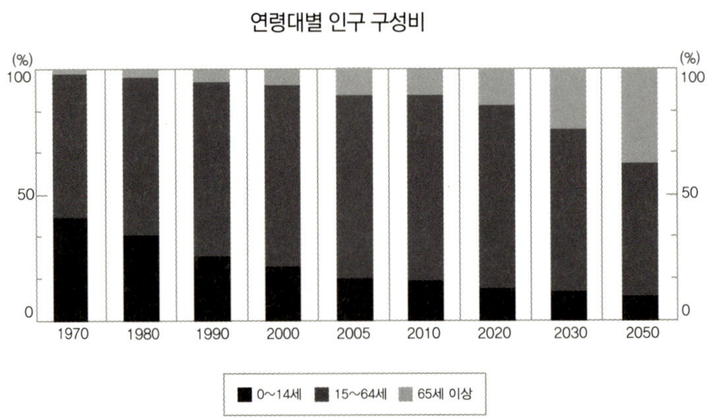

〈그림 7〉 우리나라 연령대별 인구 구성비

이러한 인구구조의 변화는 다음 그래프에서 보듯이 2016년경이 되면 대학 입학정원이 고교 졸업자 수를 넘어가게 되어 다수의 대학이 문을 닫아야 할 미래가 다가오고 있음을 알 수 있다.

또한 인구수에 따른 생산 가능 인구의 변화를 보면 1970년을 기준으로 봤을 때 급격히 노령화됨을 알 수 있다. 아울러 2016년이 되면 생산 가능 인구가 감소세로 전환하며 2018년이면 우리나라 총인구가 감소세로 돌아설 것으로 예측되고 있다.

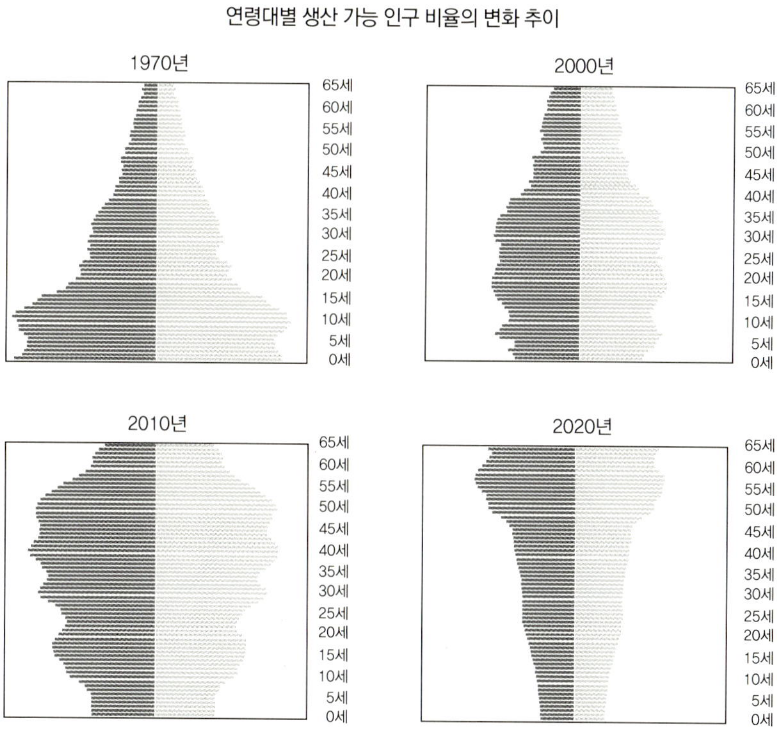

〈그림 8〉 연령대별 생산 가능 인구 비율의 변화 추이

아울러 생산 가능 인구의 연령별 분포를 통해 구조조정이 다음의 〈그림 9〉

와 같이 생길 것으로 예측하고 있다. 즉 2010년 입학한 남학생이 군 문제 때문에 2016년 정도나 2017년에 졸업한다면 2017년 2차 구조조정에 의해 일자리가 있을 수도 있다. 하지만 9년 뒤인 2016년 대대적인 3차 구조조정을 통해 어려움을 겪을 가능성이 크다. 지식시대의 특징 가운데 하나가 한 번 직장에서 자리를 잃어버리면 또 다른 일자리를 구하기가 쉽지 않아 부지런히 학습하지 않으면 경제적 사회적 어려움에 직면할 것을 예고하고 있다.

그런데 문제는 인구문제가 인구문제만으로 끝나지 않는다는 것이다. 특히 젊은 층의 비중이 줄면서 그들이 감당해야 하는 노년층에 대한 부양비중이 급격히 늘어나는 데 문제가 있다. 즉 2050년이면 세계적으로 4명이 1명의 노인을 부양해야 한다는 연구결과가 나왔다. 또한 우리나라의 사회보장제도에 있어 2040년이면 연금의 태부족이 일어날 것으로 예측되고 있으며, 국가채무 및 보건 · 사회복지분야 지출추이를 보면 2050년에는 마침내 GDP를 넘어설 것으로 예상되고 있다.

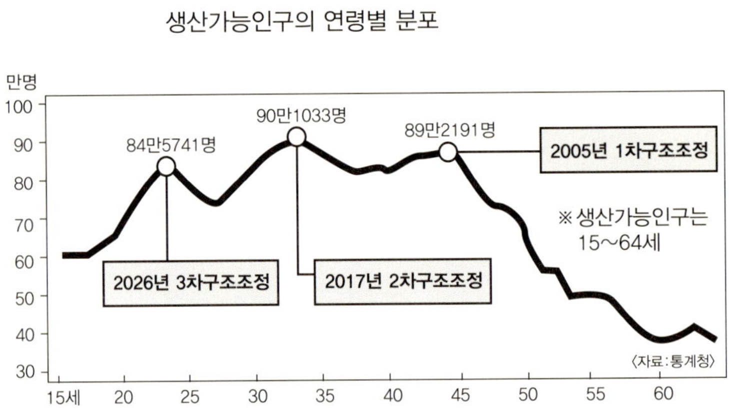

〈그림 9〉 생산가능인구의 연령별 분포(2004년 기준)

이러한 추세라면 지금의 20대 초반의 젊은 세대들은 일할 동안 세금과 연금을 꼬박꼬박 지불하겠지만 이들이 은퇴할 나이에 이르면 정부는 더 이상 연금을 감당할 수 없는 지경에 이르게 된다. 즉 노년에 대한 정부 차원의 보장은 더 이상 없게 될 가능성이 큰 것이다. 이른바 장수의 저주 시대가 도래할지도 모른다. 특히 다음의 〈표 2〉를 보면 혼자 사는 노인들이 급격히 증가하면서 빈곤의 어려움과 함께 고독한 노년을 보내게 될지도 모른다.

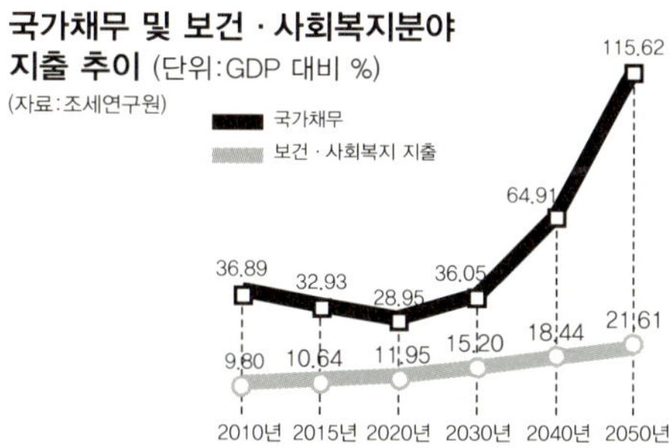

〈그림 10〉 국가채무 및 보건·사회복지분야 지출 추이

〈표 2〉 혼자 사는 노인인구 추이

	1900	1995	2000	2005	2010	2015	2020
65세 이상 인구(천 명)	2,162	2,640	3,372	4,383	5,354	6,445	7,821
혼자 사는 노인 인구	193	349	543	787	1,044	1,289	1,578
구성비(%)	8.9	13.2	16.1	18.0	19.5	20.0	20.2

또 최근 보건복지부가 밝혔듯이 우리나라의 건강보험에 대한 재정수지가 사회의 급격한 노령화로 인해 극도로 악화되어 2020년이면 적자로 돌아설 것으로 예상되어 지금부터 일정 급여 이상의 직장근무자에 대한 의료보험 혜택을 축소하려는 움직임을 보이고 있다. 아울러 사보험시장은 확대될 것으로 예상하고 있다.

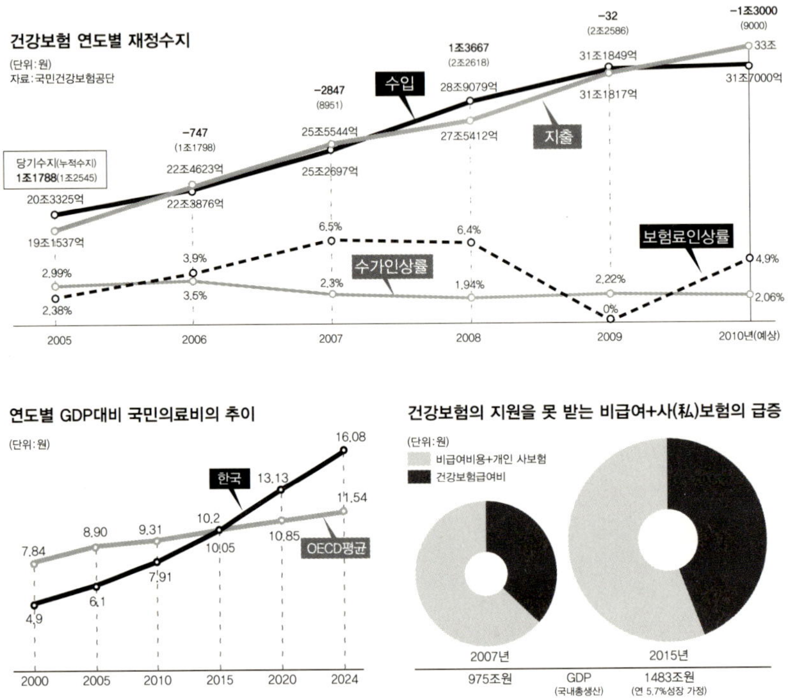

〈그림 11〉 건강보험 연도별 재정수지

3. 기후의 미래

인간이 마음대로 할 수 없는 미래의 한 부분이 바로 기후라 하겠다. 20세기 말부터 주의 깊게 지구의 기후 변화를 살펴 온 사람들이 1992년 브라질 리우 환경회의에서 지구의 온난화에 따른 이상 기후현상을 예방하기 위한 목적으로 UN 기후변화협약을 맺으면서 기후문제는 범세계적인 것으로 등장하게 되었다. 2010년 12월 멕시코 칸쿤에서 최근의 지구 기후변화협약 회의가 열렸는데 국가 간의 이익이 엇갈려, 오는 2012년 만료되는 교토의정서를 잇는 협정이 이번 총회에서 채택되기는 어려울 전망이다. 이 회의에서는 나우루·팔라우 등 온난화 속도 조절을 위한 행동을 절박한 심정으로 촉구했다. 다음의 기사를 보자.

〈칸쿤 기후회의서 '수몰위기' 섬나라 절규〉

지난달 29일 멕시코 칸쿤에서 개막한 제16차 유엔기후변화협약UNFCCC 당사국 총회에서 태평양과 인도양 섬나라 출신 대표들은 어떤 국가보다도 절절한 목소리로 지구 온난화 해법을 마련할 것을 요구하고 있다.

지구 온난화는 인류 전체에 영향을 끼치는 범지구적인 과제이지만 온난화로 인한 해수면 상승으로 수몰 위기에 처한 이들 섬나라에 기후변화의 재앙은 시급을 다투는 생존의 문제이기 때문이다.

남극조사과학위원회SCAR는 지금 같은 온난화 추세가 지속되면 2100년에는 해수면 수위가 애초 예상의 배나 되는 1.4m가 상승해 일부 저지대 섬나라들이 물에 잠길 것으로 전망했다.

이 위원회는 기후변화의 영향으로 인도양 몰디브나 태평양 투발루 등 섬나라가 물에 잠기게 되고 인도 콜카타나 방글라데시 다카 등 해안도시들이 초토화될 수 있다고 경고했다.

7일(현지시각) 총회 고위급 회의가 시작되자 섬나라 대표의 개막 연설에서 이런 절박함이 드러났다.

남태평양 나우루의 마르쿠스 스티븐 대통령은 "기후변화의 최전선에 있는 우리 국민을 바다가 삼키려 한다"고 위기감을 전하며 "행동을 보여줄 공정한 협상 결과가 칸쿤에서 나와야 한다"고 말했다.

섬나라 팔라우의 존슨 토리비옹 대통령도 "기후변화에 책임이 없는 나라들이 가장 큰 위협을 받는 슬픈 현실에 직면했다"며 "지구의 미래를 위한 행동에 나서라는 절규에 귀 기울여 달라"고 호소했다.

아프리카 각국도 선진국이 배출한 온실가스 때문에 심각한 피해를 본다고 강조하면서 기후변화 해법 마련에 선진국의 책임 있는 자세를 요구했다.

그룹 대표로 나선 멜레스 제나위 에티오피아 총리는 "아프리카 대륙에서 배출되는 온실가스는 지구 전체로 볼 때 2%도 안 되지만 온난화로 아프리카 각국이 농업분야에서 가장 심각한 피해를 보고 있다"고 말했다.

방글라데시, 투발루, 네팔 등 기후변화에 취약한 국가들은 부대 행사장 밖에 부스를 설치해 자국 사정을 국제사회에 알리는 장외투쟁도 병행하고 있다.

하지만 이들 국가의 호소에도 온실가스 배출에 '원죄'가 있는 선진국들이 2012년 만료되는 교토의정서 이후 새로운 체제를 위한 협정 체결에 선뜻 나설 가능성은 그리 크지 않은 것으로 전망된다.

2010. 12. 09 (칸쿤〈멕시코〉=연합뉴스) 김남권 기자

= '기후변화 협상을 하는 동안에도 우리가 발붙이고 사는 섬은 서서히 가라앉고 있습니다.'

이상에서 보듯 지구의 온난화에 대한 각국의 이익이 첨예하게 대립하기 때문에 지구 온난화를 풀기에는 난제로 보인다. 그러면 여기서 지구 온난화에 대해 좀 더 구체적으로 알아보자. 다음의 〈그림 12〉를 보면 기후 변화의 속도를 가늠할 수 있다.

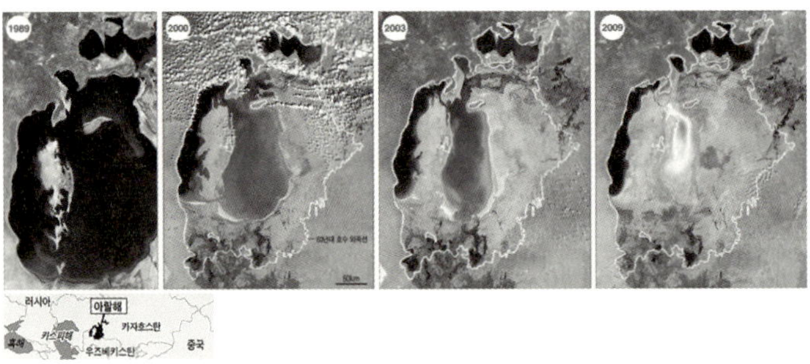

〈그림 12〉 아랄 해의 변화 (1989~2009)

세계 최대의 내해인 아랄 해가 불과 20년 만에 그 면적이 10분의 1로 줄어들

었다. 이는 엄청난 변화인 것이다. 이러한 변화는 비단 중앙아시아에만 국한된 것이 아니다. 〈그림 13〉을 보자.

그야말로 에스키모들의 섬인 만년설로 가득 덮인 그린란드가 이제는 더 이상 만년설로 덮인 섬이 아니게 되었다. 사진에서 보듯 비단 빙하가 녹아 섬들이 새로이 드러날 뿐만 아니라 그 섬 주민들은 장미 등의 꽃들을 정원에 키울 수 있게 되었고 또한 브로콜리 등 야채를 키워 먹을 수 있게 되었다.

〈그림 13〉 새로 생긴 섬

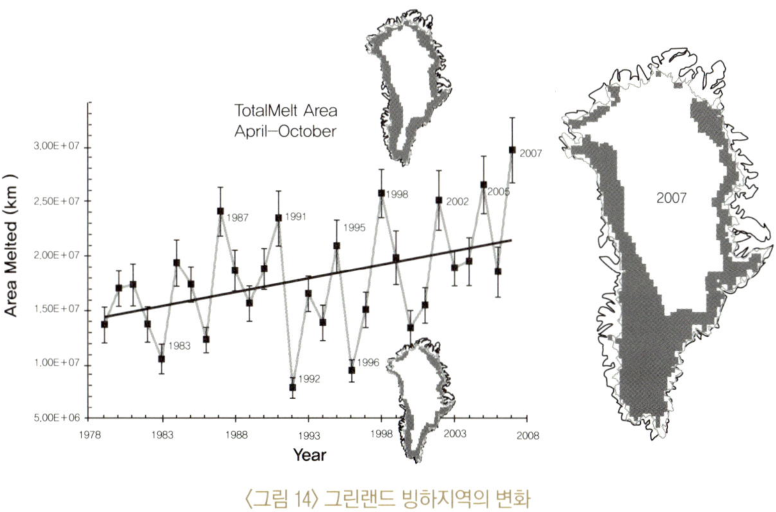

〈그림 14〉 그린랜드 빙하지역의 변화

특히 〈그림 14〉를 보면 더 놀랄 뿐이다. 하단 중앙의 그림은 1996년, 상단 중앙의 그림은 1998년 빙하가 녹은 지역을 보여 주고 있으며 오른쪽 그림은 2007년 빙하가 녹은 지역을 나타내고 있는데 10년 사이 10배 가까이 빙하가 녹아내리고 있는 것이 관측되고 있다.

이러한 현상을 통계적으로 모형화해서 분석한 결과 현재의 지구 온난화로 인한 빙하의 녹는 면적이 당초 예측된 것보다 훨씬 더 광범위하게 빠르게 늘어남을 〈그림 15〉는 보여 주고 있다.

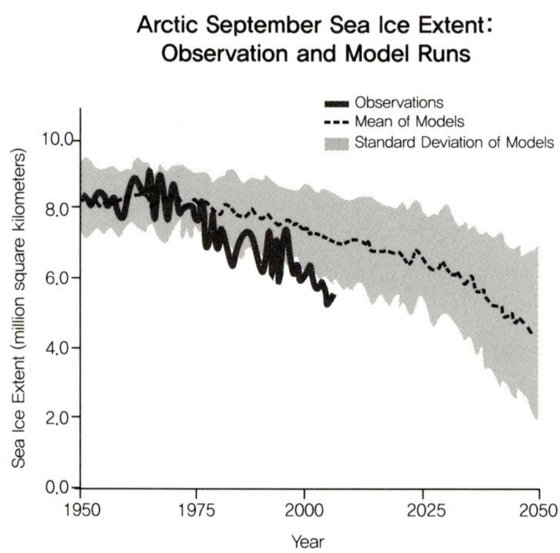

〈그림 15〉 9월 중 극지방 빙하의 양 변화: 예측과 실제

이러한 온난화는 이산화탄소의 수준과 긴밀한 관계가 있는데 미국 콜롬비아 대학의 한센 박사는 티핑 포인트는 더 이상 정지 불가능하며 돌이킬 수 없는 수준으로 정의하였다. 이 티핑 포인트는 과학적으로 위험한 수준인 450ppm 이하로 지구의 역사와 현재 진행 중인 온난화의 여파 등을 고려하고 또한 기술적으로 제어 가능한 수준을 350ppm으로 정하였다. 그리고 이러한 티핑 포인트와 더불어 이산화탄소의 배출 양에 대한 규제에 대해 끊임없이 주장하고 있다. 〈그림 16〉을 보자.

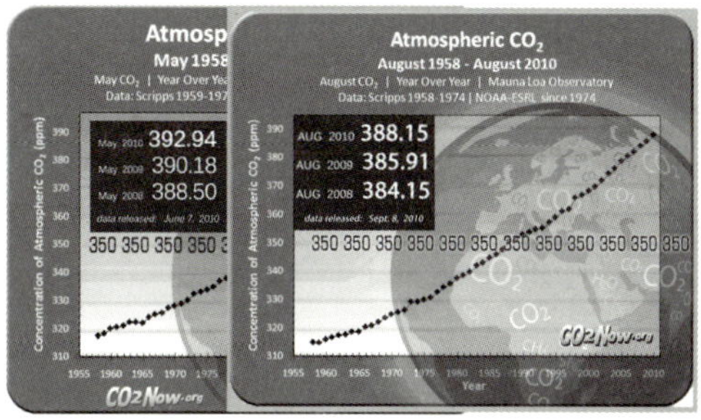

〈그림 16〉 대기 중 이산화탄소의 양(제공: 웹사이트 now.org)

이 그래프를 보면 이미 티핑 포인트인 350ppm을 훨씬 넘어섰음을 알 수 있다. 올 한 해를 되돌아보면 지구상에서의 기상재해는 상상을 초월한다. 다음의 〈그림 17〉이 이 사실을 이야기해 주고 있다.

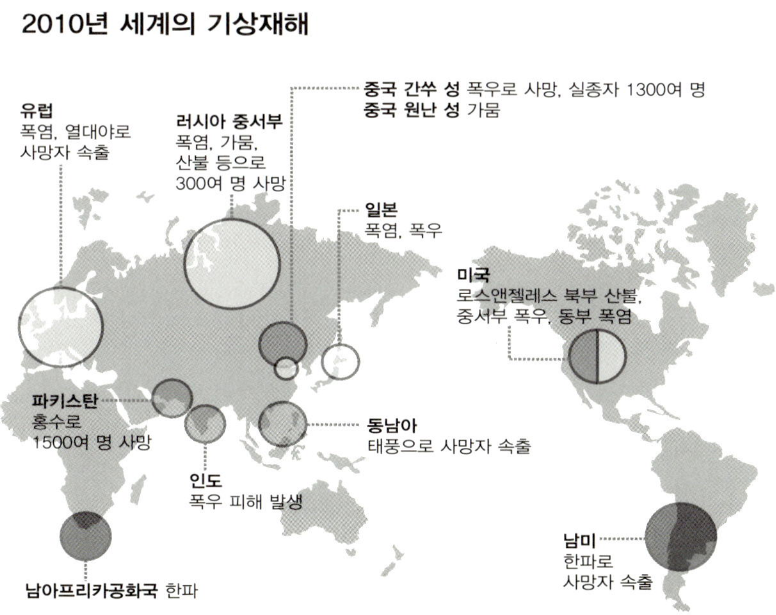

〈그림 17〉 2010년 세계의 기상재해

이러한 현상은 비단 세계적인 현상뿐만 아니라 우리나라에서도 일어나고 있다. 유명한 제주 용머리 해안 산책도로는 더 이상 24시간 산책이 가능하지 않다. 즉 해수면이 올라가 하루에 4시간 정도씩 바닷물에 잠겨 산책이 불가능하게 되었다. 뿐만 아니라 남해안의 최근 10년간 수온 변화를 보면 부산 지역은 연평균 섭씨 18.7도로 약 섭씨 0.2도 올랐으나 제주 북부 지역은 섭씨 1.7도 상승했으며 모슬포 지역은 열린 지역이라 이보다 덜한 섭씨 0.7도 정도 상승했음을 기상청은 발표했다. 또한 지난 100년간 한반도의 연평균 기온은 섭씨 1.7도, 연간 강수량은 19% 증가하였고 21세기 말에는 연평균 기온은 섭씨 4도 연강수량은 17% 증가할 것으로 예측하고 있다. 아울러 심각한 것은 동해이다. 동해는 최근 세계의 바다가 섭씨 0.7도 상승한 데 비해 섭씨 1.7도 상승하여 많은 해양학자들이 우려를 나타내며 주의 깊게 관찰하고 있다. 일본의 한 해양학자는 100년 뒤 동해는 죽은 바다가 될 것으로까지 예측하고 있는데 이는 다음의 〈그림 18〉이 설명하고 있다.

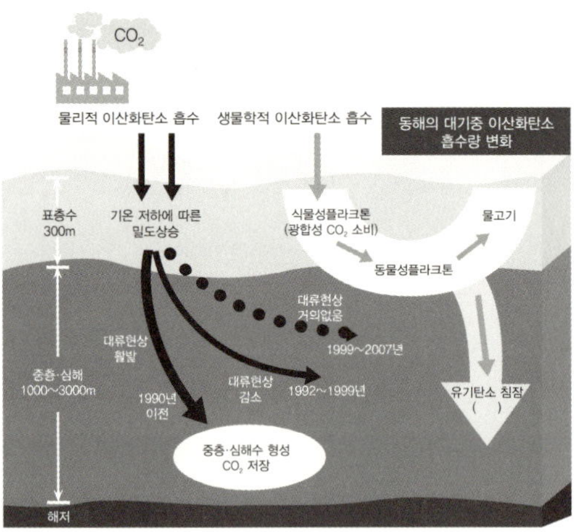

〈그림 18〉 동해의 대기 중 이산화탄소 흡수량 변화

즉 대양의 순환구조가 깨어짐으로 인해 이산화탄소가 바닷속으로 저장되는 양이나 기간이 급속히 줄어듦으로 인해 대기 중의 이산화탄소가 급격히 증가하는 데 중요한 역할을 하는 것이다. 아울러 심해의 대류현상이 정체됨으로 동해의 심해부분은 죽어가게 된다는 것이 일본 학자의 이론이다. 사실 이는 이미 그 프로세스가 진행되고 있었는데 100년이란 긴 세월 뒤의 이야기이기 때문에 아직은 주목을 받지 못하지만 금방 다가올 미래 아니, 이미 와 버린 미래란 점에서 매우 우려가 된다.

이렇게 진행된 지구의 온난화가 우리나라에 미치는 영향에 대해 우리나라의 생태계를 이루는 동식물의 서식지 변화를 알아봄으로써 어떻게 진행되어 가고 있는지 알 수 있다. 먼저 식물의 서식지를 보면 온대지역이지만 그 성장에 필요한 기후에 따라 거의 모든 식물들이 북상 중임을 알 수 있다. 그림에는 없지만 한 가지 예로 1990년 초반 경북 경산의 주산물이 대추였는데 이제는 수십 킬로미터 북상하여 군위가 주산지로 바뀌었다. 상상도 못할 변화라 할 수 있다.

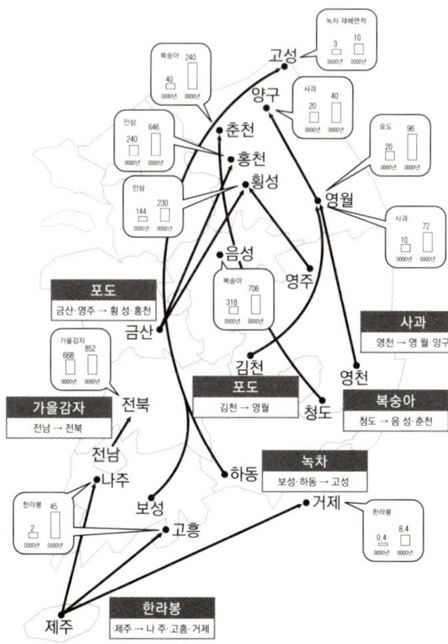

〈그림 19〉 온난화로 인한 농작물 주산지 변화

식물이 이렇게 바뀌는데 바닷속 물고기들은 어떻게 이동하고 있는가 보자.

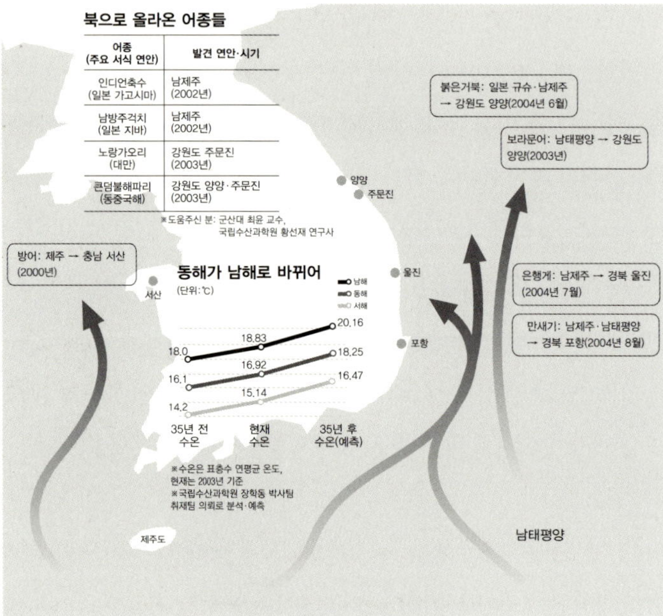

〈그림 20〉 북으로 올라온 어종들

〈그림 21〉 동해 어종의 변화

적도 근방에서 서식하는 '만새기'가 동해 앞바다로 올라오는가 하면 동해의 특산물이며 한류성 어류인 명태 어획량이 급속히 줄어들고 난류성 어류인 오징어의 어획량이 엄청나게 증가했음을 알 수 있다. 특히 물고기들은 식물에 비해 움직일 수 있기 때문에 생존에 적절한 서식지를 찾아 이동하는 것을 보면 온난화의 현상과 속도를 짐작할 수 있다.

4. 그래도 정답은 있다

이러한 미래 어쩌면 이미 다가온 미래에 대처하는 태도는 네 가지로 나눌 수 있다. 타조처럼 문제를 보지 않으려고 땅속으로 머리를 처박는 태도로는 미래에는 엄청난 고통 속에서 지내게 될 것이다. 다음은 소방수 같이 대응하는 태도인 것이다. 이러한 소극적 태도로는 순간순간의 위기는 모면할지 모르지만 종국에는 힘들어져 미래의 시간을 견뎌 낼 수 있을지 의문이다. 다음은 미래를 예측하는 태도로 미리 준비를 함으로써 미래에 대한 대처 능력을 갖추는 것이다. 이런 태도는 그래도 나름대로 미래를 대비할 수 있게 된다. 그러나 가장 바람직한 태도는 미래를 창조해 나가는 것이다. 미래를 스스로 창조해 나감으로써 미래를 주도할 수 있는 태도로 우리에게 주어진 암울한 미래를 헤쳐 나가는 데 가장 바람직하고 또한 필요한 자세, 즉 '정답'이라 할 수 있다.

| 감상문 |

통계로 미래 보기

황혜영(토목공학과)

21세기의 특징은 아이디어와 속도의 시대, 지식근로자 시대, 평생학습 시대, 장수시대, 기후변화 등 환경의 급변, 급속한 기술발전, 네트워크화로 세계적인 연동체제라고 할 수 있다. 이러한 특징들은 누구나 알고 있지만 우리는 미래에 대해서 자세히 알진 못한다. 그런 문제를 위해 통계자료를 보면서 과거와 지금의 현실 상태를 통해 미래를 추측해 나가는 것이 이번 강의의 내용이었다.

강의 내용은 '인구로 본 미래'와 '기후로 본 미래'로 나눌 수 있다. '인구로 본 미래'에서는 한국이 당면한 인구문제를 살펴보았다. 한국은 2018년이 되면 고령사회가 되고 8년 후인 2026년엔 초고령사회가 된다고 한다. 한국의 출생률이 OECD국가 중 최저이기 때문이다. 만약 이렇게 초고령화 사회가 된다면 국민연금과 건강보험은 적자가 될 것이고, 노인의 부양문제는 물론이고 취업자보다 실직자가 더 많아지는 사태는 심각한 사회문제가 될 것이다. 정부뿐만 아니라 대한민국 국민 모두가 이 문제에 대해 더 절실하게 생각하고 진지하게 문제를 해결해 나가야 할 것이다. 데이비드 콜맨의 말대로 2300년이면 한국이 소멸될지도 모르는 일이다.

'기후로 본 미래'에서는 기후 변화를 구체적으로 살펴보았다. 점점 CO_2의 발생량이 늘어나면서 자연스레 기온이 올라가게 되고 이로 인해 빙하가 녹으면서 해수면이 높아지니 어장에 변화가 생길 것이다. 벌써 동해안에서

명태를 찾기도 힘들어졌다. 동해의 수온이가 점점 높아지기 때문이다. 또한 기온이 올라갈수록 땅속이나 바닷속에 잠자고 있던 CO_2도 점점 증가하게 될 것이다. 이렇게 환경이 변하면 미래엔 자동차를 한 대 사더라도 탄소세가 붙어서 차로 마음대로 다니지 못하게 될 것이고 모든 제품에 세금이 부과되어 점점 더 국민의 부담이 커질 것이다.

이번 강의는 통계학 강의면서도 미래학 강의였는데 새롭고 흥미로웠다. 평소에 통계학을 막연하게 수학과 연관된 학문으로만 생각하고 있었는데 막상 수업을 들어 보니 어쩌면 인문학과도 매우 가깝겠다는 생각이 들었다. 미래학은 TV에서 외국 교수들이 나와서 말하는 것은 보았지만 이렇게 직접 강의를 듣고 미래에 대해서 진지하게 생각해 보긴 처음이었던 것 같다. 지금 3학년인 나로서는 조금 늦었다고 할 수 있지만 더 늦기 전에 잘 들었다고 생각했다.

그러나 강의가 끝나고 강의실을 나오면서는 가슴이 답답하고 막막했다. 당장 나의 진로와 관련된, 몇 년 앞의 미래에 대해서만 생각해 봤지 이렇게 다소 멀게 느껴졌던 미래에 대해서는 생각해 본 적이 없었기 때문에 그동안 너무 시야가 좁았던 것은 아니었는지 후회가 되었다. 또한 강의를 통해서 본 미래가 너무 어둡게만 느껴져서 마음이 무거웠다. 과연 어떻게 해야 잘 살아 가는 것일까? 미래에 대해 어떻게 준비해야 하는 것일까? 내 힘으로 미래를 살아갈 수 있을까? 등등 그동안 해 보지 않았던 많은 고민이 이어졌지만 결론은 이론은 이론으로만 받아들이자는 것이었다. 나는 항상 현재에서 살고 있으니 말이다. 교수님께서 마지막에 해 주신 말씀을 생각하니 힘이 났다. '나의 한계는 나 자신이며 이 강의가 완전한 답을 주지는 못했지만 나 자신을 믿으면 문제를 넘어설 수 있다. 그러니 복잡하게 생각할 것 없다.' 이제는 분명한 비전과 목표를 가지고 나 자신을 믿으며 성실하게 한걸음씩 나아가면 되는 것이다.

다섯 번째 강의

한국경제, 어디서 와서 어디로 가나?*

— 이정우 경북대학교 경제통상학부

반갑습니다. 요즘 학제 간 연구, 학문 간 융합, 이런 것들이 새로운 경향으로 나타나고 있는데, 때마침 이재열 교수님이 기획한 모듬강좌는 흥미 있는 주제로 가득 찬 아주 좋은 강의라고 생각합니다. 제가 이 모듬강좌에서 학생 여러분들과 한국경제를 이야기하게 되어 대단히 기쁘게 생각합니다. 오늘 제가 말씀드릴 주제는 '한국경제, 어디서 와서 어디로 가나?'입니다. 아주 어렵고 의욕적인 제목을 한 번 붙여 봤습니다. 제 능력을 벗어나는 제목이지만 저는 이것이 중요하다고 보고, 저보다 유능한 분이 앞으로 많이 나와서 이 문제에 대해 좀 더 좋은 해답을 찾아주시기를 바라면서, 저는 '이런 쪽으로 관심을 돌린다'는 정도로 오늘 강연의 목표를 잡고 있습니다.

* 이 글은 2010년 10월 경북대학교의 복현모둠강좌에서 저자가 강의한 것을 옮긴 것입니다.

많은 사람들이 한국경제를 위기라고 이야기합니다. 지난 몇 년간 위기론이 특히 팽배했습니다. '일본형 장기 침체에 빠질 것이다', '남미형 경제로 간다', '국가 경쟁력이 후퇴한다' 등등 대단히 많은 위기론이 있었는데, 하나하나 검토해 보면, 사실은 대체로 과장이 심하고 믿기 어렵고 근거가 없는 경우가 대부분입니다.

그러나 그렇다고 해서 한국경제가 괜찮은가? 아마 또 괜찮다고 낙관할 수도 없을 겁니다. 어려운 것이 사실이고요, 과거보다 분명히 저성장입니다. 저투자-저성장으로 볼 수 있는데 전보다 나빠진 것이 양극화가 심해졌다는 겁니다. 소득분배뿐만 아니라 산업적으로, 지역적으로, 또는 대기업-중소기업, 정규직-비정규직 이런 쪽으로 사회 전반의 양극화가 아주 심각해지고 있고, 그 정도가 굉장히 심하고, 해결이 잘 보이지 않는 상황에 있습니다. 특히, 비정규직 문제는 최근에 신문이나 TV를 통해서 여러분들이 다 아시다시피 이랜드 사태, 또는 그보다 더 오래된 KTX 여승무원의 문제 등을 보더라도 대단히 어렵습니다. 비정규직 본인들로서는 대단히 억울하고, 뭔가 해결해야 되는데 우리 사회가 아직도 답을 못 찾고 있는 그런 상황입니다.

그래서 저성장과 양극화라는 이 두 개의 문제는 분명히 우리 앞에 놓여 있습니다. 위기라고는 볼 수 없지만, 이 두 개의 문제는 과거에 볼 수 없었던 문제이기 때문에 이것도 위기라면 위기일 수 있겠습니다. 저는 지금까지 나온 위기론보다는 사실 문제의 핵심은 이 저투자-저성장과 양극화, 바로 여기에 있다고 생각합니다.

그럼 왜 이런 문제가 발생했는가에 대해 알아보겠습니다. 우리나라 경제의 지난 40년을 되돌아본다면 두 개의 모델이 있었습니다. 두 개의 길이 있었는데, 제1의 길은 '박정희 모델'이라고 볼 수 있고요. 꽤 오랫동안 성공을 했습니다. 한 30년간 성공했다고 볼 수 있겠지요. 그 다음에 나타난 것이 제2의 길인데 그것은 '시장 만능주의', 또는 보통 '신자유주의'라고 하는 것인데 뭐든지 시장에 맡기자고 한다는 점에서 박정희 모델의 정반대가 되겠습니다.

박정희 모델은 '관치경제'입니다. 뭐든지 정부가 개입해서 다 지시하고, 감독하고, 자원을 '이렇게 배분해라, 저렇게 배분해라' 명령하는, 한마디로 통제경제 또는 관치경제라고 할 수 있습니다. 이 제1의 길이 한 30년 가다가 고장이 나서 주저앉았습니다.

그 다음에, IMF국제통화기금 사태 이후 우리 사회에 도입된 것이 시장만능주의란 것으로 대체됐는데 이것은 정반대의 극단입니다. '모든 것을 시장에 맡기자' 이렇게 가는 것이니까 박정희 모델과 정반대의 길로 가겠다는 것인데, 이것이 제2의 길이고 지난 10년간 한국경제는 이렇게 제2의 길을 걸어오고 있습니다. 그러나 이것도 역시 우리한테 맞는 옷은 아닌 것 같습니다.

그래서 저성장과 양극화라고 하는, 제가 처음에 던진 이 두 가지 심각한 문제가 나타난 것도 결국은 우리가 우리한테 맞는 옷을 아직 못 입고 있기 때문에 그런 것이 아닌가, 그렇다면 제3의 길이 필요하다는 것입니다. 제1의 길은 오래전에 수명을 다했고, 제2의 길도 문제가 너무나 많기 때문에 계속 가져갈 수 없다고 보고 제3의 길을 찾아야 하는데 그것도 아주 시급히 찾아야 합니다. 그렇지 않으면 이 저성장과 양극화가 오래갈 것이고, 스스로 해결돼서 체제 내부에서 그것이 스스로 조정될 가능성은 별로 보이지 않습니다. 이대로 가면 문제가 더 나빠질 겁니다. 환자는 뭔가 대폭 수술을 해야 하는 상태이고, 그것은 근본적인 경제 운용 패러다임을 바꾸지 않으면 안 되는 것입니다. 그 패러다임을 저는 제3의 길이라고 보고, 그 방향을 제시하고 여러분과 토론을 해 보려고 합니다.

그러면 먼저 제1의 길과 제2의 길에 대해서, 간략히 우리가 걸어온 길을 살펴 보기로 하겠습니다. 제1의 길은 박정희 모델입니다. 박정희 모델은 1960년대부터 시작해서 80년대, 90년대 초까지는 계속 잘 나갔다고 할 수 있는 모델이죠. 이 모델은 특징이 몇 가지가 있는데, 공교롭게도 소련이 채택했던 스탈린 모델과 상당히 유사합니다. 그래서 그 공통점을 몇 개 지적해 낼 수 있는데요. 첫째, 투자율이 굉장히 높다는 것입니다. 소련의 스탈린이 당시 투자율을 국민소득 대비

28%로 높였는데, 이게 당시 세계 기록이었습니다. 엄청나게 투자를 높였고 그 대신 그 대가로 치른 것이 뭐냐, 소비의 희생입니다. 국민들, 특히 농민들이 많이 굶주렸습니다. 그러니까 주린 배를 움켜잡으면서 고투자를 해서 경제의 고성장을 가져왔던 모델입니다. 스탈린 시대에 많은 사람이 굶어죽었습니다. 그러니까 대단히 잔인한 정책인데, 어쨌든 공업화를 단기간에 달성하는 데는 성공했습니다. 그 고투자율 28%를 깬 나라가 지금까지 별로 없는데, 그것을 깬 나라들은 그 뒤에 동아시아에서 나옵니다. 일본, 한국, 대만…. 이런 아시아의 4마리의 용, 혹은 호랑이라고 불리는 나라들이 그 기록을 깨게 됩니다.

두 번째, 중공업을 우선시한다는 것입니다. 스탈린은 극단적으로 중공업 우선 정책을 밀어붙였는데요. 따라서 소련에는 유리창은 깨지고 칫솔은 부족한데 탱크나 중공업은 아주 막강했습니다. 이런 극단적인 불균형 정책으로 끌고 갔는데 박정희 모델도 1970년부터 중화학 공업을 당시로서는 무리하게 보일 정도로 강행했습니다. 이런 점에서 양국이 똑같이 부국강병 정책을 썼고 이 부국강병의 핵심이 중화학 공업화에 있었습니다.

세 번째, 대기업 중심인데 중소기업을 무시하고 그 희생 위에서 대기업을 집중적으로 육성한 겁니다. 소련은 아예 중소기업이 없다고 해도 좋을 정도로 대기업 우선이었습니다. 브레즈네프[1]가 그런 이야기를 한 적이 있는데요. 브레즈네프 서기장이 '달에서도 보일 정도로 큰 공장을 지어라'라고 명령을 내렸는데, 이 말은 대기업주의를 나타내는 말입니다. 한국도 중소기업을 거의 도외시한 채 대기업, 재벌기업 중심으로 경제가 갔고요. 지금도 그 폐해를 우리가 갖고 있고, 그 폐해가 지금 나타난 것이 양극화입니다. 중소기업은 신음하고 있는데 대기업은 지금 휠휠 세계시장을 누비고 다니고 있습니다. 이 양극화 문제를 우리가 해결해

1 레오니트 브레즈네프(1906~1982): 소련 공산당 서기장(1964~1982). 체제 개혁을 거부하고 아프간을 침공하는 등 구 사회주의체제 유지를 위해 노력한 보수적 지도자.

야 됩니다. 이것은 박정희 시대의 나쁜 유산입니다.

그리고 네 번째 공통점은 이 모델은 둘 다 처음에는 잘 나갔는데 20~30년을 고비로 더 이상 잘 나갈 수가 없었습니다. 그게 한계입니다. 소련도 잘 나가다가 1960년부터 내리막길을 걸었습니다. — 1960년에 마침 후르시초프[2]가 유엔UN 총회에 가서 연설을 했는데 소련이 앞으로 미국을 매장시키겠다, 소련 경제가 미국 경제를 매장시키는데 전쟁으로 무기로 매장시키는 게 아니라 경제적으로 매장시키겠다며 큰소리를 치면서 흥분해서 자기 구두를 벗어 연단을 막 내리치면서 연설을 했습니다. 그 정도로 자신에 차 있었는데요. — 그러나 공교롭게도 1960년부터 소련 경제가 내리막길로 들어서고, 그 뒤로 성장률이 뚝뚝 떨어져 1980년대에 오면 완전히 회복이 불가능한 상태에 빠지게 되었습니다. 고르바초프[3]가 여러 가지 개혁을 한다고 페레스트로이카(개혁정책), 글라스노트(개방정책)를 했지만 이미 환자의 병이 너무 깊어서 회복을 못하고 사회주의는 멸망하고 말았습니다.

박정희 모델도 20~30년 잘 나간 겁니다. 하지만 계속 잘 나가기는 어렵습니다. 그러면 왜 이 모델들이, 스탈린 모델이나 박정희 모델이 처음에는 잘 나갔는데 계속 못 나가는가? 그 이유는 이렇습니다. 두 모델이 다 — 하나는 아주 좌파고 다른 하나는 아주 우파입니다. 스탈린은 좌파고 박정희는 우파입니다. 그러면서 둘 다 공통점이 있고 둘 다 동원 체제입니다. — 국민경제의 모든 자원을 단기간에 총동원하는 체제를 갖추는 데는 성공했는데 이것이 너무나 비민주적이고 명령과 억압에 의한 체제이기 때문에 처음에는 잘 나갑니다. 사람들이 움직이죠. 하지만 이것이 영원히 계속될 수는 없고, 나중에는 양적 성장 단계가 끝나고 모

2 니키타 후르시초프(1894~1971): 소련 국가원수 겸 공산당 서기장(1953~1964). 스탈린주의를 비판하고 국내 개혁과 서방과의 공존을 추진하다가 실각.

3 미하일 고르바초프(1931~): 소련 공산당 서기장(1985~1991). 재임 중 개혁(페레스트로이카), 개방(글라스노스트) 정책을 추진. 1990년 노벨평화상 수상.

든 자원이 투입되어 농촌의 노동력도 도시로 다 올라오면 더 이상 추가적인 양적 생산요소 투입이 불가능해지고, 그때부터는 질적 성장으로 전환해야 되고 생산성 향상이 있어야 되는데, 이 생산성 향상을 위해서는 창의적인 아이디어, 조직의 유연성이 필수적입니다. 그런데 이것이 안 되는 겁니다. 스탈린 체제도 안 되고 박정희 체제도 안 됩니다. 민주주의를 억압했으니까요. 그러니까 유연하게 조직이 움직이고, 사람들이 자유롭게 발상을 하고 토론을 하는 문화, 이런 것이 안 돼 있으니까 생산성 향상, 혁신 이런 것이 한계에 부딪히고 그래서 고장이 나는 겁니다, 이 체제는. 그래서 '십리도 못 가서 발병 나는' 체제인 것입니다. 그렇게 해서 스탈린 체제도 무너졌고 박정희 체제도 종언을 고했습니다.

지금도 박정희 체제에 대해서 향수를 갖고 그때가 좋았다고 생각하는 사람들이 있는데, 그것은 이미 돌이킬 수 없는 체제이고 초장에 잘 나가는 데까지 가다가 끝난 겁니다. 더 이상 회복할 수 없고 돌아갈 수 없고요. 사실 지금 시대에 자유로운 공기를 맛본 사람이 그때, 60년대~70년대 유신시대로 돌아가서 살아보라고 하면 아마 한 달도 못 살 거예요. 그러면서도 그때를 막연히 그냥 좋았다고 생각하는 착각에 빠져 있는 것입니다.

또 하나 제가 여기서 지적하고 싶은 것이 〈표 1〉입니다. 박정희 때 경제가 좋았다, 박정희가 경제를 살렸다고 하는데 그렇지 않다는 증거를 제가 최근에 하나 발견한 게 있어서 여러분들에게 보여드리고 싶습니다.

이 표는 역대 정권의 부동산 성적표인데요. 여기에 정권 초기의 전국 땅값 총액이 나오고, 그 다음에 정권 말기의 땅값 총액이 나오고, 그 차액이 그 다음에 나오는데 그것을 지가상승으로 인한 불로소득으로 파악합니다. 연평균 지가상승률을 보면 이승만 때 21%, 박정희 때 33%, 전두환 14%, 노태우 17%, 그 다음부터 뚝 떨어집니다. 김영삼, 김대중, 노무현에 와서는 마이너스(-) 또는 4.3%. 최근 노무현 정부에 들어서 땅값, 집값이 올랐다고 해서 아우성이고 민심이 아주 흉흉했습니다. 그런데 땅값 상승률을 보면 연평균 4.3%인데 만일 지금 국민이 과거로 돌아가서 노태우, 전두환, 박정희, 이승만 시대의 땅값 폭등 시대에 간다면 살 수 있을까요? 폭동이 일어날 겁니다. 그런데 과거는 다 잊어버리고 지금은 굉장히 인내가 없어진 것이죠, 우리가 참을성이 없어졌다는 것을 이 표를 통해서 금방 알 수 있습니다.

〈표 1〉 역대 정권의 지가(地價) 추이

단위: 조 원, %

정권	기간	정권초기 전국 지가총액 (1)	정권말기 전국 지가총액 (2)	지가상승 불로소득 (3) =(2)-(1)	지가총액/국내 총생산 비율(배) (4)	불로소득/생산소득 비율(%) (5)	연평균 지가 상승률 (%) (6)	지가 상승 기여도 (%) (7)	경제 성장률 (%) (8)
이승만	1953~1960	0.176	0.690	0.514	3.1	43.2	21.6	14.7	4.7
박정희	1963~1979	3	329	326	12.0	248.8	33.1	50.5	9.1
전두환	1980~1987	367	735	368	7.2	67.9	14.9	7.5	8.7
노태우	1987~1992	735	1661	926	7.3	96.3	17.7	8.8	8.3
김영삼	1992~1997	1661	1558	−103	4.1	−5.2	−1.2	−0.7	7.1
김대중	1997~2002	1558	1540	−18	2.5	−0.6	−0.6	−0.1	4.2
노무현	2002~2007	1540	1905	365	2.0	8.4	4.3	2.3	4.3

주: 칼럼 (4) = 정권 최종연도의 지가총액/국내총생산 비율
칼럼 (5) = 정권 기간의 지가상승 불로소득/정권 기간 국내총생산 합계

자료: 건교부, 지가동향
한국감정원, 전국 주요도시 지가조사
한국은행, 경제통계연보 각 연도
이승만 정권기 지가 자료 - Pyo, Hak Kil(1993)

특히 부동산 가격이 폭등한 것이 박정희 시대입니다. 집권 기간에 생산에 의한 국민소득 대비 불로소득을 비교했을 때 다른 정권은 다 불로소득이 크지만 그

래도 100% 이내입니다. 그러니까 배보다 배꼽이 작은 거지요. 박정희 때는 배꼽이 배보다 2배 반이나 큽니다. 248.8%, 여러분들 숫자 보입니까? 불로소득이 생산소득의 2배 반이 됐던 이 기막힌 시대, 이게 박정희 시댑니다. 가난한 사람들이 살기 어려운 거예요. 성장률은 9.1%로 제일 높습니다. 이 성장은 대폭 깎아서 봐야 됩니다. 왜냐, 불로소득 거품경제가 판을 치고 가진 자들은 더욱더 많이 갖고 강남 개발 등을 통해서 천문학적인 돈이 가진 자들의 수중에 들어간 반면 집 없는 서민들은 그때도 집이 없었습니다. 이 거품경제의 원조가 박정희고, 그 사람이 경제를 살렸다고 한다면 이것은 큰 오해입니다. 이제 박정희를 바로 봐야 합니다. 이 사람이 올린 땅값 때문에 지금도 우리가 피해를 보는 것이고 지금도 우리 국가 경쟁력이 비싼 땅값 때문에 국내에서 공장을 지을 수 없어서 중국으로 갑니다. 중국에 가는 이유는 임금이 10분의 1이라는 이유도 있지만, 땅값이 40분의 1이니까요. 지난 40년, 50년 동안 어떤 대통령들이 가장 무책임하게 땅값을 폭등시켰는가? 박정희가 전국을 개발했죠. 전국을 다니면서 박정희가 테이프를 끊고 기공식을 하면서 땅값에 대해서 완전히 방치해 버렸습니다. 그렇게 해서 땅값을 폭등시킨 책임을 우리가 엄중히 물어야 하는 겁니다. 개발주의, 단기실적주의, 테이프 끊고 잘했다고 박수 칠 일이 결코 아닙니다.

최근에 이명박 대통령이 대운하 혹은 4대강 개발을 추진하는데, 이런 개발주의는 박정희 모델입니다. 시대에 맞지 않습니다. 옛날식의 이런 패러다임을 갖고서 어떻게 21세기에 국제간 경쟁에서 헤쳐 나갈 수 있을지 참으로 걱정스럽습니다.

그리고 흔히 군부정권 또는 독재정권이 독재는 했지만 경제는 잘했다고 합니다. 그 이유는 경제성장률에 있는 거지요. 9.1%, 8.7%, 8.3%입니다. 그 뒤에 오는 정권들 보십시오. 7.1%, 4.2%, 4.2%로 떨어졌습니다. 뒤로 갈수록 성장률은 떨어졌지만요. 그러나 초기에는 원래 잘 나가는 겁니다. 중국은 지금 10% 하지요. 그런데 계속 10%는 못합니다. 떨어지게 되어 있습니다. 또 하나는 독재정권들이 경제성장한 것은 전국을 개발해서 개발주의 토건국가로 가면서 결국은 땅값을 올려서 그 부담은 뒤에 오는 정권, 뒤에 오는 후손들한테 두고두고 떠넘기면서 임기 중 생색낸 겁니다. '외상경제'지요. 따라서 이것은 깎아서 봐야 되는 것이고요, 독재정권의 경제성장률은 우리가 대폭 할인해서 봐야 합니다. 뒤에 오는 민주정권들은 땅값을 올리지 않고 신중하게 경제를 운용한 것이기 때문에 이것은 그대로 받아들 수 있는 성장률입니다. 이 점을 우리가 인식하고 민주 인사들은 경제운용에 실패했다는 잘못된 최근의 유행어를 거부해야 합니다. 책임 있게 경제를 운용한 사람은 역시 민주 인사들입니다. 군부정권들은 대단히 무책임하게 자기 임기 중에 실적 내기에만 급급했습니다. 그 뒤에는 물가가 많이 오르고 땅값도 많이 올라서, 지금도 우리나라 물가가 세계적으로 비쌉니다. 왜 이렇게 됐습니까? 지금 땅값이 세계에서 제일 비싼데 왜 이렇게 됐습니까? 이 뿌리를 근원적으로 찾아 들어가면 바로 경제를 살렸다고 하는 군부정권들에 그 책임이 있는 겁니다.

그럼 다시 돌아와서 제2의 길을 살펴보겠습니다. 제2의 길은 시장 만능주의이고, 이것은 특히 IMF 사태 이후에 급속히 도입됐습니다. 그 이전만 하더라도 철저히 관치경제지요. 아웅산에 가서 폭탄테러로 사망했던 사람 중에 김재익이라는 청와대 경제수석이 있었습니다. 전두환 시절, 이 사람은 당시로서는 아직 보기 드문 시장주의자였습니다. 미국에서 공부를 하고 돌아와서 당시 미국에서 싹트기 시작한 시장주의, 또는 신자유주의에 깊이 경도되어 돌아와서 그걸 자꾸 주장하고 다녔어요. 전혀 먹혀 들어가지 않고 주위에서 무슨 저런 말도 안 되는 소리를 하느냐며 냉대를 당했습니다. 그 사람에 대한 회고록을 읽어보면 당시 청와대 안에서도 이 사람이 복도에 나가면 옆방에 있는 당시 청와대 동료들조차도 인사를 안 하고 고개를 돌릴 정도로 냉대를 했다, 이렇게 돼 있습니다. 그게 1980년대 초의 일입니다. 그런데 지금 어떻습니까. 시장주의가 판을 치고 있습니다. 김재익의 사상이 지금 오히려 주류가 됐고, 지금 시장에 어긋나는 다른 주장을 하면 오히려 냉대를 당하고 왕따를 당하는 그런 세상이 됐습니다. 20년 만에 세상이 이렇게 변한 겁니다.

자, 이 시장만능주의는 IMF 신탁통치 시기에 외부의 강요에 의해서 그렇게 된 면도 있고요. 또 하나는 우리 내부의 많은 사람들이 미국 유학을 가서 경제학을 공부하고 돌아와서 비단 학자들뿐만이 아닙니다. 언론계, 관계, 재계 이런 데서도 워낙 유학을 많이 가기 때문에 지금은 미국 유학을 갔다 돌아온 시장주의자들이 도처에 포진해 있고, 거의 매일 이 사람들의 칼럼이 언론을 장악하고 있습니다. 따라서 시장이 이 사람들이 아주 신성시하는 단어이고 여기에 대해서 반기를 드는 사람은 이단적인 사람, 틀린 사람, 시대에 뒤떨어진 사람이라며 따돌림을 당하는 세상이 돼 버렸는데, 이것도 사실은 극단적인 것입니다.

박정희 모델이 극단적인 관치경제고 그것 때문에 한계에 와서 저절로 주저앉았듯이 시장 만능주의라는 것도 우리나라처럼 이렇게 극단적으로 가는 경우는 없을 것이라고 봅니다. 너무 정반대 쪽 극단으로 온 겁니다. 어떤 나라든지 시장과 정부가 경제를 운용하는 두 개의 중요한 주체입니다. 그 비율은 나라마다 다르지요. 그 둘이 힘을 합쳐서 어떤 것은 정부가 맡고 어떤 것은 시장이 맡음으로써 경제가 굴러가는 것인데 그 비율은 나라마다 다르고 역사와 사회정치 구조라든가 여러 영향을 받아서 결정됩니다. 그런데 모든 것을 시장에 맡기자, 부동산도 시장에 맡기자, 교육도 시장에 맡기자고 주장하는 것이 지금 보수 언론과 한나라당 그리고 많은 보수 경제학계에서 주장하는 것인데, 제가 볼 때는 대단히 무책임한 주장이라고 생각합니다. 그렇게 됐을 때 어떤 결과가 올지 미리 내다보고 그런 소리를 하는지 모르겠어요. 미국 경제학 교과서에 시장, 시장 이렇게 돼 있으니까 그냥 맹목적으로 주장하는 게 아닌가, 저는 그렇게 봅니다. 분명히 저대로 가면 큰 사고가 나고 낭패를 볼 게 뻔한데 그렇게 주장하는 것이죠.

예를 하나 들어 볼까요. 국민의 정부 때 IMF의 압력을 받아서 시장 원리로 간 것이 많이 있고요, 민영화도 꽤 많이 했습니다. 그중 하나가 부동산 정책인데, 그때 시장원리를 한다고 해서 규제를 많이 풀었습니다. 그중에 대표적인 것이 분양가 자율화가 있고요, 그린벨트를 풀었고 토지 공개념 3법도 그때 다 없앴습니다. 토지 공개념 3법은 그때 다 없어진 겁니다. 이게 다 시장원리를 한다고 해서 시장주의자들의 강력한 요구를 못 이겨서 한 것인데, 결과는 어떻습니까? 결과는 그 후에 2002년부터의 부동산 가격 폭등입니다. 그래서 땅값이 많이 오르고, 민심이 흉흉해져서 정권이 흔들릴 정도가 되지 않았습니까. 그래서 그 피해는 고스란히 참여정부에서 입은 겁니다. 그렇게 해서 지금은 다시 분양가 자율화, 다시 후퇴해서 상한제를 하고 원가 공개하고 이제 겨우 이 문제를 잡은 겁니다. 묻고 싶습니다. 2000년 그때 분양가 자율화해야 된다고 주장했던 그 시장주의자들이 지금 어디 있는지, 정말 시장에 맡기면 모든 문제가 다 풀린다고 생각하는 것인지 묻고 싶어요. 시장만으로 되지 않는 겁니다. 대단히 위험한 극단적인 주장을, 저 사람들은 뭐든지 시장만 내세우면 된다고 생각하는데, 이것만큼 위험한 생각이 없습니다. 관치경제가 위험하듯이 시장만능주의도 대단히 위험한 겁니다. 많은 사람들이 다치고 죽습니다.

그러니 좀 더 균형을 잡아야 하고 뭔가 새로운 길을 찾아야 합니다. 제1의 길은 정치적 독재고 제2의 길은 시장의 독재라면, 제3의 길은 뭔가 다른, 보다 인간적이고 보다 민주적인 그런 경제모델이 있지 않겠는가 하여 그것을 한번 찾아보려고 합니다.

대안을 찾기 위해서, 제가 '지금 세계경제에 어떤 모델들이 있는가'를 그림으로 설명하겠습니다. 〈그림 1〉은 비교정치경제 모델에서 나오는 모델입니다만, X축과 Y축이 있습니다. 오른쪽으로 갈수록 성장을 중시하고 왼쪽으로 갈수록 분배 혹은 재분배를 중시하는 체제입니다. 위로 갈수록 정부가 경제에 많은 역할을 하고, 밑으로 갈수록 시장에 맡기는 체제입니다. 이렇게 본다면 이 두 개의 기준으로 여러 체제가 나올 수 있습니다. 우선 네 체제가 나올 수 있겠는데, 제일 왼쪽 위에 있는 것이 사회주의 체제입니다. 스탈린 모델이 저기 있는 것이지요. 이것은 정부가 명령하는 경제이고, 분배의 평등을 아주 강조했습니다. 지금 소련,

중국 등 모든 사회주의 국가들이 저기서 살기 위해서 탈출해 나오고 있습니다. 체제 개혁이죠. 많이 탈출하는데, 북한은 안타깝게도 아직 저 체제를 고수하고 있고, 그래서 저성장, 빈곤에 허덕이고 있습니다.

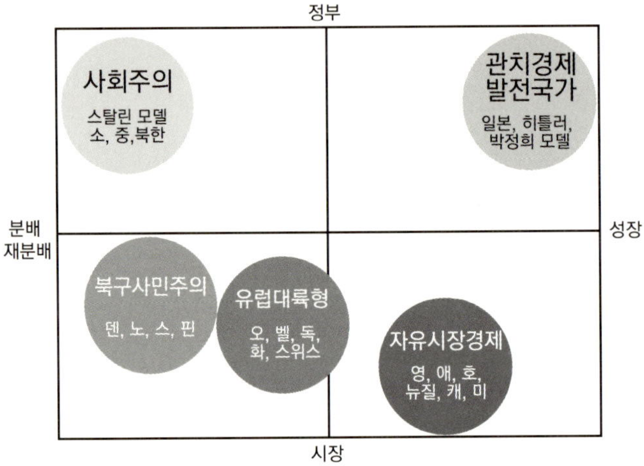

〈그림 1〉 비교 정치경제 모델

또 하나가 박정희 모델입니다. 오른쪽 위에 있는 관치경제인데 사회주의나 박정희 모델이나 둘 다 명령경제라는 점에서는 똑같이 꼭대기에 가 있는데 박정희 모델은 극우파의 모델입니다. 이 모델은 메이지 유신 후에 이토 히로부미 같은 사람이 미츠이三井, 미츠비시三菱 찾아다니면서 제발 좀 제조업에 투자하시오, 그 대신 이러저런 특혜를 주겠다 하고 제시한 것에서 출발했습니다. 이것이 일본식 관치경제의 출발이고 일본식 부정부패의 출발입니다. 정경유착이지요. 이 모델이 1930년대 만주국에 와서 다시 '만주국 모델'이란 게 나타나는데 이것을 주도한 사람이 다섯 명 있습니다. '니끼 산스께'라고 해서 이름이 '끼'로 끝나는 사람이 2명이고, 스께로 끝나는 이름이 3명이 있었기 때문에 '니끼 산스께'라고 부르는데요. 니끼 중에 여러분이 잘 아는 사람이 도조 히데끼東條英機입니다. 전범 중의 전범으로 처형된 도조 히데끼, 그가 1930년대 관동군 사령관으로 만주에 있었습니다. 스께로 끝나는 사람 중에 기시 노부스께岸信介가 있고요, 전범인데 처형을 면하고 해방 후에 총리가 되고 자민당의 원조가 된 사람입니다. 그 외손자가 몇 년 전 총리를 지낸 아베 신조입니다. 이 사람들이 통제경제 실험을 한 곳이 바로 만주국인데 여기에서 박정희가 젊은 시절 군관학교도 다녔고, 일본군 소위로 근무를 1년가량 했기 때문에 아마 박정희 머릿속에는 이 '만주국 모델'이 뿌리 깊게 자리 잡았을 것이고 이것이 나중에 쿠데타를 일으키고 대통령이 된 이후에 자기의 경제철학을 형성하는 바탕이 됐을 것이라고 봅니다. 경제만 본다면 히틀러도 경제를 살렸습니다. 히틀러가 대공황을 극복하고 경제를 살리는 군비 지출을 강화하고 통제경제를 하고 이렇게 해서 경제는 많이 좋았지요. 때문에 저 모델은 처음에는 잘 나갑니다. 그러나 그 비민주성으로 인해 오래갈 수 없고 결국은 무너지는 체제입니다.

그러면 이제 밑으로 가야 됩니다. 사회주의도 망했고, 관치경제도 망했고—일본도 이제 여기서 벗어나려고 하는데 빨리 못 벗어나기 때문에 일본 경제가 지금 장기침체에 빠져 있다고 봅니다.—그러면 밑으로 와야 합니다. 밑으로 오니, 그 대안이 세 개가 기다리고 있습니다. 제일 오른쪽이 자유시장 경제, 또는 앵글로색슨 모델, 또는 신자유주의 모델, 또는 시장 만능주의, 이렇게 불러도 좋겠습니다. 좀 더 왼쪽에 유럽대륙형이 있고, 오스트리아, 벨기에, 독일, 네덜란드, 스위스, 이런 나라들입니다. 더 왼쪽에 북구사민주의 체제가 있는데 덴마크, 노르웨이, 스웨덴, 핀란드가 있습니다. 이 세 개가 지금 우리에게 주어진 대안이라고 할 수 있는데, 아까 이야기한 제2의 길은 바로 여기, 자유시장 경제입니다. 우리가 IMF 사태 이후에 10년간 채택해 온 것이 이 자유시장 경제입니다.

그러면 우리는 어디에 있는가, 정부의 많은 규제가 아직 남아 있기 때문에 관치경제의 유산을 청산하지 못하고 있으면서 또 일부에서는 굉장히 자유시장경제로 가서 앵글로색슨 모델을 지난 10년간 급속히 받아들이고 있습니다. 그래서 이 두 개가 혼합된 체제인데 체제가 하나로 깔끔하게 정리되지 못하고, 내부에서 많은 충돌이 일어나는 체제여서 앞으로 빨리 정리가 돼야 됩니다. 어느 한쪽으로 가서 수레가 굴러가야 됩니다. 서로 반대되는 두 개의 수레가 서로 삐거덕거리면서 하나는 앞으로 가려고 하고, 하나는 뒤로 가려고 하는 상태에서 우리 경제가 갈 길을 못 찾고 헤매고 있는 것이 현재의 상태라고 봅니다.

그렇게 볼 때 저는 이것도 답이 아니고 저것도 답이 아니라고 봅니다. 더 좋은 길이 있는데, 그것은 왼쪽에 두 개가 남습니다. 그러나 둘 중에 유럽대륙형은 별로 취할 게 못 되는 것 같습니다. 왜? 옛날에는 잘 나갔습니다. 독일 경제 1980년대까지는 잘 나갔지요. 한때는 독일이 세계적인 모델이었습니다. 그러나 지금은 아닙니다. 지금은 제일 허덕이고 있는 나라들이 유럽대륙형인데 우선, 양 체제에 비해서 성장률이 낮고, 실업률도 높은 편이고, 일자리 창출이 잘 안 됩니다. 그리고 혁신 속도도 떨어집니다. 그래서 유럽대륙형은 세 체제 중에서 가장 성적이 나쁩니다. 그래서 이쪽은 취할 바가 못 됩니다.

그러면 양쪽 두 개가 남는데, 자유시장 경제로 그대로 갈 것이냐, 그러면 제1의 길을 하루 빨리 청산하고 관치경제, 불필요한 규제 이런 것을 다 없애 버리고 전부 빨리 밑으로 내려오는 방법이 하나 있습니다.

박근혜 후보의 지난 번 대선 공약이 '줄푸세'라고 합니다. 여러분 '줄푸세'라고 들어 봤습니까? '줄푸세'가 뭡니까? 세금을 줄이고, 규제는 풀고, 원칙은 세운다는 것입니다. 원칙을 세운다는 것은 아마 농민들이나 노동자들이 불법 시위를 하면 법대로 집행하겠다, 저런 불법이 판치지 못하도록 하겠다는 것으로 말하자면 한국의 대처가 되겠다는 말입니다. 제가 봤을 때 박근혜 후보의 모델은—줄이겠다는 것은 여기서 오른쪽으로 가겠다는 것인데요, 세금을 줄이면 오른쪽으로 갑니다—규제는 푸는 게 맞습니다. '줄푸세' 중에 맞는 것은 '푸'입니다. '푸'는 맞는데 '줄'은 틀렸고요. '줄'이면 오른쪽으로 가는데 거기에는 낭떠러지가 있죠. 거기는 사람이 못 사는 곳인데 여기로 가겠다는 것입니다. 그래서 틀렸고요. '세', 원칙을 세운다. 글쎄요, 그렇게 해서 세워질까요? 저는 그렇게 해서 원칙이 세워지지 않으리라고 봅니다. 그래서 저는 '줄푸세' 중에 맞는 것은 저는 '푸' 하나밖에 없다고 봅니다.

한국은 자유시장 경제 나라들보다 훨씬 더 정부 규모가 작고, 복지가 안 돼 있고 이렇습니다. 너무 안 되어 있어서 문젠데 이것을 더 줄이겠다는 것은 아주 냉혹한 경제철학입니다. 그렇게 가면 사람이 많이 죽죠.

그래서 두 가지 중에 자유시장 경제로 가려면, 규제는 줄이고 세금은 오히려 그래도 좀 늘여야 될 겁니다. 세금을 늘이고, 복지를 늘이고 그렇게 가는 방법이 하나 있고 아니면 북구사민주의로 가는 방법이 있겠는데요. 그러면 세 개의 자본주의 모델의 주요 경제성과를 보겠습니다.

〈표 2〉를 보면 제일 위가 북구사민주의(북구형) 네 나라입니다. 중간에 있는 것이 유럽대륙형이고요, 맨 밑에 영미형 시장 만능주의 국가들입니다. 1인당 소득은 세 집단이 3만 달러로 거의 같습니다. 별 차이가 없다고 볼 수 있고. 그 다음 성장률에서, 1960년부터 1980년 시기에는 북구사민주의가 제일 높고 그 밑이 영미형이었는데 최근 20년에 그게 바뀌어서 영미형이 2.3%로 제일 높고, 그 다음이 북구형 2.1%고요, 그 다음이 좀 떨어져서 유럽형, 이렇게 돼 있습니다. 그 다음에 고용증가율에서 큰 차이가 나는데, 북구형과 유럽형은 고용증가율이 영점 몇 퍼센트인데 비해서 영미형은 1.7%로 일자리 창출에서 굉장히 차이가 납니다.

또 하나가 지니계수가 많이 차이 나는데, 지니계수를 보면 유럽이 훨씬 평등합니다. 미국에 비해서 훨씬 평등할 뿐만 아니고, 다른 영미형 국가들도 대체로 지니계수가 높습니다. 그러니까 영미형 국가는 불평등합니다. 최근 우리의 양극화도 우리가 급속히 제1의 길에서 제2의 길로 가면서 나타난 현상이 아닌가 합니다. 그리고 미국의 경우를 보면 한 번 거기로 가면 양극화가 좀처럼 멈추지 않는 것을 알 수 있습니다. 지금 30년째 불평등이 심해졌거든요.

〈표 2〉 3 자본주의의 주요 성과

유형	지니계수	1인당 GDP 2002, US$	연간 1인당 실질 GDP 성장률 1960~80 (%)	연간 1인당 실질 GDP 성장률 1980~2000 (%)	GDP 중 수출 비중 2000 (%)	평균 실업률 2000~2003 (%)	연평균 고용 증가율 1990~2002 (%)
북구형	**0.247**	**29.624**	**3.2**	**2.1**	**45.1**	**5.8**	**0.1**
덴마크	0.236	29.328	2.7	1.7	43.8	4.8	0.2
핀란드	0.247	26.478	3.7	2.4	42.9	9.3	−0.4
노르웨이	0.251	35.482	3.7	2.5	46.6	3.9	1.1
스웨덴	0.252	27.209	2.7	1.6	47.2	5.3	−0.5
유럽형	**0.267**	**28.291**	**3.1**	**1.7**	**56.7**	**5.2**	**0.8**
오스트리아	0.266	28.872	3.7	2.0	50.1	4.0	0.9
벨기에	0.250	27.716	3.6	2.0	86.3	7.3	0.5
독일	0.264	25.917	3.1	1.6	33.7	8.4	−0.2
네덜란드	0.248	29.009	2.9	1.9	67.2	3.0	2.0
스위스	0.307	29.940	2.1	1.0	46.4	3.2	0.7
영미형	**0.330**	**29.483**	**2.5**	**2.3**	**40.0**	**5.6**	**1.7**
호주	0.311	28.068	2.5	1.9	22.9	6.4	1.5
캐나다	0.302	30.303	3.2	1.5	45.9	7.3	1.4
아일랜드	0.325	32.646	3.5	4.7	94.9	4.3	3.5
뉴질랜드		21.783	1.4	1.3	36.7	5.3	2.0
영국	0.345	27.976	2.0	2.0	28.1	5.1	1.2
미국	0.368	36.121	2.1	2.1	11.2	5.1	1.2

이것을 보면 우리가 취할 만한 모델로 가장 적합한 것은 북구형이라고 생각합니다. 성장률이 영미형에 비해 낮지 않고 다른 장점이 많습니다. 못한 것이 있다면 고용창출인데 나머지는 거의 다 낫습니다. 예를 들어 재정상태, 재정적자 또 분배가 평등하고 범죄와 같은 사회 문제가 거의 없고, 사회연대가 잘 돼 있고 말하자면 살기 좋고, 따뜻한 사회입니다. 또 하나의 특징은 수출을 많이 합니다. 영미형에 비해서 수출 비율이 굉장히 높고, 훨씬 대외 지향적이고 수출 주도적이기 때문에 경쟁력을 굉장히 민감하게 생각합니다. 경쟁력에 신경을 많이 쓰기 때

문에 임금 인상을 자제합니다.

실업률을 보면 한때는 소위 '유럽병'이라고 해서 유럽은 실업이 너무 높다고 돼 있었습니다. 한때는 그랬는데 최근 통계를 보니 유럽도 이제 실업률이 많이 낮아졌습니다. 평균을 보면 영미형이나 유럽이나 실업률은 큰 차이가 없습니다. 그런데도 우리에게 '유럽은 실업률이 높다'는 강한 인상이 남아 있는데, 그것은 아마 과거 10년 전에 그랬기 때문에—10년 전에 10%가 넘는 나라가 많았거든요. 프랑스, 독일, 스페인이 특히 높았고요. 스페인이 여기 빠져 있습니다.—실업률 자체는 지금 큰 차이가 없어졌지만 최근 10년, 20년 동안에 일자리 창출 속도에서는 굉장히 차이가 납니다. 북구는 일자리는 차이가 많이 나는데 실업률이 비슷해진 이유는 무엇일까요? 고용률이 높아서 그렇습니다. 유럽은 다른 나라에 비해 고용률이 높습니다. 고용률은 100명 중에 일을 하고 있는 사람이 몇 명이냐 하는 겁니다. 북구는 일자리를 갖고 있는 사람의 비중이 높습니다. 우리나라는 고용률이 낮고요. 고용률이 높은 것은 주로 북구입니다. 북구는 대개 70%입니다. 집에서 노는 사람이 없고 100명 중에 70명이 일합니다.—주부들이나 학생들은 여기서 빠지는데—빠지는 사람이 적고, 나이 많은 사람 또는 여성들이 밖에 나와서 일을 많이 하기 때문에 고용률이 높습니다. 고용률을 높이는 것이 굉장히 중요하지요. 많은 사람들이 복지에 의존해서 사는 것보다는 일을 해서 사는 게 좋고요. 그렇게 하자면 고용률 자체가 높아져야 하는데, 북구는 그게 잘 돼 있다고 할 수 있습니다.

그리고 우리나라는 이제 정치는 민주화가 됐는데 경제는 아직 민주화되지 못한 부조화, 이것을 해결해야 합니다. 이것이 제3의 길의 핵심이라고 보는데, 어떻게 할 것이냐? 하나는 옛날식으로 되돌아가자, 박정희 시대가 좋았다, 이렇게 생각하는 사람들이 꽤 있습니다. 그때 식으로 '역시 독재를 해야 돼' 이런 식의 과격한 말을 술집에서 가끔 듣는데 그것은 불가능한 일이죠. 옳지도 않고요. 박정희 모델은 아까 말씀드린 대로 수명을 다한 것인데 그게 굴러갈까요? 안 굴러

갑니다. 그러니까 결국 길은 앞으로 가는 것밖에 없습니다. 그러니까 경제도 민주화해야 되는 겁니다. 정치는 20년간 많이 민주화되었지만 경제는 저 뒤에 있다는 부조화의 문제가 있기 때문에 이것을 민주화해야 하는데, 그 방법으로 저는 두 가지가 중요하다고 생각합니다.

하나는 거시적인 측면에서 봤을 때 '사회적 대타협'입니다. 예를 들어, 네덜란드가 경제 위기를 맞았을 때 1982년 바세나르 협약을 맺어서 노사가 대타협을 이루고, 임금 인상을 자제하고, 일자리를 만들고, 복지 확충하고, 이렇게 해서 경제의 기적을 이루어 냈습니다. 그래서 그것을 네덜란드의 기적the Dutch miracle이라 하지요. 말하자면 화란병the Dutch disease 환자가 벌떡 일어나서 화란의 기적을 이뤄낸 겁니다. 그게 사회 대타협의 위력입니다.

다음으로 미시적으로 들어가면, 조직 하나하나가 민주화돼야 된다고 생각합니다. 조직의 민주화는 모든 조직에서 민주화가 돼야 하는데요. 우리가 달성한 정치적 민주화, 지난 20년간 정치적 민주화에 성공했다고 하는 민주화는 말하자면 대통령 선거를 체육관에서 하지 않고 투표장에 가서 국민이 1인 1표를 행사하고 있는 것 아닙니까. 그러나 미시적으로 들어가면 조직 하나하나는 아직도 구체제, 낡은 사고방식을 크게 벗어나지 못하고 있습니다. 그래서 병영문화가 아직도 도처에 남아 권위적이고요. 그래서 사고가 수시로 터집니다. 학교에서도 아직 비민주적인 게 많이 남아 있고, 수시로 사고가 터지지 않습니까. 병원도 굉장히 권위적입니다. 종교조차도 권위적입니다. 우리나라의 거의 모든 조직이 아직도 권위적이고 독재의 잔재를 청산하지 못하고 있습니다.

경제조직, 기업을 볼까요? 기업 내부도 아직 굉장히 비민주적입니다. 재벌들의 황제경영이 아직 횡행하고 있습니다. 민주화 시대에 맞지 않죠. 그런데 이런 것을 민주적인 조직으로 바꿔 가야 정치와 경제의 부조화가 해소되고, 계속 유지될 수 있는 지속성을 가지는 경제체제가 성립할 수 있는 겁니다. 자, 그러면 이 경제조직 기업을 민주화한다고 했을 때 방법이 뭐냐? 두 가지가 있습니다. 하나는 '경제 민주주의'라는 것입니다. 경제 민주주의는 소유의 민주화입니다. 노동자들이 자기 기업의 주식을 갖도록 하자는 것으로 '종업원 지주제'가 핵심입니다. 종업원 지주제는 영미에서 많이 성공했습니다. 회사 소유를 민주화하는 것인데요, 이것은 영국과 미국에서 많이 발달해 있습니다. 특히 미국의 ESOP이라고 하는 종업원 지주제는 많은 혁신기업에서 도입을 해서 1만 개 이상의 기업에서 지금 이것을 하고 있는데 굉장히 성공적입니다. 생산성과 애사심을 높이고 근속년수도 높이고, 이윤도 늘어나는 등 결과가 좋습니다. 고성과 작업장이란 것이 미국에 많은데요. 주로 ESOP을 하는 그런 기업들입니다.

반대로 독일은 산업민주주의가 많이 발전한 나라입니다. 이쪽은 뭐냐 하면 회사 소유가 아니고 회사의 의사결정 쪽의 민주화가 잘 된 나라입니다. 그래서 공동결정제도Mit-bestimmung를 갖고 있는 유일한 나라이지요. 여기서는 대기업 같으면 이사회에 노동이사가 1명 참석하고, 이사회 위에 감사회가 있는 이중 지배구조인데요. 감사회에는 노사가 동수 혹은 3분의 1이 참석해서 노동자들의 의사를 반영하고 있습니다. 그렇게 해서 의사 결정의 민주화 쪽을 '산업 민주주의'라고 부르는 사람도 있습니다. 그러면 이 두 개의 서로 다른 길이 있는데 양쪽을 절충한 나라가 스웨덴이라고 할 수 있겠습니다.

한국, 일본은 둘 다 경제 민주주의, 산업 민주주의가 미발달된 상태에 있습니다. 한국은 종업원 지주제, 우리사주제를 조금 하고 있죠. 아직 부족하지만 조금은 하고 있습니다. 그래서 한국이 민주화로 가는 데 이 세 개의 길이 있는데 즉, 경제민주주의, 산업민주주의, 그리고 절충형. 이 세 개의 길 중 어느 쪽으로 가서 조직을 민주화할 것인지, 결국은 기업이 노동자들의 목소리를 담아내야 하는 겁니다. 그것을 계속 배제하고 옛날 독재시절에 했던 사고방식을 가지고 노조는 안 된다며 노조의 목소리를 들으려고 하지 않는 기업가는 이 시대에 맞지 않습니다. 그런 기업가가 있기 때문에 우리가 계속 싸우고, 마찰이 일어나고, 앞으로 나아가지 못하고 있는 것이지요. 그렇게 해서 미시적인 기업의 민주화, 이런 쪽으로 갈 때에 비로소 우리가 저 북구형이 성취한 성과를 거둘 수 있다고 생각합니다.

그 다음에 또 하나가 복지국가입니다. 복지국가 쪽으로 갔을 때, 이 복지국가에도 3개의 모델이 있습니다. 〈그림 1〉의 3개의 모델이 복지국가 모델이기도 합니다. 영미형, 유럽형, 북구형 3개의 복지국가 모델이 있는데 우리는 아직 복지국가 이름을 붙일 수가 없는, 참 가난하고 불쌍한 상태에 있습니다. 그래서 복지국가를 지향해야 하는데, 3개의 길 중에 어디를 지향해야 할 것이냐가 문제입니다. 제가 봤을 때 영미형은 역시 길이 아닙니다. 단점이 너무 많고요. 복지국가로 봤을 때 유럽대륙형은 북구형에 비해 역시 못합니다. 왜냐면 유럽대륙형은 주로 사회보험식 중심으로 하는데 실업보험, 의료보험 뭐든지 보험에 가입한 사람이 돈을 내고 자신이 타 가는 식으로 합니다. 그런 식으로 하기 때문에 이것은 그렇게 재분배적이지 못합니다. 돈이 많은 사람은 많이 내고, 많이 타 가는 식입니다. 제일 재분배적인 것은 북구형의 복지국가입니다. 이것은 세금을 많이 걷고 그 대신에 보편적 복지를 합니다. 누구나 다 혜택을 보는 것인데 복지정책을 공공서비스 방식으로 해서 병원도 무료, 학교도 무료, 이런 식으로 합니다. 인간이 살아가는 데 필요한 기본재를 상품이 아닌 탈상품으로 가는 방향을 취하고 있습니다.

또 하나 복지에서 큰 차이는 영미형은 소득 조사에 기초해서 가난한 사람에게 이전지출을, 즉 돈을 지급하는 식입니다. 북구는 그런 것에 아주 약합니다. 소득 조사를 잘 하지 않습니다. 소득 조사를 하면 가장 큰 문제는 가난이 드러난다는 겁니다. 가난한 사람은 조사받는 자체가 부끄럽죠. 그래서 '낙인효과'라는 것이 발생합니다. 그래서 북구는 소득 조사를 해서 가난한 사람들에게 이전지출하는 것을 잘 하지 않습니다. 영미형의 복지란 것은 주로 이런 방식인데 그 액수도 아주 약소하죠. 북구는 소득 조사에 의한 현금 지출 대신에 보편적 복지식으로 해서 누진적으로 세금을 걷어서 혜택은 모든 국민이 골고루 보니까 낙인효과도 없고요.

문제는 세금을 어떻게 50%씩 거둘 수 있느냐는 것에 있습니다. 보편적 복지로, 현금이 아니고 현물주의, 공공서비스 방식으로 가기 때문에 세금을 내는 것에 대한 저항이 적은 겁니다. 그것이 영미형과의 큰 차이입니다. 우리나라는 지금 영미형이 많이 들어와 있어서 조세 저항이 굉장히 심합니다. 세금을 내 봤자 나에겐 돌아오지 않고 내가 모르는 어느 가난한 사람한테 돌아갈 것이다, 그러니까 내기 싫다는 식이 되는 거죠. 그러나 북구는 그렇지 않습니다. 내가 세금을 내면 이것이 결국 나에게 무료 병원, 무료 학교로 돌아온다고 믿기 때문에 세금을 많이 내고도 조세저항이 없는 겁니다. 그것이 다른 점입니다.

우리는 수출주도형 경제를 갖고 있고, 또 스웨덴도 우리처럼 재벌경제입니다. 재벌경제 구조도 비슷합니다. 또 복지에서도 우리가 북구형으로 가야 하는데 지금 이 낙인효과를 가지고 조세저항이 심한 영미형보다는 북구형의 보편적인 복지 방식이 더 낫겠다고 해서 노동, 복지, 학교, 병원 등등 이제 각론으로 들어가면 끝이 없겠지만 역시 북구 체제가 지금까지 인간의 머리로 만들어 놓은 체제 중에는 가장 우수한 체제가 아닌가 합니다. 그리고 지금까지 다른 많은 자본주의에 대한 대안적인 논의가 있었는데 많은 경우에 다 실패했습니다. 대표적인 것이 사회주의인데, 사회주의는 망해 버렸고요. 지금까지 인간이 생각해 낸 자본주의의 대안 중에 그래도 가장 실현 가능한 대안으로 스웨덴에서 70년간 실험을 해서 이것이 잘 굴러간다는 것이 증명이 됐습니다. 그러니까 안심하고 가도 되는 것이지요. 스웨덴도 처음에는 굉장히 불안했을 겁니다. 콜럼버스가 배를 타고 갈 때는 굉장히 불안했을 겁니다. 그래서 계속 새를 날려 보내고 새가 돌아오느냐 돌아오지 않느냐를 지켜보았는데 새가 안 돌아오는 걸 보고 이제 '야, 육지가 있구나' 하고 안심을 했다고 하는데, 처음에는 그렇게 불안하게 항해를 한 것이지요. 다행히 우리로서는 첫 항해가 아니라서 안심하고 갈 수 있습니다. 앞서간 나라들의 경험이 있기 때문에. 저리로 가는 것이 맞다고 생각합니다.

과거에는 이런 이야기를 하면 잡아갔기 때문에 이런 이야기를 못했습니다. 최근에 명예가 회복된 죽산 조봉암 선생의 사상이 아마 온건한 사민주의였을 겁니다. 억울하게 사형당한, 참 훌륭한 애국자인데요. 당시 이승만 독재하에서는 목숨을 걸고 그런 주장을 했어야 됐지요. 그런데 지금은 많이 민주화가 됐고, 제가 이런 공개적인 장소에서 사민주의가 옳다, 이렇게 주장할 수 있게 된 것도 그만큼 우리가 민주화의 맑은 공기를 맘 놓고 숨 쉴 수 있는 세상이 됐기 때문에 가능한 것입니다. 이상으로 제 강의를 마치겠습니다. 장시간 경청해 주어 대단히 고맙습니다.

| 감상문 |

한국경제, 어디서 와서 어디로 가나?

정주연(한문학과)

술자리에서 가끔 어른들이 하시는 말씀이 있다. "그래도 박정희 대통령 시절엔 경제 하난 좋았지." 박정희 전前 대통령뿐만 아니라, 독재 정치 시대의 경제 상황이 훨씬 좋았다는 서민들의 평이 많다. 다른 건 몰라도 경제만큼은 강력한 통제가 있어야 성장이 가능하다는 말이다. 하지만 정말 그러한가?

우리나라는 근현대적인 경제 체제를 갖추기까지 우여곡절이 많았다. 현재의 경제 대국이라 불리는 여러 나라들과는 달리 우리나라는 분단의 아픔과 독재정치 아래 정부주도의 계획적인 경제모델로부터 시작해야 했다. 우리나라 경제가 비약적으로 성장했다고 보이는 관치경제체제인 박정희 대통령 시절, 물론 수치적인 측면에선 상승을 기록했다. 하지만 현재의 비정상적인 지가地價, 인건비 등 국가 경쟁력을 떨어뜨리는 많은 요소들에 일조한 것 역시 박정희 정권이었다.

우리나라는 세계 제일의 경제 대국도 아니면서 세계 제일의 지가를 자랑한다. 이 때문에 많은 기업과 공장들이 해외로 이전을 해 왔다. 땅값이 치솟으면 집값이 오르고, 집값이 오르면 임금이 오르고, 임금이 오르면 기업의 경영은 어려워진다. 때문에 수출국가인 우리나라로서는 지가가 매우 중요한 문제가 아닐 수 없다. 현재 지가 상승의 원인이 50% 이상 박정희를 비롯한 독재 정권에 있다는 점을 볼 때, 관치경제 즉 독재의 폐해는 그 당시에는 경제를 살리는 것 같지만 장기적으로는 경제를 죽이는 것과 같다는 것이다.

경제는 사회와 떼려야 뗄 수 없는 부분이다. 사람들은 오랫동안 어떠한 경제 모델이 가장 효율적이고 또한 가장 공정할지 고민하며 시행해 왔다. 수많은 경제 모델과 자잘한 정책들이 생겨났고 사라져 갔다. 박정희 대통령이 우리나라에 시행했던 관치경제 역시 마찬가지다. 정부주도의 성장에 초점을 맞춘 관치경제는 일본과 히틀러 역시 시행했던 경제체제로서 빠른 경제성장 뒤에 국민의 희생이 따르는 모델이다. 사회주의는 스탈린과 소련, 중국, 북한이 시행한 모델로서 정부주도의 분배에 초점을 맞춘 이상적 모델이다. 그러나 현재로서는 실패한 모델로 북한을 제외하고는 모든 국가에서 사라진 모델이다. 자유시장 경제체제는 영국, 호주, 캐나다, 미국의 모델로 현재 전 세계 경제를 쥐락펴락하는 미국이 포함되어 있다는 점이 의미심장하다. 때문에 관치경제 이후 우리나라 역시 성장과 시장의 자율을 강조하는 자유시장 체제로 전환하기 위해 애썼고, 거의 자유시장 체제에 적응을 마쳤다. 하지만 이제는 자유시장 체제도 곧 사라질 경제 모델이 아닌가 하는 우려가 흘러나오고 있다.

요즘 각광받고 있는 경제모델은 유럽대륙형과 북구사민주의형이다. 이들은 분배와 시장에 초점을 맞춘 모델로서 세금을 많이 거두는 대신 든든한 노후를 보장한다. 말 그대로 '복지 국가'인 셈이다. OECD 기준으로 복지국가란 국가재정의 50% 이상을 복지에 사용하는 국가를 말한다. 유럽대륙형과 북구사민주의형 나라들은 최소한 40%~60%의 예산을 복지에 투입한다. 심지어 복지 후진국이라 불리는 미국에서조차 43%의 예산을 복지에 투자하고 있다. 반면에 우리나라 복지 예산은 겨우 28%에 불과하다. 부끄러운 일이 아닐 수 없다.

한국경제는 방황을 거듭하고 있다. 자랑스러운 우리나라의 다국적 기업도 지분의 절반 이상이 해외로 빠져나가 있는 것이 현실이다. 이러한 상황에서 우리나라는 '눈 가리고 아웅' 하는 식의 경제 대국이라는 선전문구에 속지 말고, 아직 선진국의 문턱을 넘지 못했음을 자각해야 한다. 그래서 우리 경제의 문제가 무엇인지, 더 나아가기 위해서 무엇을 해야 하는지 진지하게 고민해야 할 것이다.

| 감상문 |

한국경제, 어디서 와서 어디로 가나?

조유하(법학부)

현대 사회에서는 모든 것이 빠르게 변하지만 유독 변화 속도가 빠르게 느껴지는 분야 중 하나가 경제인 것 같다. 그래서인지 점점 경제 문제로부터 거리감을 갖게 되었다. 관심을 갖고 몇몇 기사를 읽어도 며칠이 지나면 구식 정보가 되어 버리기 일쑤였기 때문이다. 그러나 다행히 오늘 강의는 상당 부분 과거에 있었던 일들을 교수님께서 소개해 주시는 방식으로 〈한국경제, 어디에서 어디로 가나?〉라는 주제 하에 다섯 개의 소주제로 나뉘어 진행되었다.

먼저 '관치경제'라는 개념이 등장했는데, 한자로 풀어서 생각해 보아도 짐작이 가듯 '관치경제'는 정부가 일일이 지시, 감독, 통제, 계획하는 경제를 말한다. 관치경제를 말할 때 빼놓을 수 없는 국가들이 일본, 이탈리아, 독일인데 이 세 국가는 대공황으로 전 세계 경제가 어려울 때 관치경제로 고도성장을 이룬 국가들이다. 물론 이 고도성장이 제2차 세계대전의 불씨가 되기는 했지만 말이다. 특히 일본은 1930년대에 만주국에서 이 모델을 도입하여 성공하였는데, 불행인지 다행인지 이때 박정희 전前 대통령이 만주에서 관치경제에 깊은 인상을 받아 우리나라에 도입하게 되었다고 한다.

그리고 우리나라 경제의 문제아 중 하나인 지가地價에 대한 이야기가 이어졌는데, 박정희 전 대통령 시절에 연평균 지가 상승률과 지가 상승 기여도, 불로소득 비율이 가장 높은 것을 보고 놀랐다. 사실 어른들께서 늘 하시는 말씀 중 하나가 "박정희 전 대통령이 있었기 때문에 우리나라 경제가 살아났다"인데 정작 실상은 다르다는 것을 직접 눈으로 확인해보니 내가 그동안 얼마나 무지했던가 하는 생각이 들어 부끄러웠다.

다음으로 비교 정치경제 모델에 대한 설명이 이어졌는데 막연하게만 알았던 사회주의 스탈린 모델, 북구사민주의 모델, 자유시장 모델, 박정희 모델을 그림으로 보니 경제모델의 대략적인 골격이 그려지는 느낌이었다. 우리나라 경제모델은 박정희 모델과 자유시장 경제에 양다리를 걸치고 있는 기형적인 모델인데 참여정부 시기에 우리나라 경제모델을 북구사민주의 쪽으로 조금이나마 이동하려는 시도를 했었다고 한다. 교수님께서는 분배와 성장은 같이 이루어지는 것이라고 하시며 성장이 잘 되면 분배도 잘 되고, 분배가 잘 되면 성장이 잘 된다고 하셨는데 이는 '성장과 분배를 함께 이루는 것은 좀 힘들지 않을까?'라는 내 생각을 전면 수정하는 것이었다.

마지막으로 조봉암 선생에 대한 이야기를 해 주셨는데 이 분은 우리에게 잘 알려져 있진 않지만 북구사민주의의 선각자라고 하셨다. 선생은 56년 선거에서 패하고 농림부장관도 비록 6개월 만에 그만둘 수밖에 없었지만 토지개혁을 실시해 농민들이 작게나마 땅을 가질 수 있게 하셨다고 한다. 그리고 이런 조봉암 선생을 1956년 선거에서 대구 지역이 가장 많이 지지했었다는 말에 내가 한 일도 아니지만 뿌듯했다.

그동안 고등학교에서 경제를 배웠고, 수능을 칠 때에도 굳이 경제를 골라 시험을 쳤었고, 신문의 경제면도 틈나는 대로 읽기도 했지만 오늘 수업에서 들은 것들은 정말 새롭고 잊어버리고 싶지 않은 이야기들이라 교수님의 한마디 한마디를 머릿속에 새겨 넣고 싶다는 생각이 들었다. 그리고 오늘 내가 수업시간에 느꼈던, 무지에 대한 부끄러움도 마음에 새겨져 지워지지 않았으면 좋겠다.

여섯 번째 강의

고전으로 보는 인쇄기술

세계 최고 금속활자 『증도가證道歌』자字와 금속활자 주조법

– 남권희 경북대학교 문헌정보학과

1. 고려 금속활자 인쇄술의 역사적 배경

고려시대의 금속활자 인쇄술에 대해서는 이미 많은 선행연구들도 있고 그 실물인 『직지直指』라든가 번각본 『자비도량참법집해慈悲道場懺法集解』 등이 알려져 있다. 현재까지의 각종 기록 중 1239년의 번각기록으로 가장 빠른 『증도가』자에 대해서는 번각본 4종이 알려져 있고 이에 의하여 몽고침입에 의하여 강화도로 천도한 1232년 이전에 개성에서 금속활자로 찍은 일이 있었다는 것도 알 수 있다. 또 『동국이상국집東國李相國集』에 수록된, 강화도에서 금속활자로 찍은 『고금상정예문古今詳定禮文』의 기록 등도 당시의 사정을 짐작하는 배경이 된다.

뿐만 아니라 12세기에 설치된 서적포에서 책판과 더불어 주자鑄字를 두고 책을 찍었다는 『삼봉집三峯集』의 기록이 있고 14세기 말에는 서적점에서 주자와 서적의 인쇄를 감독했다는 기록이나 『고려사절요高麗史節要』 1392년의 기사에 서적원을 두고 역시 주자와 서적의 인쇄를 담당하게 한 기록들에서 지속적으로 활자를 주조하고 관리하였음을 추정할 수 있다.

이러한 흐름에서 이번에 알려진 활자들이 갖는 인쇄문화사에서의 위치는 아직 완전히 구명되지는 않았으나 초기의 활자와 후기의 활자를 실물에 의하여 이어 주는 중요한 열쇠가 될 것으로 판단된다. 다음의 그림은 이런 관계를 발견 활자를 바탕으로 제시한 것이다.

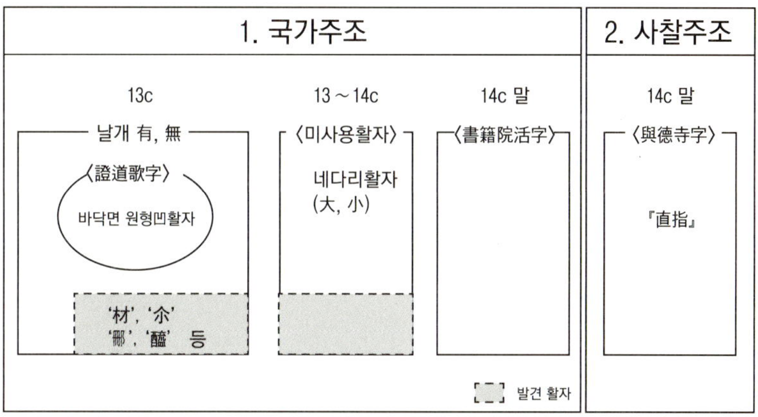

〈그림 1〉

2. 현존하는 고려 금속활자

1) 고려 '𡩧복' 활자

국립중앙박물관에는 개성 부근[1]에서 출토되어 1913년 10월 7일 일본인 아카보시 사사치赤星佐七가 덕수궁박물관(德壽 4462, 원판번호 1163)에 당시 10원에 매도한

1 일부 논문과 연구서에서는 개성부근의 개인 무덤에서 출토된 것이라는 언급도 있으나 국립중앙박물관의 기록에는 '경기도 개성부근'이라는 기록만 있을 뿐이다.

것으로 알려진 고려의 '複' 활자가 한 개 보존되어 있다. 이 활자는 '複'이라는 글자로 그 뜻은 '산 덮을 복'으로 잘 쓰이지 않는 벽자이다. 형태적으로는 네 변의 길이가 각각 1.2cm, 1.15cm, 1.2cm, 1.0cm 정도로 서로 다르고 위가 좁고 아래쪽이 약간 넓게 나타나며, 활자의 뒤쪽에 둥근 홈이 파여 있는 것이 특징이다.

활자와 글자의 가장자리는 마모가 심하여 둥글고 완만한 곡선을 이루며 네 모서리에는 아래의 몸체와 분리된 층이 보인다.

〈그림 2〉 고려 '複' 활자
(청주고인쇄박물관, 『한국의 옛 인쇄 문화』, 2003, 14쪽)

2) 고려 '顚' 활자

이 금속활자는 1958년 개성 만월대 신봉문에서 북한의 고고학자들에 의해 발굴된 자면이 '顚'자로서 글자 새김 면의 크기는 가로, 세로 각각 1.0cm이고 활자의 주성분은 동, 주석, 연, 규소, 철, 알루미늄 등이다.[2] 이러한 활자들은 언제 누가 어떤 목적으로 만들었는지 기록이 전해지지 않아 정확하게 알 수 없지만, 활자 실물이 이같이 남아 있는 것만으로 고려 주자 인쇄의 한 단면을 가늠해 준다는 점에서 그 의의는 매우 크지만 뒷면은 성분을 모르는 물질로 채운 점과 글자의 표면을 연마한 것과 같은 느낌이 나서 그 실제 사용이 의문시되기도 하였다.

2 조선유적유물편찬위원회, 2000, 『북한의 문화재와 문화유적』, 서울: 서울대학교출판부, 228쪽.

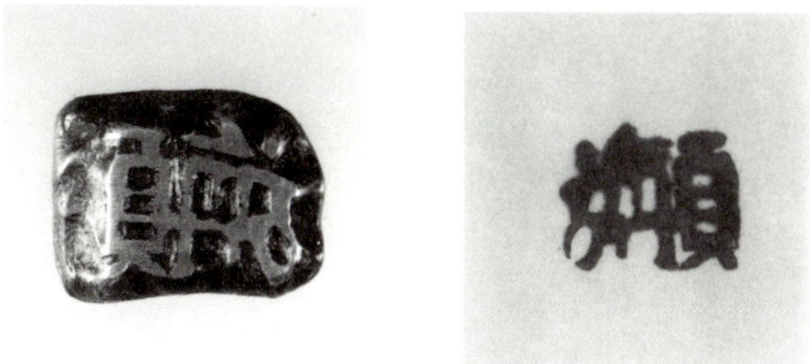

〈그림 3〉 고려 '𩑛' 활자(좌)와 '𩑛' 활자의 찍은 모습(우)
청주고인쇄박물관, 『한국의 옛 인쇄 문화』, 2003, 14쪽)

3. 금속활자의 주조 과정

한국의 전통 금속활자주조법은 크게 밀랍주조법[3], 주물사주조법[4], 도토주조법[5]의 3가지로 구분할 수 있다. 밀랍주조법은 고려시대에 사용된 금속활자주조법이며, 도토주조법은 조선시대 후기 민간에서 사용된 금속활자주조법이다. 일반적으로 주물사주조법이 조선시대 중앙관서에서 사용되었으며 이 주조법에 의한 주조과정은 다음과 같다.

① 주형틀을 상하로 분리하여 작업대 위에 준비한다.

② 아래 틀을 뒤집어 놓고 안쪽의 바닥에 부자父字를 배열한다.
이때 쇳물이 지나가는 탕도湯道와 활자의 크기 등을 고려하여 부자의 글자 면이 위로 향하도록 배치한다.

3 밀랍주조법: 주형을 밀랍가지에 발라 열을 가해 밀랍을 녹이고 여기에 쇳물을 붓는 방식

4 주물사주조법: 주물사에 부자를 넣고 매몰시킨 후 빼내어 주형틀로 고정한 후 쇳물을 붓는 방식

5 도토주조법: 글씨 쓴 종이를 도토판에 덮어 붙이고 글씨를 음각으로 새겨 여기에 쇳물을 붓는 방식

③ 분리제를 부자와 바닥에 고루 뿌린다.
부자가 빠지기 쉽도록 하고 아래 위의 틀의 분리가 쉽도록 도와준다.

④ 모래체를 사용하여 주물사의 덩어리나 이물질을 거르면서 아래쪽의 부자 주변에 고루 채우도록 한다. 이 때 부자가 흔들리거나 넘어지지 않도록 주의한다.

⑤ 주형틀 내에 주물사가 1/3 정도 채워지면 손으로 고루 눌러 전체적인 밀도를 조절한다.

⑥ 주형틀 내에 주물사가 1/2 정도 채워지면 다지는 도구로 틀 내부를 가볍게 두드리거나 압착하여 묻어 있는 부자가 고정되도록 한다.

⑦ 다시 모래체를 이용하여 주물사를 주형틀의 2/3까지 채우고 다지개로 두드리고 누른다.
이때 틀의 내부에 고루 주물사가 들어가도록 손으로 밀어 넣는다.

⑧ 주물사를 주형틀의 윗면까지 눌러 채우고 고른 후 평평한 자로 수평이 맞도록 주물사를 깎고 밀어 낸다.

⑨ 주물사 채우기를 끝낸 아래 틀을 뒤집는다.

⑩ 탕구 부분에 주물사를 보충하고 메워서 탕도에 쇳물이 쉽게 들어가도록 형체를 만들고 단단하게 눌러 변형이 되지 않도록 한다.

⑪ 뒤집어 둔 틀의 윗면에 노출된 부자의 뒷면 상태를 점검하고 나중에 부자를 빼낼 때 주물사와 부자의 분리 작업이 쉽도록 활자의 뒷면을 가볍게 두드리는 방법으로 충격과 진동을 가하여 미세한 격리공간을 만들어 준다.

⑫ 위 틀과 결합시켰다가 다시 떼어 낼 과정을 대비하여 다시 분리제(숯가루 등)를 뿌린다.

⑬ 이때 같은 주형틀의 배열판에서 조선시대 성현成俔의 『용재총화慵齋叢話』의 주자방법을 시도한다.
부자의 글자 면을 위에서 아래의 주물사 방향으로 압박하여 눌러 꽂으면 부자

가 빠져 나온 자리 즉, 모자형母子型의 주위가 부자가 들어간 만큼 주물사가 밀려 나오므로 이를 정리하여 고른 후 모자형 주변을 다시 눌러 다진다.

단 주조의 방법에서 완성된 활자의 상부와 하부가 분리된 활자일 경우, 글자부분과 몸통부분을 분리하여 부형父型을 만들고 상하틀에 자면과 해당 몸체가 일치되어 합쳐질 수 있도록 결합의 위치를 고정시킨 다음 탕도를 내는 순서로 진행된다.

⑭ 위 틀을 아래 틀과 맞추어 얹고 테두리에 부착된 상하 연결쇠를 고정한 후 모래체로 주물사를 걸러 채운다.

⑮ 위 틀의 공간에 주물사가 반쯤 채워지면 다지개로 고루 두드려 단단하게 메운다.

⑯ 위 틀의 상단부까지 주물사가 차면 곧은 자로 평평하게 수평을 맞춘다.

⑰ 연결된 아래 위 틀을 분리시킨다.

⑱ 분리된 아래 위 틀의 단면에 나타난 부자의 뒷면 형태를 점검한다.

⑲ 부자를 쉽게 빼낼 수 있도록 뒷면에 약간의 충격이 될 정도로 가볍게 두드린다.

⑳ 부자를 가볍게 두드리면서 부자 뒷면을 송곳 등으로 가볍게 찍어 수직으로 들어내면 된다. 이때『용재총화』방식으로 꽂힌 부자도 그대로 수직방향으로 뽑아내면 된다.

㉑ 만들어진 탕도에 습기를 낮추기 위하여 열을 가한다. 이는 습기가 많을 경우 주물을 주입할 때 쇳물이 튀기 때문이다.

㉒ 아래위의 두 판을 합치고 주의 연결고리를 채워 고정시킨다.

㉓ 준비된 주형틀은 쇳물이 쉽게 들어갈 수 있도록 경사지게 고정시킨다.

㉔ 위의 과정이 진행됨과 동시에 활자에 쓰일 적정량과 적정성분을 이미 선행연구와 국립중앙박물관 소장활자의 분석에서 밝혀진 데이터를 기준으로 구리, 주석 등 금속재료를 도가니에서 녹인 후 주형틀에 부을 준비를 한다.

㉕ 이때 쇳물의 온도는 1,200도 정도이며 납, 아연, 황 등의 성분은 쇳물 붓기 5분 전쯤에 넣는다. 이는 각 성분은 오래 가열하면 전부 타 버려 성분으로 남지 않기 때문이다.

㉖ 쇳물을 붓고 식기까지 약 20분 정도 기다린다.

㉗ 주형틀을 분리하고 활자와 가지쇠 부분을 쇳솔이나 강한 솔로 문질러 조성 여부를 확인한다.

㉘ 가지쇠에서 활자를 쇠톱으로 잘라 낸다.

㉙ 고문헌에는 창우피昌牛皮로 다듬는다는 기록이 있지만 현재로서는 정확한 실물이 확인되지 않으므로 부드러운 사포로 글자 면과 활자기둥 등을 전체적으로 다듬어 완성시킨다.

1. 상하 주조틀 준비

2. 한쪽 주조틀을 놓고 바닥에 부자를 배열

3. 부자 위에 이연제나 숯가루를 뿌림

4. 부자 배열틀에 모래체를 사용하여 주물사를 채움

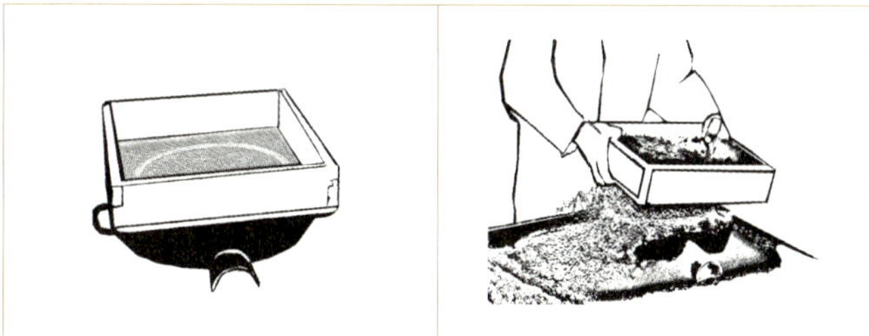

5. 주물사를 채우고 다지는 과정

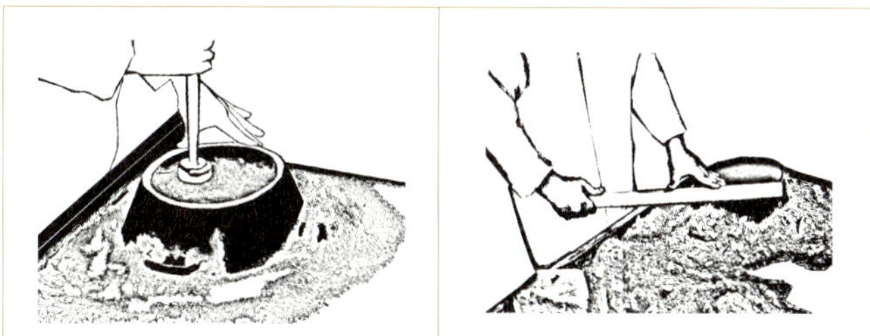

6. 주물 주입구의 입구를 만듦

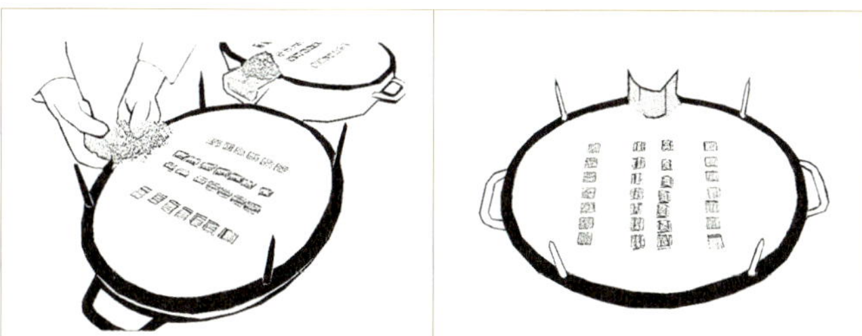

7. 주물 주입과 부자 사이의 연결 탕도(가지쇠)를 만듦

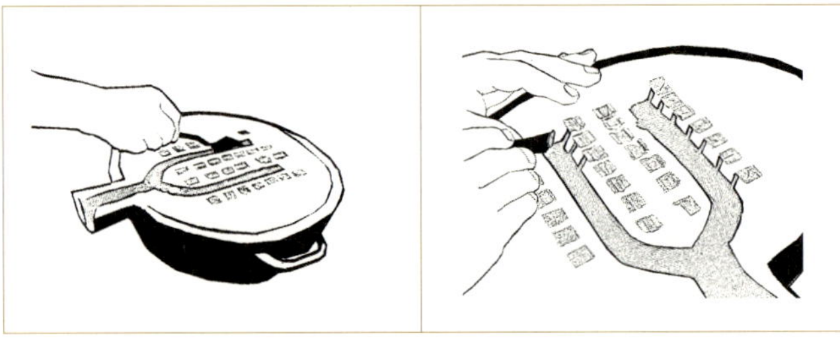

8. 상하 틀의 부자를 빼냄

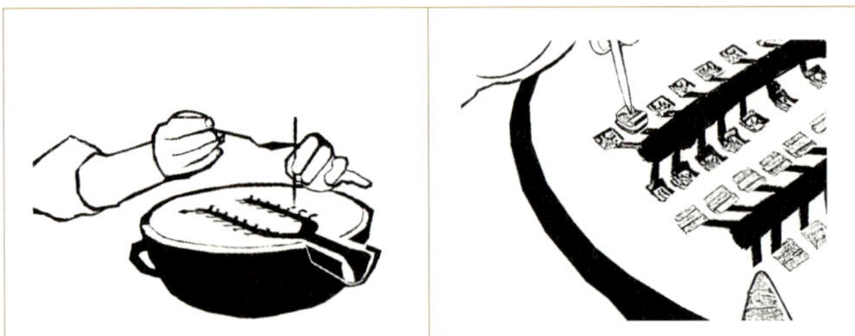

9. 적정 온도와 상태에 맞추어 주물틀에 주입

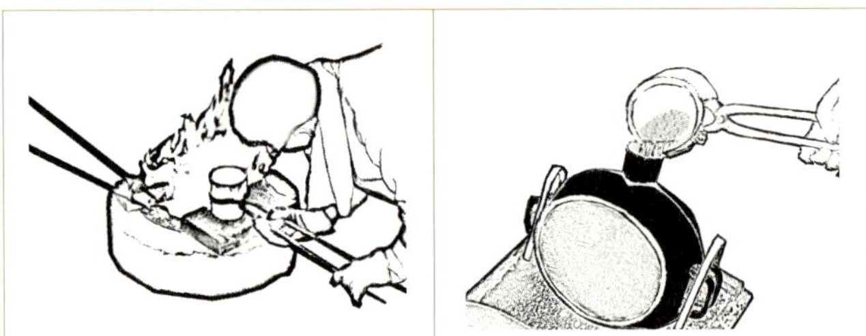

10. 식은 후 줄과 쇠솔 등으로 주물사를 털어 내고 활자의 주조상태를 확인

4. 금속활자 인본

1)『상정예문詳定禮文』

13세기의 금속활자 인본으로 가장 빠른 시기의 책은 현재까지 발견되지 않았지만 기록에 근거하여 가장 오래된 금속활자본임을 짐작케 하는『상정예문』을 들 수 있다. 이 책은 고려 의종毅宗의 명령으로 당시 평장사平章事로 있던 최윤의崔允儀 등이 편찬한 책[6]으로 모두 50권으로 되어 있는 예서禮書인데, 이 책을 주자로 찍었다는 것은 이규보의 문집인『동국이상국후집東國李相國後集』에 진양공晉陽公 최이崔怡를 대신하여 지은 '신인상정예문발미新印詳定禮文跋尾'라는 글에 의하여 알 수 있는 바, 그 핵심 내용을 간추려 보면 다음과 같다.

> 代 晉陽公行
>
> ...仁廟朝 始勅 平章事崔允儀 等十七臣... 成書五十卷 命之曰 詳定禮文
>
> 流行於世... 予先公酒令補輯 遂成二本 一付體官 一藏于家... 果於遷都際
>
> 禮官遑遽 未得賚來... 有家藏一本 得存焉 予然後 益□先志 且幸其不失
>
> 遂用鑄字 印成二十八本 分付諸司藏之.......[7]

최윤의 등이 편찬한『상정예문』이 오랜 세월을 거치는 동안 책장이 탈락되고 글자가 결락缺落되어 그 내용을 파악하기 어려웠다. 그러자 최이의 선친인 최충헌崔忠獻이 이를 보집補輯하게 하여 2부를 완성한 다음 한 부는 예관, 다른 한 부는 자기의 집에 두었는데, 몽고군의 침입으로 강화도로 천도할 때 예관의 것은 가져

6 김당택(金塘澤),「상정고금예문(詳定古今禮文)의 편찬시기와 그 의도」,『호남문화연구(湖南文化硏究)』21, 1~12쪽.

7 이규보(李奎報),『동국이상국후집(東國李相國後集)』권11, 신인상정예문발미(新印詳定禮文跋尾) 대진양공행(代晉陽公行).

오지 못하였고, 최이의 가장본家藏本만 남게 된 것을 다행으로 여기다가 마침내 주자로 28부를 찍어 여러 관사에 나누어 간직하게 하였다는 내용으로 주자인쇄의 근거를 두고 있다.

이 기록에는 인출한 동기와 간행 부수를 명시하고 있지만 그 간행 연대가 나타나 있지 않다. 다만 책을 대신 저술토록 한 최이가 진양후晉陽侯에 책봉된 해가 고종 21년(1234)이고 이규보가 죽은 해가 동왕 28년(1241)이므로 그 사이에 찍은 것임을 알 수 있다.

이 기록대로라면 50권이나 되는 거질巨帙의 책을 28부나 인출하였다는 것은 활자의 수량과 간행의 소요 시일이 상당하였을 것이며 주조와 조판의 기술 또한 숙련되었을 것으로 추정된다.

2) 『남명천화상송증도가南明泉和尙頌證道歌』

『남명천화상송증도가』는 고종 26년(1239)의 주자로 찍었던 『남명천화상송증도가』를 번각飜刻하여 인출한 책으로서 1책이 목판본으로서 현재 보물 제758호로 지정되어 있다.

5. 『남명천화상송증도가』의 개요

1) 책의 형태와 간행

이 책은 법천法泉이 천경산千頃山에 있을 때 저술하여 송의 신종神宗 희령熙寧 9년(1076) 7월에 절강성浙江省의 괄창(括蒼, 지금의 절강성 여수)에서 처음 간행되었다. 축황祝況의 서序를 권말에 붙이고 1077년 7월에 오용五庸의 서序를 권수卷首에 추가하여 책의 형식을 갖추었다.

지금까지 알려진 『증도가』의 주석서는 현각玄覺의 누이인 정거淨居의 주석서,

범천梵天 언기彦琪의 주석서(1097), 송대 묘공妙空 지눌知訥의 주석서(1146), 원대 법혜法慧 굉덕선사宏德禪師가 찬하고 덕홍德弘이 편한 주석서(1340)와 이 책 즉 송대의 법천法泉의 주석서 등이 있다

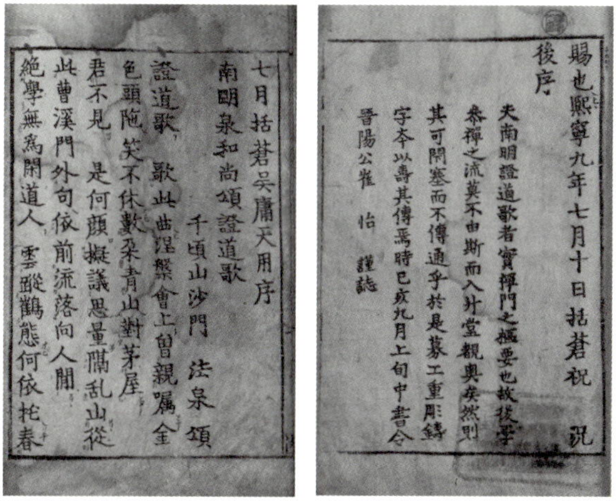
七月括蒼吳庸天用序
南明泉和尚頌證道歌
千頃山沙門 法泉 頌
證道歌 歎此曲涅槃會上曾親囑金
色頭陁笑不休數朶青山對茅屋
君不見 是何顔擬議思量隔乱山從
此曹溪門外句依前流落向人間
絶學無爲閑道人 雲蹤鶴態何依托春

賜也熙寧九年七月十日括蒼祝 況
後序
夫南明證道歌者實禪門之樞要也故後學
叅禪之流莫不由斯而入升堂覩奥矣然則
其可閉塞而不傳通乎於是募工重彫鑄
字本以壽其傳焉時己亥九月上旬中書令
晉陽公崔 怡 謹誌

〈그림 4〉『남명천화상송증도가』의 권수 면과 권말 기록

2) 저자

(1) 현각玄覺, ~713

『증도가』의 저자인 영가永嘉 진각대사眞覺大師는 당대인唐代人으로 법호는 현각玄覺, 법명은 도명道明이며 절강성浙江省 온주부溫州府 영가현永嘉縣, 지금의 절강성 영가 사람이다. 속성俗姓은 대戴씨이며 후에 시호諡號는 무상無相, 탑호塔號는 정광淨光이라 하였다. 영가현에 살았던 까닭에 법명을 영가永嘉로 쓰기도 하였다.

현각은 출가하여 천태종天台宗 7조 천궁天宮 혜위선사慧威禪師로부터 처음에는 천태天台 지자대사智者大師의 교의敎義와 지관止觀 즉, 교관敎觀을 배웠으며 좌계左溪 현랑玄朗, 673~754과 같은 시대의 인물로서 강원講院을 두루 거치고 선지식을 찾아다니다가 어느 날 『열반경涅槃經』을 보다가 법法의 근본을 깨쳤다. 그 후 온주

개원사에서 수행하고 있을 즈음 혜능의 제자인 현책선사玄策禪師[8]를 만나 그의 권유로 육조六祖 혜능慧能, 638~713을 찾아가 깨달은 바를 인가印可받았다. 그 때 혜능과 생사生死와 무상無常, 무생無生과 분별分別 등에 대한 대화와 교감을 통하여 세 번의 인가를 받은 후 하룻밤 머물도록 만류한 까닭에 법호를 '일숙각一宿覺'이라 하였다. 이후 온강溫江으로 돌아와 여러 선승들의 수행하였으며 고향인 영가현의 용흥사龍興寺에 머물며 제자들을 지도하였다.

『경덕전등록景德傳燈錄』에 의하면 현각은 혜능의 사법제자嗣法弟子 18인 중의 한 사람으로 전해지고 후에 혜능의 제자 중 회양懷讓, 혜충慧忠, 행사行思, 신회神會와 더불어 5대 제자로 불리게 되었다고 한다.

현각은 저술로 『증도가』와 『영가집永嘉集』이 가장 대표적이며 그 밖에 『선종오수원지禪宗悟修圓旨』, 『관심십문觀心十門』, 『석대통람釋代通鑑』, 『종통편년宗統編年』, 『편년통론編年通論』 등을 남겼으며 49세가 되던 선천 2년(713) 10월 17일 열반에 들었다.

(2) **법천**(法泉, 불가에서는 '법전'이라고도 함)

한편 이 『증도가』에 대하여 후에 남명산南明山, 지금의 절강성 신창경(新昌境 내)[9]의 법천法泉 스님이 송頌을 쓴 책이 바로 이것으로 '千頃山 沙門 法泉 頌'이라는 저자 표시가 책의 권수 서문과 권수제에 이어 한 행을 이루고 있다.

『증도가』를 주석한 법천은 송대 호광胡廣 덕안부德安府 수주현隨州縣 출신으로 속성은 시時씨였으며 용거산龍居山 지문원智門院 신기선사信玘禪師에게 출가하였고 법호를 불혜佛慧라 하였다. 법사法嗣는 균주筠州 운거雲居의 대우大愚 효순선사曉舜禪師에게 받고 청원靑原 행사行思의 12세가 되었으며 후에 대명大明, 천경千頃, 영

8 신책(神策), 대책(大策), 지책(智策), 지영(智榮) 등 여러 이름으로 불리었다.

9 남명(南明)과 천경(千頃)은 모두 산 이름이며 법천선사(法泉禪師)가 살던 곳이다.

암靈巖, 남명南明 및 금릉金陵의 장산蔣山 법천원法泉院으로 옮겨 다니며 정진하다가 만년에 황제의 칙명勅命으로 대상국大相國의 지해선사智海禪寺에 주석하면서 종사宗師가 되었다.

책의 후서에 의하면 천경산千頃山에서 여러 사람들과 지내던 여가에 『증도가』 구절을 나누어서 송頌을 지어 영가대사의 본 마음을 펼쳐 보였다.

3) 책의 내용과 형식

『증도가』는 당나라 영가의 현각선사(643~713)가 보리달마菩提達磨 이후 선종禪宗의 제6조 혜능을 만나 하룻밤 사이에 크게 깨달은 느낌을 249구의 고시체로 읊은 것이며 운문의 형식으로 선종의 법문을 설명하였다.

이 『증도가』의 완전한 저본 서명은 '영가대사증도가남명천선사계송永嘉大師證道歌南明泉禪師繼頌'이라 할 수 있으며 이와 같은 주석서는 송대 이후 여러 종류가 유통되었으나 그중 법천의 계송繼頌도 중요한 저술로 평가되어 왔다.

그 내용은 부처의 영원불변한 진리를 깨닫고 체득할 수 있는 정수精髓를 노래로 읊은 것으로 모든 사람이 태어날 때부터 불성을 가지고 있으므로 누구나 참선수행參禪修行을 하면 부처의 본체를 깨달을 수 있다는 것이다.

이러한 내용을 표현하는 『증도가』의 형식은 제월통광霽月通光[10]에 의하면 문학 형식 중 악부의 장편 가행체歌行體로 명대 서사증徐師曾의 『시체명변詩體明辯』에 의하면 '歌'는 '감정을 발산하여 가사를 길게 뽑아 이것저것 일정한 것 없이 뒤섞어 놓은 것'이라 하였고 현각이 살았던 성당시기盛唐時期에는 근체 율시가 가장 성했으므로 『증도가』 역시 이러한 경향이 반영되어 있다.

『증도가』 형식에 있어서 공통적으로 논의되는 첫머리의 '君不見'의 구절 여

10 제월통광 현토역주, 2008, 『증도가 언기주』, 서울: 불광출판사, 8~13쪽.

부 인정에 따라 전체가 267구 134연 또는 266구 133연으로 달리 표시되기도 하지만 일반적으로 이 세 글자는 반문강조형 시구에서 사용될 뿐 구절을 형성하기 어려우므로 266구로 본다.

또 형식 중 전체의 흐름이 3 · 3의 6언구가 시작하는 첫 구절인 기구에만 있고 문체는 대체로 대우對偶의 형식을 지녀 앞에는 운자가 없고 뒤 구절에만 운자가 나타난다. 『증도가』는 운문이므로 운자는 고체시의 성격에 따라 한 구절씩 건너 운자를 쓰고 또 바꾸어 쓰는 격구환운隔句換韻의 방식으로 표현되어 있다.[11]

6. 『증도가』 번각본의 특징

1) 형태적인 특징

이미 앞에서 언급하였듯이 현존하는 1239년 판각의 이 판본들은 모두 인출의 시기가 판각된 초기로부터 많은 시간이 경과한 상태인 까닭에 글자에 따라서는 획의 탈락, 마모는 물론 수분이 빠져나감에 따라 판이 줄어든 현상으로 추정되는 부분도 나타난다.

이러한 근거에는 활자본이 처음 만들어진 시기의 조판 틀은 초기의 경우 여러 판을 만들어 사용하기 어려웠을 것이며 『직지直指』의 경우나 계미자癸未字 인본印本에서 보듯이 2~3판을 교체하면서 사용하였을 것이므로 광곽匡廓의 높이나 크기가 많이 차이날 수 없다. 또 각수에 의한 차이를 인정한다 할지라도 현존본에서 보이는 만큼 큰 차이는 아닐 것이며 동원된 각수 역시 고려 재조대장경再雕大藏經의 판각에도 동원되었던 각수들이었던 만큼 어느 정도의 수준은 유지하

11 위의 책, 12쪽.

였을 것으로 짐작된다. 또 개별 면에서 새긴 글자와 알맞은 경계를 이루고 있다는 측면에서도 실수나 의도적인 차이라 할 수 없다. 따라서 이는 판목의 마련에서 건조 등 완전한 준비가 되지 않았거나 각판 후 보관이 제대로 되지 않아 판목이 외부에 노출 상태가 서로 달랐을 가능성 등이 추정된다. 이러한 결과로 다음과 같은 각 부분의 차이를 볼 수 있다.

① 광곽匡廓 중 판면의 세로 높이가 서로 차이가 많은 부분
제4장과 제5장, 제6장과 제7장, 제10장과 제11장, 제19장과 제20장, 제25장과 제26장, 제28장과 제29장, 제30장, 제35장과 제36장
② 글자 획의 굵기
제29장과 제30장, 제39장과 제40장, 제42장과 제43장
③ 글자의 항오行伍 중 옆줄이 고르지 않은 장도 있다.
④ 전체의 각 면은 8행이나 제39장 뒷면은 7행으로 구성됨
⑤ 행간은 3~4mm의 간격을 유지함

이와 같은 현상은 조선시대의 번각본들이나 다른 판본에서도 초각본初刻本과 그 후에 새겨진 책을 비교해 보면 쉽게 드러난다. 그 예로『삼국유사』의 14세기 니산본尼山本과 16세기 정덕본正德本을 비교하면 원본을 살린 것과 보각補刻 내지 번각飜刻한 부분을 쉽게 구분할 수 있다.

그러나 비슷한 시기에 번각한 예로『오륜행실도五倫行實圖』의 경우 정리자整理字로 찍고 바로 이 판을 목판으로 번각시켜 배포한 경우, 또 국민교화라는 중요한 국가적인 정책의 일환으로 판이 만들어진 경우는 거의 원본에 버금갈 정도로 정교하게 새겨졌음을 현존하는 교정쇄본와 인본으로 확인할 수 있다.

『증도가』에서 보이는 글씨의 특징은 각 장에 따라 글씨의 굵기가 다르고 변란邊欄과 글자와의 배열에 있어서 간격이 달라 아래위로 치우친 경우도 있고 목

판에 판하版下를 배치할 때 한쪽으로 쏠려 제18장, 제36장의 앞뒤나 여러 부분에서 판심의 좌우 경계선이나 좌우 변란의 방향과 일정한 간격이나 평행을 이루는 것이 아니라 한쪽으로 경사진 모습을 보여 준다. 이는 활자본 즉 저본의 상태인지 저본을 목판에 뒤집어 붙일 때 판면의 안쪽 부분만을 오려 붙인 방법에 의한 원인인지는 알 수 없으나 논리적으로 생각한다면 다분히 판하를 붙일 때 정확히 붙이지 못한 원인일 확률이 높다.

2) 글자와 배열의 특징

『증도가』 목판본의 인면에 나타난 글자들을 자세히 형태별로 살펴보면 좌우는 물론 아래위 글자의 적당한 간격이 유지되고 있음을 알 수 있다. 특히 행간의 간격은 발견된 활자의 형태로 볼 때 좌우 옆면의 아래 부분에 높이와 폭이 1mm인 돌출부분이 계선이 없는 상태에서 좌우 글자의 자획이 서로 부딪히지 않도록 고안된 기능이라 할 수 있다.

또 같은 판 내의 활자의 배열에 있어서도 제39장 뒷면의 경우 7행으로 다른 면과 행수가 다르게 조판되어 있다.

『증도가』의 글씨는 판면 상으로는 유사하게 보이지만 각 장의 글씨를 자세히 관찰하면 글씨의 크기, 굵기, 길이 등이 장마다 조금씩 차이가 난다.

본문에 사용된 글자의 경우 일부 고자古字의 사용한 부분도 있어서 '囧月'의 경우 본문에서 균일하게 사용되었지만 후대에 붙였을 표지의 제목부분에서는 '明표지 제첨(題簽)' 자 등이 쓰였다.

또 글자의 획에 있어서 특징을 든다면 '中'의 마지막 획처럼 세로로 내리 긋는 선의 마지막 치켜 올림이라든가 '風'자의 제1획 끝의 올리는 차이 등 여러 측면에서 특징지을 수 있다.

한편 같은 글자의 다른 형태 즉 '於', '扌 令', '才令'와 같이 이체자異體字의 사용이 폭넓게 이루지고 있으며 '氵 '변의 제1획과 제2획의 방향이 서로 다른 3~4

개 유형의 글자를 쉽게 찾을 수 있다. 이러한 차이는 서로 다른 글자체가 혼용된 것인지 초기의 활자가 주조될 때 이미 부자의 글자가 달랐던 것인지 정확하게 알 수 없으나 나타난 글자의 모양과 크기로 볼 때 서로 다른 2종 이상의 활자가 사용되었을 것으로 추정된다. 한 예로 글자의 1획, 2획을 이루는 '丷(善)', '八(義)' 등은 글자의 서체로 '森'자 등 일부 글자는 크기가 달라 수의적으로 사용되었음을 알 수 있고 제27장 뒤 3행에 쓰인 '折'자의 경우와 같이 확연히 크기가 다름을 느낄 수 있는 글자도 많다.

이러한 현상은 『증도가』의 활자가 처음 시도된 초기의 단계라 기술적으로 미숙한 면을 보인다고도 할 수 있고 이미 다른 활자의 혼용이나 같은 활자의 보충 주조에 의하여 크기가 달라지는 차이일 수도 있지만 실물 활자본이 나타나거나 대조할 수 있는 활자의 수가 많아지면 그 원인을 찾을 수도 있을 것이다.

7. 발견된 고려 금속활자의 실물 분석

1) 서체

이 활자는 처음 검토할 때부터 일부의 형태면에서 국립중앙박물관의 활자와 같은 양상을 보이고 서체면에서는 『증도가』의 글자와 같은 특징을 볼 수 있다. 비록 현존의 목판본 『증도가』가 번각본인 까닭에 원본인 활자본의 특징을 그대로 나타내 주지는 못하지만 글자의 배열이나 간격, 크기 등의 기본적인 정보는 유사하게 나타날 것으로 판단된다.

그러나 이 활자의 일부가 공개된 이후 서체와 먹, 전존상태 등에 대한 다른 의견들이 제기된 바 있지만 이는 실물활자의 공개된 수량이 적고 실물을 제대로 검토할 여건과 시간이 없었을 것으로 짐작이 되므로 여기서는 개별 사안에 대한 자세한 언급보다는 활자 자체에 대한 그동안의 검토를 제시하는 것으로 대신한다.

공개된 활자 중 '䎽'자의 경우는 '月'의 제1획은 실물 활자에서는 아래쪽의 획이 외부 충격 등으로 파손되면서 글자면 뿐만 아니라 글자 면을 지탱하는 몸체 부분까지 손상을 입어 경사면으로 떨어져 나갔다. 또 '於'자는 '⺀' 의 마지막 아래 획은 글자 면을 지탱하는 몸체의 경계면에서 선명하게 각도가 꺾여 있다.

한편 처음 시작하는 획의 방향이 다른 두 가지 형태가 나타나는 '着'자의 경우 1,2획의 방향이 『증도가』 전체를 조사해 보면 두 가지 형태가 비슷한 비율로 쓰이는 것을 쉽게 알 수 있다. 이러한 현상은 다른 글자의 비슷한 상황에서도 같이 나타나므로 당시의 서체 표현이 이렇게 통용 내지 혼용되고 있었거나 증도가자가 보주補鑄되었을 가능성도 보이므로 초주初鑄와 보주補鑄의 현상일 수 있으나 크기, 획의 굵기 등으로 볼 때 혼용된 것으로 추정된다.

글자의 판각 수준에 대하여는 현존의 『증도가』가 당시의 최고 권력자인 최이崔怡가 명령하여 판각한 것이므로 대충 새겨진 것은 아닐 것이나 『증도가』는 대장경大藏經을 새길 때 참여했던 여러 각수刻手들이 새긴 까닭에 판마다의 글자 새김에 크기나 굵기에 차이점이 있고 일반적인 번각본일 경우 새겨진 글자가 저본底本, 바탕본보다 가늘어지거나 굵어지지만 대체로는 저본보다 획이 거칠어지고 둔탁해진다.

따라서 『증도가』의 경우에도 실물 활자와 그 획을 비교하여 보면 활자의 획이 완전한 경우는 번각본의 같은 글자의 획보다 상대적으로 선명하고 가늘어 보이지만 전체적으로는 활자의 획이 더 세련되고 정제된 느낌이 든다.

예외적인 경우로 국가가 많은 관심을 갖고 주도한 조선 후기의 번각본 『오륜행실도』나 정유자(丁酉字, 1752~1776년에 만들어진 활자)자나 임진자壬辰字의 번각본이 매우 정교하게 판각된 것이 있으나 역시 자세히 관찰해 보면 저본과 차이를 보인다.

또 다른 관점에서 검토할 때 현존의 발견 활자가 반드시 『증도가』를 찍을 때 사용되었던 것인가 하는 문제이다. 일반적으로 활자를 주조할 때 다사용多使用하는 같은 글자를 몇 개 또는 수십 개씩 만들어 자장字欌에 넣어 보관시키고 필요시

골라서 조판, 인출한다. 발견된 활자에 먹이 묻어 있다고 해서 반드시 『증도가』에만 사용했던 활자라고 단정 지을 수 없지만 대체로 같이 주조되었던 같은 종류의 활자에 포함되었던 활자일 수도 있다. 그러나 그 글자의 전체적 크기와 윤곽, 글자의 흐름, 획의 특징 등이 같다면 같은 활자로 판단해야 한다. 특히 번각본과의 대조에서는 번각 시 변화요인이 많기 때문에 더욱 그 편차를 인정해야 한다.

그 밖에 발견된 활자 중에는 『증도가』에서 사용되지 아니한 '郍', '尒', '醯', '材' 등의 글자도 있어서 이는 어떤 종류의 한 그룹의 관주활자(국가에서 만든 활자)가 있어서 『증도가』도 그중 하나로 조판, 인출되었고 발견된 사용되지 않은 활자는 다른 책을 찍을 때 사용되었던 것으로 추정되는 것이다.

『증도가』의 찍은 면을 자세히 분석하면 글자의 크기가 같은 줄 내에서 크거나 작아 확연히 차이나는 것이 있으며, 발견 활자에서도 몇 글자는 활자의 형태면에서는 유사하지만 글자체는 상대적으로 작아 보이는 것도 있다.

이 활자와 관련되어 일부에서 가짜로 만들어진 조잡한 활자가 유통되고 있어서 감정상의 혼란을 피하기 위하여 그 차이를 간단히 살펴보면 진본珍本 활자의 서체는 고려시대에 많이 쓰이는 구양순체풍을 보이며 획의 시작과 끝의 결구가 강조되어 있으나 위작僞作 활자는 고딕체에 가깝고 획의 시작과 끝의 굵기가 일정하다. 글자의 새김에 있어서도 진본 활자는 글자 면과 바닥 면이 이어지는 활자 몸통의 각도가 실물은 좌우 방향의 종획들이 60~70도를, 횡획들은 80도 이상의 각도로 부자가 조각되었으나 위작은 각도가 수직에 가깝도록 가파르고 경계선이 상대적으로 분명하지 못하다. 글자 면과 바닥과의 깊이도 실물은 위작에 비해 상대적으로 깊고 위작은 경계선이 분명하지 않고 얕다.

금속활자 주조법의 측면에서 실물은 자면부字面部와 활자의 몸통을 유지하는 하단부가 분리되어 있는 부자를 이용하여 주물사鑄物沙 주조법으로 주조되었을 것으로 추정되며 실물 활자에서의 이러한 분리 구조는 활자의 측면의 단층구조와 주조 후의 연마방향鍊磨方向, 둥근 홈이 있는 바닥면의 뚜렷한 연마 흔적 등으로 확인된다.

전존 활자의 표면에는 부식 현상과 더불어 획의 표면과 획 사이에 인출할 때 묻었던 먹이 일부 남아 있다. 전체적으로 볼 때 실물은 글자 면과 바닥은 물론 좌우의 날개 부분이 파손, 훼손된 경우가 많다. 부분적으로 글자 면에 먹이 도포되어 있어 풍화나 부식 등의 손상을 적게 받은 활자도 있고 표면에 작은 균열이 보이는 활자도 있다.

그러나 글자의 획 부분이 외부의 충격 등에 의하여 원형이 손상되어 표면이 벗겨진 경우에는 산화, 부식, 풍화에 의한 변색, 변질이 되고 가루 형태로 부서지는 현상이 관찰된다. 간혹 표면 아래 내부에 청동이 산화된 푸른빛이 보이는 것도 있고 바닥, 옆면 등 비교적 보존 상태가 좋은 위치에서 외부적 요인에 의하여 표면 아래층이 노출된 경우는 구리의 붉은 색깔이 확인되고 이러한 부분으로 금속 성분분석을 한 결과 80% 정도의 구리성분 분포를 확인할 수 있었다.

한편 이 활자에 대한 과학적 분석의 범위에는 금속의 성분분석, 표면의 녹과 산화 및 부식상태, 먹을 대상으로 한 탄소연대측정 방법, 무게의 측정 등이 있다.

그중 활자의 주조 시대를 간접적으로 추정할 수 있는 근거가 되는 잔류 먹의 탄소연대측정 분석이 있으나 여기에는 몇 가지 제한 사항이 있어서 ① 분석 대상의 활자나 먹에 사람의 손이 닿지 않아야 하고, ② 대상 활자가 수분이나 기타 이물질에 노출되어서는 정확한 정보를 얻을 수 없고, ③ 만약 땅속에 묻혀 있었다면 토양에 포함된 미생물에 의한 변질 가능성도 예상할 수 있다. 이 활자의 분석에서도 현재의 상태를 고려하여 외부적인 요인을 가장 적게 받았을 대상 활자를 정하는 것에서부터 어려움이 있었으며 표면이 흙에 싸인 경우라도 내부에 먹이 남아 있을 가능성 등 여러 가지 제한점이 있었다.

실제에서도 이러한 사항을 최대한 고려하여 2010년 12월 국내와 국외의 두 기관으로 4개의 활자에서 먹을 채취하여 분석을 의뢰한 결과, 포함된 탄소의 시기가 확률 분포로 볼 때 빠른 것은 10세기에서 늦은 것은 13세기 후반으로 나타났다. 이후 2011년 6월 추가로 6개의 활자에서 채취된 먹으로 조사한 결과 역시 전해의 범주와 같은 결과를 얻을 수 있었다. 향후 중국, 일본의 관련분야 학자들과의 학술회의와 쿠텐베르크 박물관 관계자 등 유럽의 전문가들과의 의견교환 등을 통하여 검증과 인정의 과정을 거칠 것이다.

| 감상문 |

고전으로 보는 인쇄 기술

신수빈(행정학과)

이번 시간은 '고전으로 보는 인쇄기술'이라는 주제로 문헌정보학과 남권희 교수님의 강의를 들었다. 강의가 시작되기 전부터 이전 강의와는 다르게 많은 자료들과 기기를 준비하시는 모습을 보고 오늘 강의가 좀 특별할 것 같다는 생각을 했었다. 실물화상기가 연결이 안 되어서 그것을 이용해 자료를 보지 못한 것은 안타까웠지만 그래도 고전들을 직접 손으로 만지고 가까이서 볼 수 있어서 유익했다. 직접 만져 본 자료들은 대부분 1,100년 전의 것들이었으며, 문화재급의 소중한 자료가 많았다. 그래서 자료 하나하나를 훼손시키지 않기 위해 아주 조심스럽게 관찰했다.

교수님은 우리나라가 세계에서 자랑할 만한 것을 얘기한다면 바로 '인쇄술'이 있다면서 우리나라는 세계에서 가장 먼저 목판 인쇄술을 가졌으며 금속활자 또한 상당히 발전되어 있었다고 하셨다. 인쇄는 위에서 눌러서 찍어 내는 도장과는 다른데 우리가 잘 알고 있는 해인사의 대장경뿐 아니라 팔공산 동화사 옆에 있는 부인사의 초조대장경도 있다고 소개해 주셨다. 그리고 이 초조대장경을 대구시에서 복원하는 작업을 진행하고 있다고 한다.

다음으로는 최근 뉴스를 통해서도 들은 바 있던, 새로 발견된 『증도가』를 찍은 금속활자에 대한 이야기를 자세히 들을 수 있었다. 기존 이론과는 너무나도 달랐기에 처음에는 교수님도 의심이 되어 파괴검사로 진위 여부를 알기 위해 연구를 시작했는데, 그 과정에서 먹의 흔적이 나와 이후부터는 연구가 조심스러워져서 비파괴검사로 전환하여 연구를 진행하였다고 한다. 이 과정에서 서체가 고려에서 유행하던 것이었다는 것도 알게 되었다고 한다. 먹, 서체, 금속 모두에 신뢰가 가기 시작하면서 제대로 된 연구를 할 수 있었고 그 결과 이번에 발견된 금속활자는 아주 잘 만들어진, 우리나라 최초의 금속활자임이 밝혀졌다고 한다. 이번에 발견된 『증도가』의 활자를 연구하는 과정과 이 연구 결과를 발표하는 데 있었던 어려운 점도 이야기해 주셨는데 이전까지 뉴스를 통해 단편적으로만 알고 있던 내용을 교수님께 자세히 들으니 더욱 흥미를 느낄 수 있었다.

또한 우리나라의 '두루마리 형태', '절첩 형태(병풍식)', '선풍장 형태' 등의 인쇄술 발전의 역사를 실제 고전 자료를 예로 들어 보여 주시면서 설명해 주셨다. 보통 종이, 서체, 내용 등을 가지고 감정과 평가를 하여 활자의 우수성과 발전 정도를 평가하는데 이것들을 종합해 보면 우리나라의 것이 다른 어느 나라의 것보다 우수하고 발전되어 있음을 알 수 있다고 한다. 즉, 우리나라는 중국이나 일본의 인쇄술보다 훨씬 뛰어나고 우수한데 이는 우리는 필요에 의해 활자가 발전했고 종이의 질 또한 우수하기 때문이라고 한다. 그리고 우리나라는 60여 가지의 활자가 시대별로 바뀌는 등 다양한 활자가 존재했으며 우리나라의 모든 책에는 무늬가 있다고 하시며 먹을 이용해 어느 책에 있는 무늬를 교수님께서 직접 재현해 주셨다. 이렇듯 표지 하나에도 많은 과학과 예술이 스며 있다는 말로 강의는 마무리되었다.

이번 강의에서는 다른 강의와는 다르게 직접 보고, 만지고, 느낄 수 있어서 인상적이었고 유익했다. 평소 잘 알지 못했고 앞으로도 접해 볼 기회가 많지 않을 분야인 '인쇄술'에 대해 알 수 있었고 선조들의 기술과 멋을 실제로 볼 수 있는 기회여서 뜻 깊었다. 오늘 강의뿐 아니라 '복현모둠강좌'를 통해 들은 강좌 모두가 의미 있고, 유익해서 앞으로 남은 강의도 기다려진다.

일곱 번째 강의

신의 선물, 진주眞珠

주름진 손끝 위의 눈부신 탄생

– 손영학 前 통영진주박물관 관장, 대구가톨릭대학교 대학원 공예과 외래교수

1. 들어가며

"하늘나라는 어떤 장사꾼이 좋은 진주를 찾아다니는 것에 비길 수 있다. 그는 값진 진주를 하나 발견하면 돌아가서 있는 것을 다 팔아 그것을 산다."(마태복음 13:45~46)

인류에게 가장 큰 사랑을 보인 예수는 그의 가장 큰 메시지인 하늘나라를 값진 진주에 비유하였다. 하늘나라의 숭고함에 비유된 보석, 진주는 그 희귀성과 우아함으로 동경의 대상이었고 부와 고귀함의 상징이기도 했다. 로마인은 진주를 '진주조개의 눈물'이라고 했으며 희랍인들은 번개가 바다로 들어갈 때 진주가 형성된다고 생각했다. 특히 로마시대에는 대단한 가치가 있는 것으로 여겨졌다. 진주는 사랑의 여신 비너스의 보석으로 완전한 사랑으로 이루어졌다고 믿었기 때문에 로마 공화정(2C)에 이르러서는 개인이 하고 다닐 수 있는 목걸이의 숫자가 제한되기까지 했다고 한다. 1C의 박물학자이자 철학자인 플리니우스는

진주가 "전 세계 최고의 상품"이라고 칭송하였다. 이 밖에도 역사를 뒤바꿀 만한 절세의 미인 클레오파트라가 연인 안토니우스에게 자신의 진주귀걸이를 녹여 황금술잔에 담아 마시게 했다는 등의 일화를 통해 사랑의 정표가 되었던 진주의 가치를 가늠할 수 있다.

아득한 옛날부터 페르시아 만이나 남인도와 실론(스리랑카의 옛 이름) 사이의 만나르 만mannar 灣, 아메리카 대륙 일부에서 천연진주의 채취가 시작되었다. 그 역사는 약 4,000~2,500년 전으로 거슬러 올라간다고 알려져 있다. 하지만 19세기에 들어서 남획과 양식진주의 등장으로 진주 채취는 그 막을 내렸다. 이후 천연진주의 희귀성은 인류에게 또 다른 필요성을 낳았다. 중세의 연금술사들이 금을 만들려다 실패한 것과는 달리 진주의 생성 비밀을 캐기 위한 노력은 끊임없이 이어졌다. 직접 진주를 만들고자 하는 인간의 욕망이 결실을 이룬 지 110여 년이 흘렀다. '신神의 선물'이라 일컫는 진주 속에 담겨 있는 의미를 찾아 흥미로운 여행을 떠나 보자.

2. 조개의 연금술: 진주조개 양식

어느 날 갑자기 복권에 당첨되는 것 같은 행운이 아니라면 넓디넓은 바다에서 천연진주를 찾아내는 게 거의 불가능해진 지 오래다. 천연진주를 대체하는 양식진주가 시장에 등장하게 된 것은 1761년 스웨덴의 린네C. V. Linne에 의해 양식진주가 생산되면서부터이다.[1] 중국에서는 이미 11~13세기경부터 담수산 이매패(주로 카라스조개)의 패각 내면에 납으로 조각한 불상 등을 붙여 진주를 만들었

1 린네는 자신의 집 근처 강에서 서식하는 조개를 사용해 실험했는데 조개껍질로 만든 구형체를 T자형의 홀더(holder)에 고정시키고 이것을 패각 내면에 삽입하여 패각 내면과 분리되는 진주를 만들어 내는 데 성공했다.

다. 그것을 잘라내어 불상용구나 장식품으로 사용하고 있었다. 현재도 납 대신 왁스를 이용한 여러 가지 형상의 진주가 만들어지고 있다. 담수진주의 대명사인 중국에는 양식장의 형태가 강줄기를 막아 만든 것과 논둑에 흙을 쌓아 올려 수심 15cm로 만든 것 등 여러 가지가 있다. 근래 양식업자들은 양식 기술을 향상시켜 담수진주의 크기가 커지고 구형률이 높아져 해수 양식진주와 경합을 하게 되었다.

진주양식에 관한 연구는 18세기 근대과학의 발전과 함께 시작되는데, 일본인 미키모토 고키치御木本幸吉가 진주양식법을 개발함으로써 전 세계 진주양식의 토대를 마련했다. "진주는 맨 처음 조개 속에서 어떻게 생기는 걸까?" 미키모토의 의문에 그의 아내가 대답했다. "그야 우연이지요." "그것이 우연이라면 인위적으로 그 과정이 일어나도록 할 수 있는 방법이 있지 않을까? 벼나 순무처럼 진주를 심고 자라게 할 수 있는 어떤 방법이 틀림없이 있을 거야." 미키모토는 1893년에 마침내 5개의 반원형半圓形진주를 만들어 내는 데 성공했다.

20세기의 진주양식은 독일의 알베르테스F. Alverdes와 미키모토의 사위인 니시카와 도키치西川藤吉의 끊임없는 연구와 실험에 의해 진일보하였다. 마침내 니시카와가 1905년에 발명한 '원형圓形 양식방법'은 진주양식의 발전에 커다란 공헌을 하였는데 지금도 그 원리는 변하지 않고 진주시장의 기본으로 이용되고 있다. 일본의 진주산업은 1916년경에 원형 진주의 대량생산기술이 확립된 이후 급속도로 발전하여 세계적으로 유명해졌으나 제2차 세계대전으로 인해 진주양식이 전면 중단되고 진주의 수요가 감소함에 따라 침체되었다가 1975년 이후 다시 성장하기 시작한다.

'진주왕' 미키모토를 주축으로 일본의 해수 양식진주가 세계 시장에 끼어들면서 양식 방법도 비약적으로 진보하게 되자 일본은 주요 진주 생산·수출국 자리를 선점하기에 이르렀다. 일본은 양식기술을 국외에 절대 공개하지 말 것, 양식에 필요한 조개 및 관련 기자재를 유출시키지 않을 것, 외국에서 양식에 성공한 경우 반드시 판권을 확보할 것 등의 원칙을 내세우며 철저히 장벽을 쌓았다. 세계 진주시장의 80% 이상을 점유한 바 있는 일본은 1966년 연간 140톤의 진주를 생산한 바 있으나 100여 년 이상의 어장사용(이동제한)과 진주조개 열성화 등으로 최근 40여 톤의 진주생산에 머무르고 있으며 그 품질 또한 저하되고 있다. 요즘은 자국自國의 바다오염을 피해 동남아시아로 그 영역을 확장하고 있는 실정이다.[2]

사실 많은 조개가 진주를 만들 수 있지만 문제는 진주의 상품가치이다. 세계 10만 여종의 조개 중 진주양식으로 활용되고 있는 것은 해수산 5종, 담수산 2~3종이다. 우리나라와 일본 바다에서 양식하는 것은 온대성인 아코야조개Akoya Pearl Oyster로서 약 10mm 이하의 진주를 만들 수 있고, 열대지방에서는 백엽조개, 흑엽조개, 마베조개를 쓴다.

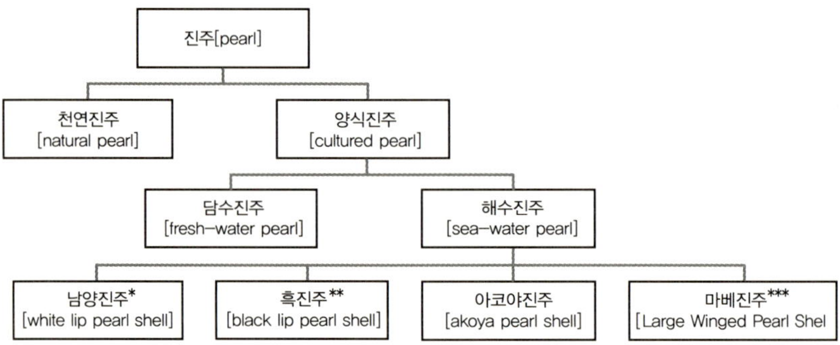

* 남양진주: 은백색을 띠며 10~7mm까지 생산되며 호주(서 호주의 북부 연안 일대), 미얀마, 필리핀, 인도네시아 등이 주산지이다.

** 흑진주: 은백색에서부터 진한 검은색까지 다양하며 보통 15mm까지 생산되나 희귀종의 경우에는 18mm 이상 되는 것도 있다. 타이티(프랑스령 폴리네시아), 피지, 쿡 제도 등 남태평양이 주산지이다.

*** 마베진주: 은백색을 띠며 15mm까지 생산이 가능하다. 동남아시아, 일본 남해 등이 주산지이다.

〈그림 1〉 양식장 분포

2 현재 아코야 진주의 대부분은 일본에서 생산되고 있으나, 중국, 베트남, 태국에서 점차 증가하고 있는 추세이다. 중국의 경우 북해시와 해남성을 중심으로 아코야 진주의 생산량이 크게 증가하고 있는데, 2004년 기준으로 4,380관 정도의 아코야 진주가 생산되었다.

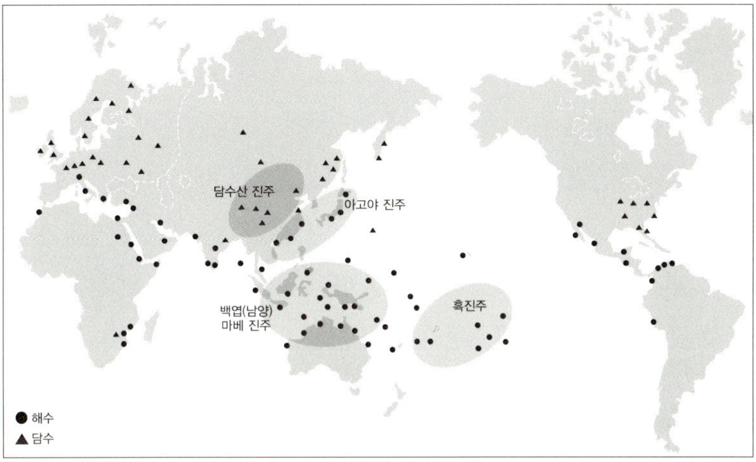

〈그림 2〉 세계의 진주 양식장 분포

3. 우리나라 진주 양식 기술 발달사

우리나라에서 진주양식에 관심을 둔 것은 일본보다 훨씬 늦은 1960년대로 국립수산진흥원이 주축이 되어 연구개발에 착수했으나 실패했고, 20여 년이 지나서야 본격적인 양식이 가능해졌다. 완도에서 통영에 이르는 한려수도가 진주양식에 더없이 좋은 청정지역인 것을 알아냈다. 점점이 흩어져 있는 섬들이 천혜의 방파제가 되어 파도의 힘이 약하고, 바닷물의 온도가 적당한데다가 먹이가 되는 플랑크톤도 풍부해 양식 조건으로는 천혜의 조건을 갖춘 최적지였던 것이다. 다른 지역은 해양환경이 부적절하고 수온의 급격한 변화로 양식이 불가능하다.

하지만 진주양식은 적어도 5년이란 시간 동안 노력을 투자해야 하므로 자금회전율이 더딘 종패種貝, 진주조개의 유생을 받기 위해 기르는 어미 조개공급이나 양식기술, 기자재 등을 일본에서 독점하고 있어 많은 어려움을 안고 출발한 셈이다. 국내에서 종패개발에 성공한 것이 지난 90년대의 일로서 그 품질도 일본수준과 거의 비슷했다.

이렇듯 진주양식을 위한 자연조건이 좋다 보니 우리나라는 진주 양식의 역사는 짧지만 생산되는 진주의 품질은 좋은 편이다. 통영진주는 빛의 간섭으로 신비한 핑크빛이 강점으로 일본(화이트 톤의 크림계)이나 중국(옐로우 톤의 크림계)의 것과 구분되며 기본 화이트 톤의 기조색에서 발생하는 오색영롱한 광택을 띤다.[3] 모스경도도 4.3~4.5로 진주 중 가장 높은 것으로 나타났다.

진주양식은 굴, 멍게, 활어 등의 양식업보다 유리한 점이 많다. 남해안 일대의 어민들이 양식업을 하면서 일확천금을 노리다가 실패하는 경우가 많은 데 비해 진주양식은 적조나 태풍에도 강한 편이라 훨씬 안정적이다. 진주는 소모성 보석인데다 꾸준한 수요증가에 비해 생산량이 한정되어 있고 가격의 기폭이 크지 않아 매우 안정적인 사업이다. 그 수요가 연 1,200억 원에 이르는 내수시장과 약 54억 달러에 달하는 세계진주시장 규모에 국내산으로 수입대체효과도 크고 수출 전망도 밝다. 먹이 또한 바다 속에 떠다니는 플랑크톤을 먹고 살기 때문에 따로 신경 쓸 필요가 없다. 타 양식업종에 비해 오염부하도가 1~3%로 낮은 친환경 양식산업인 것이다. 게다가 한정자원을 고갈시키는 다른 보석(자원)과는 달리 쌀처럼 계속 생산이 가능하다. 연관 산업에의 파급효과도 커서 보석디자인, 세공, 진주가공, 진주층을 활용한 건강보조식품, 화장품 등 다양하다.

목선을 만드는 이들이 목선을 모은다고 하듯, 진주양식업자들은 조개를 키운다고 하지 않고 조개를 만든다고 얘기한다. 씨를 집어넣을 수 있게 조개를 만드는 것이다. 통영에 적합한 아코야조개의 최적 수온은 18~23℃ 정도로 수온

3 진주층은 여러 겹의 진주층이 미량의 특수 단백질을 고착제로 결합된 조직으로 진주층에 포함된 각종 원소의 성분에 따라 다양한 색상의 진주(흑색, 황금색, 청색, 회색)가 생산 가능하다. 이것은 진주층과 핵 사이에 존재하는 유기물의 농도나 종류에 따라 기조색이 바뀌기 때문이다.

이 26~27℃ 이상이 되면 생리기능이 낮아지며 38℃이상이 되면 죽기 시작하며, 13℃면 생장을 멈추고 8℃ 아래로 내려가면 죽게 된다. 그래서 보통 4월 말부터 11월까지는 통영에서 조개를 키우고 수온이 급격히 떨어지는 12월이 되면 따뜻한 제주도 서귀포나 거제에서 겨울을 나게 된다. 어린 조개의 채묘에서 2~3년 동안 양식된 조개에 핵[4]과 피스[5]를 삽입하는 '핵 시술'[6]을 한 다음 다시 1~2년 양식한 뒤 겨울철(11월과 1월 사이)에 진주를 채취하게 된다. 핵의 크기에 따라 진주조개의 크기가 결정되기 때문에 욕심 같으면 큰 핵을 넣으면 좋겠지만 그러면 생존율이 낮아진다. 제대로 삽핵이 되었다 해도 진주를 만들 수 있는 확률은 70% 정도이고 그중에서 상품가치를 지닌 것은 70% 정도이다.[7]

이렇듯 진주조개의 한살이는 적어도 4~5년으로 그 만큼의 시간을 들여야 진주를 얻을 수 있다. 그리고 시간이 흐르는 동안 양식업자는 세심한 주의를 기울이며 진주조개의 뒷바라지를 해야 한다. 진주조개는 다른 어패류와는 달라서 건강 상태가 나빠지면 회복하기가 힘들다. 2주에 한번 꼴로 육지로 올려 해초와 굴·실찍·따개비·홍합 등 부착물을 청소해 주어야 하고 이따금씩 건져 내 기생충에 감염되지 않았는지, 플랑크톤을 얼마나 먹었는지, 자체적으로 영양분을 얼마나 갖고 있는지, 해수온도, 유속 등을 끊임없이 확인해 주어야 한다. 미세한 변화에도 민감하게 반응하는 진주조개 양식은 지치지 않는 열정과 인내, 소명의식이

4 핵(核)은 투명한 순백색을 가진 북미산 토부조개를 사용한다. 조개패의 두꺼운 부분을 자르고 둥글게 갈아 만든다. 대왕조개는 품질의 저하가 우려되므로 사용해서는 안된다.

5 핵만 조개의 생식소에 삽입하면 진주 분비물은 분비가 되지 않기 때문에 외투막 세포절편인 피스와 함께 넣어야 한다.

6 진주를 생산하기 위해서는 반드시 핵 시술의 과정을 거치게 되는데 생식소로 통하는 부위에 최소한의 절개를 통해 핵이 탈핵되지 않도록 정확히 삽핵하고 핵 위에 피스가 잘 안착될 수 있게끔 하는 것이 삽핵시술의 기술 수준을 평가하는 척도가 된다.

7 해수진주는 한 개의 조개에 1개 혹은 2~3개의 핵을 넣어 진주를 양식하는 데 반해, 담수진주는 핵을 넣지 않고 조개의 외투막 피스를 한꺼번에 여러 개 넣어 한 번에 수십 개의 진주가 생산된다. 담수진주는 해수진주에 비해 양식속도가 빠르고 모양이 둥글지 않으며 표면이 매끄럽지 않은 등 해수진주와 차이가 많아 값이 아주 저렴하다.

있어야만 가능하다. 조개가 진주를 품게 되는 날까지 행여 손이 쉬는 날이 있다 하더라도 마음은 떠나지 못한다.

채취한 진주는 다시 가공작업을 거치게 된다. 진주의 성분은 95%의 탄산칼슘 $CaCO_3$과 5% 정도의 단백질, 수분, 미량의 금속원소이다. 진주의 가공은 단백질과 수분을 화학처리하고 흠집을 메워 주는 정도이다. 진주조개 속에서 핵을 둘러싼 진주층은 1년에 약 0.3~0.5mm 정도 자란다.

2004년 통영진주의 산업육성을 위해 국립경상대학교 해양과학대학에서 지역혁신특성화산업RIS에 선정되어 우량종묘, 먹이생물 어장환경조사, 신기술 및 기자재, 월동시설, PR, 마케팅, 인력양성 등이 이루어졌으나 안타깝게도 현재는 진주양식이 거의 중단된 상태이다.

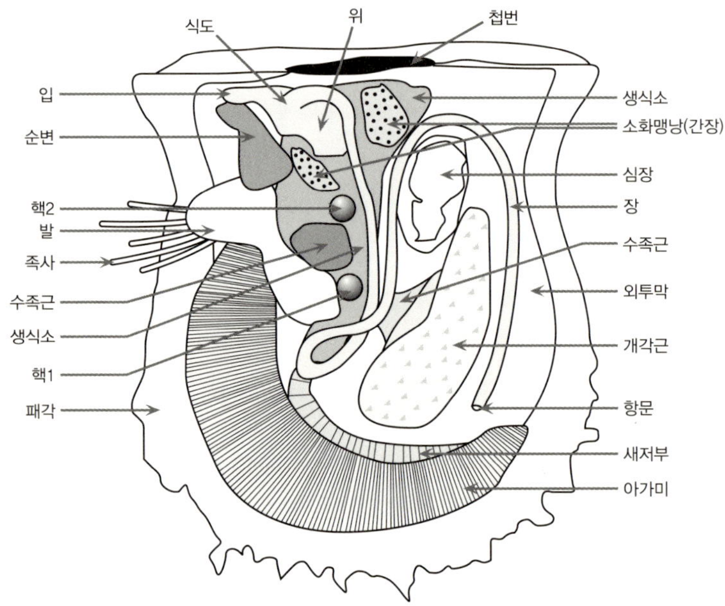

〈그림 3〉 진주조개의 해부도와 삽핵 위치

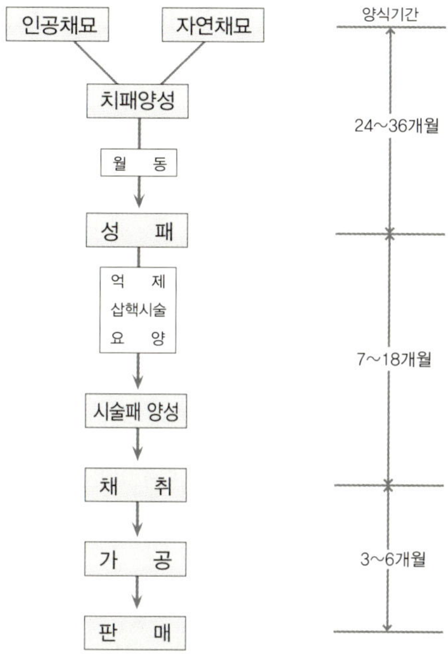

〈그림 4〉 진주양식과정

4. 진주조개의 한살이에서 인생을 배운다: 진주의 소비와 문화

지각운동으로 탄생한 여느 보석과는 달리 진주는 살아 있는 생명체가 잉태해 낸 만드는 유일한 보석이다. 탄생 과정 또한 신비로운데 사람이 하는 일이란 핵을 삽입하고 진주조개의 상태에 따라 아름다운 진주가 만들어지도록 환경을 조성해 줄 뿐 나머지는 온전히 진주조개의 몫이다. 조개의 몸속에서 채취된 진주는 저마다 다른 독특한 크기와 모양, 광택, 색상 등을 지니고 있다. 땅에서 얻는 다른 보석은 연마를 거쳐야만 비로소 아름다운 빛을 발하지만 진주는 채취되는 순간부터 그 자체로 사람을 매료시킨다. 진정 자연의 신비가 아닐 수 없다.

그렇다면 진주만이 갖는 아름다움은 무엇이며 소비자는 누구일까? 화려한 보석상을 둘러본 적이 있는 사람이라면 누구나 찬란하게 빛나는 갖가지 보석 중에서도 유독 눈길을 끄는 작고 동그란, 우윳빛 보석을 기억할 것이다. 얼핏 보았을 땐 시선이 가지 않다가도 여느 보석의 휘황찬란한 빛에 흥미를 잃어갈 즈음, 사람들은 부드럽게 빛나는 진주 쪽으로 눈길이 가게 된다. 안개 낀 달빛 아래서 사랑하는 이를 기다리는 마음 같은 진주는 모든 여성들의 로망이다. 평생 간직하고 싶은 '바다의 보석'인 것이다. 우아함과 화려함을 느끼게 해 주며 섹시하기까지 하다. 양장이든, 한복이든 어떤 옷에서든 잘 어울린다. 어느 장소에서나 잘 어울리며 피부톤을 화사해 보이게 한다. 이는 진주가 인간의 피부에 가장 적합한 색조를 나타내고 마음을 끄는 따뜻한 느낌이 있기 때문이다.

진주는 6월의 탄생석으로 건강, 장수, 부귀, 행운의 상징이다. 진주혼眞珠婚이라 하여 결혼 30주년 기념으로 선물하는 보석이기도 하다. 흔히 진주를 '눈물의 씨앗'이라 하여 혼수에 꺼린다는 속설이 회자되고 있는데 이는 우리나라에서만 퍼져 있는 낭설이다. 진주를 갖고 싶어하는 신부에게 혼수로 마련해 줄 수 없는 가난한 연인의 넋두리가 퍼진 말이라고 한다. '인어의 눈물', '조개의 눈물'이란 말이 있는데 이는 조개가 상처(핵)를 보듬기 위해 아픔을 견딘 결과 생겨난 보석이란 의미다. 요즘은 다이아몬드 다음으로 선호하는 예물품목으로 자리잡고 있다.

일본에서는 성인식이나 결혼식 때 부모로부터 진주를 선물 받으며, 장례식장에서 여성들이 진주를 착용하는 패션이 오랜 문화적 전통으로 자리잡고 있다. 호주 남반부 지역에는 어린 소녀의 생일날이나 특별한 날에 진주를 한 알씩 선물해서 열여섯 살이 되면 그것으로 목걸이를 해 주는 전통이 있다.

한편, 진주는 관리의 어려움이 뒤따르므로 기피하는 보석이기도 하다. 물이나 땀, 화장품에 약하므로 외출 후에는 잘 닦아 줘야 한다. 진주를 착용한 채 사우나, 온천, 찜질방을 출입하는 것도 금해야 하며 과일즙이나 땀, 식초 등의 산酸에 닿으면 광택에 영향을 받고, 산에 오래 담가 두면 진주층이 분해되어 버린다. 또한 경도가 약하므로 다른 장신구나 단단한 물건에 닿으면 긁힐 수 있다. 부드러운 천(순면)으로 진주에 붙은 이물질을 닦아 주고 오일을 살짝 발라 다시 꼼꼼히 닦은 뒤 습기가 어느 정도 있으면서 공기가 통하는 곳에 보관하면 좋다.

등급[8]에 따라, 어떻게 관리하느냐에 따라 다르겠지만, 유기질 보석이어서 세월이 흐를수록 점차 광택이 사라진다.[9] 환금성이 전혀 없는 것도 진주만이 갖는 점이다. 금처럼 되팔 수 있는 게 아니고, 되판다고 해도 값은 기대할 수 없다. 어떤 이들은 오히려 오롯이 여성 자신만의 아름다움을 위해 존재하므로 진주를 좋아한다고 말하는 이들도 있다.

상처를 영롱한 보석으로 승화시킨 진주를 만들어 내기 위해서 얼마나 많은 인고의 세월이 걸리느냐 하는 것은 지켜보는 사람의 손끝에 박힌 굳은살이 이야기해 줄 것이다. 그래서 마침내 진주가 목걸이로, 반지로 여인들의 몸에 걸리는 순간, 그렇게 땀 흘려 가꾼 사람들의 세월까지도 함께 빛나는 것일지도 모른다.

8 나라마다 다르나 크기, 형태, 흠집의 정도, 진주층의 두께, 광택, 색상 등에 따라 나뉜다.

9 사라지지 않고 지속되는 것은 인조진주뿐이다. 인조진주는 납 초산 연백이 들어가 있어 인체에 해롭다. 연백은 인체에 쉽게 흡수된다.

| 감상문 |

인어의 눈물 '진주'

장선형(법학부)

오늘은 무엇에 관한 강의일까? 생각해 보고 있었는데 교수님께서 소개해 주신 분은 통영박물관의 관장님이시며 진주에 대해 연구를 하시는 손영학 관장님이셨다. 평소 진주에 관심이 많았던 내게 이번 강의는 꽤 흥미로웠다.

진주의 매력은 영롱한 빛에 있지 않을까? 은은하게 빛나는 그 아름다움은 사람의 마음을 사로잡기에 손색이 없다. 이 아름다운 보석, 진주가 우리나라 통영에서도 생산된다는 것을 이번 강의를 통해 처음 알게 되었다. 그 밖에도 진주가 만들어지기 위해 얼마나 오랜 인고의 시간이 걸리는지, 그리고 진주에 대한 많은 지식을 습득할 수 있었다.

진주는 조개 몸에 핵이 들어가면 조개가 자신을 보호하기 위해 조개껍질과 동일성분의 막을 형성하여 만들어지는 것이었다. 처음 알게 된 진주는 생성과정은 놀라웠다. 또한 진주의 종류는 매우 다양한데 우선 크게 나누면 천연진주, 양식진주, 인조진주로 나눌 수 있다. 천연진주는 페르시아만, 만나르 만, 아메리카 대륙, 중국, 일본 등지에서 생성된다. 1900년도 이후 무분별한 남획과 양식진주의 등장으로 천연진주의 시대는 막을 내리게 되었다. 그렇게 등장한 양식진주에도 여러 종류가 있는데 그중 통영을 비롯하여 세계 여러 곳에서 양식되고 있는 '아코야 진주'의 양식방법으로는 조개가 3년 정도가 되어야 손바닥만한 크기의 모패가 된다. 그 조개에 미시시피 주의 강에서 나온, 비비탄처럼 생긴 핵과 피스를 같이 집어넣어 0.3mm 이상의 두께의 진주층이 형성되면 이것이 진주가 되는 것이다.

관장님께서 통영에서 진주가 생성되는 이야기를 더 해 주셨는데 통영은 좋은 진주 양식을 위한 최적의 조건을 갖춘 곳이라고 한다. 풍부한 플랑크톤, 건강한 모패, 적절한 수온 변화 등의 조건을 갖춘 국내 유일의 진주 양식지인 것이다. 통영에서 진주를 키우는 모패는 수온이 8°C 아래로 내려가거나 30℃보다 높아지면 죽는다. 그래서 겨울이면 8°C 아래로 떨어지는 통영바다의 수온 때문에 조개를 서귀포로 가져가서 키웠다고 한다. 현재는 거제도에서 난류가 흐르는 곳을 발견하여 전보다는 이동거리를 줄일 수 있게 되었다. 하지만 이곳은 뻘이 많아서 청소를 자주 해 주어야 하는 단점이 있다. 4월 이후가 되면 다시 통영으로 조개를 가져가서 키우게 된다.

통영 진주의 산업과 가능성에 대한 이야기도 들을 수 있었다. 지금은 자금회수율도 낮고 진주양식업을 하는 사람들도 매우 적지만 통영은 진주 생산에 있어 천혜의 조건을 갖추고 있고, 진주양식업은 타 양식업에 비해 비교적 오염도도 낮은 친환경 양식업이니 우리나라의 촉망받는 산업으로 탄생했으면 하는 마음이 들었다.

일본은 우리와 다르게 진주시장이 매우 넓다고 한다. 1992년에는 신종 플랑크톤인 헤트로캡사heterocapsa에 의한 적조가 발생하여 진주양식에 커다란 피해를 주었고, 1996년에는 감염증에 의해 아코야 조개가 대량폐사되어 큰 타격을 입었다고 한다. 그래서 보통 핵을 삽입한 지 1년 6개월이 지나야 진주를 채취하는데 환경이 나빠서 1년이 되기 전에 꺼내기 때문에 품질이 나쁜 진주가 적지 않게 생산된다는 것이다. 진주는 그저 보석 중의 하나로만 알고 있었지만 오늘 이 강의를 듣고 진주의 가치를 더 깊게 알 수 있었다. 손영학 관장님께서는 직접 들고 오신 진주들을 보여 주셨는데 정말 아름다워서 갖고 싶은 생각이 들었다. 통영에서는 생산되지 않는, 탁구공보다 조금 작은 크기의 진주를 보자 감탄사가 흘러 나왔다. 정말 큰 진주였고, 그만큼 값도 비싸서 한 번 더 놀랐다. 양식으로 만들 수 있는 것이라 가격이 그렇게 높을 거라고는 생각하지 못했는데 한 알에 900만 원, 700만 원이라고 했다.

이렇게 진주의 생성과정과 과정상의 어려움 등을 자세히 듣고 나니 진주에 대한 관심이 더 깊어졌다. 진주는 '인어의 눈물'로 불린다고 한다. 듣고 보니 진주의 우아함, 순수함과 잘 맞아떨어지는 별칭이란 생각이 들었다. 개인적으로는 내 생일이 있는 6월의 탄생석이란 이야기에 더욱 애착이 생겼다. 진주는 다른 보석과 달리 살아 있는 생명체가 만들어 내는 보석이라는 점이 참 매력적이다. 또한 조개가 총 5년의 긴 세월을 인고하여 만들어 내는 만큼 진주 속에는 많은 이야기가 숨어 있어서 그 이야기에 귀를 기울이느라 시간 가는 줄도 몰랐던 강의였다.

여덟 번째 강의

지공주의地公主義

땅은 누구의 것인가?

– 김윤상 경북대학교 행정학부

1. 평등한 자유

최근 '공정한 사회'가 뜨거운 화두가 되고 있다. 그러나 '공정'이 무엇인지에 대해서는 의견이 다양하다. 이 글에서 '공정'에 관한 여러 입장을 정리하고 각 입장의 최대공약수를 도출한 후 땅 문제와 연결해 보자.

모든 사람이 똑같은 소득, 똑같은 재산을 소유할 수는 없다는 것을 부인하는 사람은 없다. 그렇다면 그런 격차 가운데 어떤 것이 공정한 격차일까? 분배 격차에 영향을 주는 요인에는 여러 가지가 있다. 분배 결과는 본인의 선택에 의해서도 영향을 받고 본인의 선택과는 무관하게 외부로부터 주어지는 여건에 의해서도 영향을 받는다. 또 분배 격차를 조성하는 개인적 원인을 노력, 능력, 운의 세 가지로 나눌 수도 있다. 두 사람이 같은 정도의 노력을 한다고 해도 결과는 능력에 따라 차이가 나고 운에 의해서도 차이가 난다는 것이다.

여기서 능력이란 인간에게 체화된 실력을 말하고 운이란 인생에 작용하는 우연한 요소를 의미한다. 그런데 능력은 노력을 통해 형성되기도 하지만 노력과 무관하게 운에 의해, 예를 들어 천부적인 원인이나 생장환경의 영향을 받기도 한다. 그러므로 노력은 선택의 영역에, 운은 여건의 영역에 각각 속하고 능력은 선택과 여건의 두 영역에 걸쳐 존재한다.

개인의 입장에서 보면 사회제도도 운이다. 사람은 자신의 선택과 무관하게 우연히 어떤 사회에서 태어나 살아가기 때문이다. 그러나 사회의 입장에서 보면 사회제도는 선택의 대상이다. 그러므로 이상적인 제도를 모색하는 경우에는 사회제도를 단순한 개인적인 운과는 다른, 별도의 요인으로 볼 필요가 있다. 분배의 개인적 원인과 결과의 관계에 영향을 미치는 사회제도를 분배규칙이라고 하자. 마치 빛이 프리즘을 통과하면서 굴절하듯이 노력, 능력, 운이 동일한 경우에도 분배규칙에 따라 다른 결과를 낳게 된다. 이러한 관계를 아래 〈그림 1〉과 같이 나타낼 수 있다.

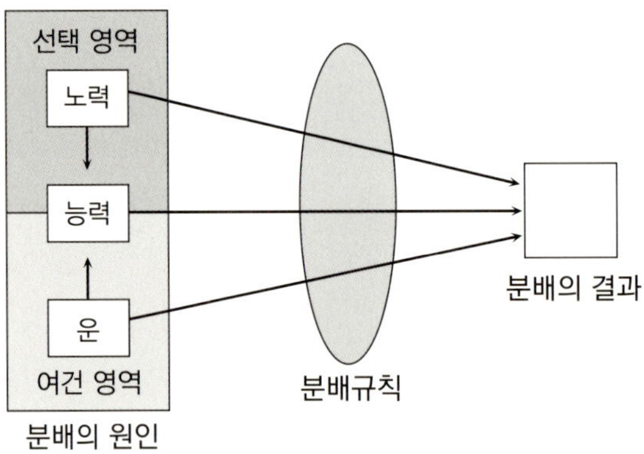

〈그림 1〉 분배의 원인과 결과 그리고 분배규칙

분배규칙은, 여건 영역에 속하는 원인에 의한 결과의 격차를 어느 정도 인정할 것인가를 기준으로 세 유형으로 나눌 수 있다. 순전히 선택에 의해 발생하는 격차만을 인정하는 분배규칙이 있는가 하면, 그 반대쪽에 노력과 능력은 물론 운에 의한 격차까지 모두 인정하는 분배규칙이 있다. 양자의 중간에 노력 이외에 능력의 차이에 의해 발생하는 격차까지 인정하는 분배규칙이 있다. 정리하면 아래 〈표 1〉과 같다.

〈표 1〉 분배규칙의 유형

격차의 원인		분배 격차의 인정 여부		
		선택형	능력형	여건형
선택의 영역	노력	인정	인정	인정
	능력	인정	인정	인정
여건의 영역	능력	–	인정	인정
	운	–	–	인정

위 표에서 선택형-능력형-여건형의 스펙트럼은 분배에 대한 정부 개입의 정도와 일치하며 오른쪽으로 갈수록 정부 개입이 줄어든다. 이렇게 볼 때 여건형 분배규칙은 경제적으로는 신자유주의neo-liberalism, 철학적으로는 최대자유주의libertarianism로 불리는 입장에서 선호하는 분배규칙이다. 이런 사상을 대표하는 경제학자로 프리드먼Milton Friedman을 꼽는 데 이견이 없을 것인데, 그는 자신의 철학의 핵심을 이렇게 표현하였다.

> 자유주의 철학의 핵심은 개인의 존엄성에 대한 믿음이며, 자신과 동등한 행위를 하려는 다른 사람의 자유를 방해하지 않는 조건만 충족되면 각자 원하는 바에 따라 능력과 기회를 최대한 발휘할 수 있는 자유에 대한 믿음이다. … 모든 사람은 평등한 자유를 갖는다는 뜻이다. (Friedman, 1962: 195)

이처럼 프리드먼의 기본 철학은 '개인 자유의 확대'와 '평등한 자유'라고 요약

할 수 있다. 평등한 자유란 아래 인용문에 나타나 있듯이 기회균등과 같은 뜻이다.

> 평등은 기회의 평등이며 이는 각자 목적을 추구하는 능력의 활용을 가로막아서는 안 된다는 뜻이다. 기회의 평등은 인격의 평등과 마찬가지로 자유와 충돌되지 않는다. 오히려 자유의 본질적 요소이다. (Friedman, 1980: 132)

즉 프리드먼은 '최대의 자유를 평등하게 보장'하는 사회제도를 이상으로 생각한다. 이 점은 모든 최대자유주의자에 공통적이며, 우리나라 경제학자의 상당수도 프리드먼의 이상을 공유하는 것으로 보인다.

2. 지공주의

프리드먼처럼 평등한 자유를 전제한다면, 타인을 불리하게 하지 않는 방법으로 취득한 것은 취득자가 소유할 수 있다. 그렇다면 생산물은 생산자가 소유할 수 있고 또 소유해야 한다. 생산물을 생산자의 의사와 무관하게 다른 사람이 소유한다면 생산자는 노예와 다름없으므로 생산자와 소유자의 자유가 평등하지 않게 된다. 또한 생산자가 자발적으로 서로의 생산물을 교환할 경우에도 각자 교환물을 소유할 수 있다. 타인을 불리하지 않게 하는 가운데 취득한 것이기 때문이다. 그렇다면 정당한 소유의 근거는 생산과 자발적 교환이다. 다만, 〈표 1〉에 요약되어 있듯이 생산의 결과 중 어디까지를 생산자가 소유할 수 있도록 하는 것이 옳은지에 대해서만 입장의 차이가 있을 뿐이다. 그런데 생산과 교환이라는 소유의 근거로는 토지 소유를 인정할 수 없다. 토지는 사람이 생산한 것이 아니기 때문이다. 그러므로 토지 등 자연물에 대해서는 생산물과는 다른 특별한 고려가 필요하다.

평등한 자유에 따르면 토지와 같이 천부된 자연에 대한 기회는 균등해야 한다. 예를 들어 누군가 토지를 사용하려면 타인에게도 동등한 사용 기회가 보장되어 있어야 한다는 것이다. 타인에게 보장하지 않는 기회를 자신만이 누린다면 타인보다 더 큰 자유를 갖는 것이고 따라서 평등한 자유에 어긋난다. 그러면 평등한 자유에 어긋나지 않게 토지를 사용하려면 어떻게 해야 할 것인가?

토지를 모든 국민이 공동으로 사용하고 그 결과를 공유하는 것도 한 방법이 된다. 그러나 토지는 그 특성상 단독사용이 더 적절한 경우도 많다. 예컨대 주택 등 사적인 생활공간을 여러 가족이 공동으로 사용하기는 어렵고 농지도 공동으로 사용하기보다 단독으로 사용할 경우에 훨씬 생산성이 높아진다. 이런 이유로 인해 사회가 토지의 단독사용을 인정하기로 합의할 수 있다. 이처럼 특정인에게 우선권을 부여하면서 동시에 평등한 자유를 침해하지 않으려면 특수한 조건이 필요하게 된다.

특수 조건이란 다음 세 가지이다. 첫째, 모든 국민이 토지를 취득할 수 있는 균등한 기회를 가져야 한다는 것이다. 그런데 이것만으로는 충분하지 못하다. 취득기회가 균등하다고 해도, 양질의 토지가 무한히 존재하지 않는 한 결과적으로 한 사람이 토지를 차지하면 다른 사람이 그와 대등한 토지를 차지할 수 없게 된다. 즉 토지 취득자와 타인 사이에 부당한 격차가 생긴다는 것이다. 설령 토지를 공정한 추첨에 의해 배분하더라도, 당첨자는 아무 생산적 노력도 없이 토지를 취득하게 되고 낙첨자는 아무런 잘못 없이 토지 취득에서 배제된다. 이러한 문제를 해소하기 위해서는 토지 취득자가 자신의 취득으로 인해 불리하게 된 타인에게 보상하도록 하면 된다. 달리 표현하면 토지 취득자가 유리해지는 만큼을 타인을 위해 내놓도록 하면 된다. 이것이 두 번째 조건이다.

셋째, 토지의 단독사용권은 생산자의 권리에 의해 당연히 발생하는 것이 아니라 필요한 경우에 사회적 합의에 의해 인정하는 것이므로 토지 취득자의 권리는 그 취지의 범위 내에서만 인정된다. 즉 토지 취득자는 단독사용권을 인정하는 사회적 취지에 적합하게 토지를 사용해야 한다는 것이다.

평등한 자유에 부합하는 토지원리를 정리하면 다음과 같다.

토지원리

① (평등한 토지권) 모든 국민은 토지에 대해서 평등한 권리를 가진다.

② (합의에 의한 우선권 인정) 사회적 필요성이 있으면 사회적 합의에 의해 특정인에게 우선권을 인정할 수 있다.

③ (우선권 인정의 조건) 사회가 특정인에게 우선권을 인정하려면 다음 조건을 충족시켜야 한다.

㉮ (취득기회 균등) 모든 사람에게 우선권 취득 기회를 균등하게 보장한다.

㉯ (특별이익 환수) 우선권에서 발생하는 특별이익을 환수한다.

㉰ (사회적 제약) 우선권 행사는 우선권을 인정하는 취지에 부합해야 한다.

위의 토지원리를 내용으로 하는 사상을 필자는 지공주의(地公主義)라고 부른다. 토지원리 가운데 오늘날 가장 심하게 무시되고 있는 것은 ③의 ㉯ 즉, 특별이익 환수 조건이다. 이 조건을 지키지 않으면 토지에서 막대한 불로소득이 발생하며 그로 인해 투기, 빈부격차, 경제효율 훼손 등 심각한 사회적 병폐가 생긴다. 이는 1960년대부터 반세기 가까이 우리 눈앞에서 실증된 바 있다. 그런 점에서 아래에서는 특별이익 환수 조건에 초점을 맞추기로 한다.

3. 지대세

토지소유제도를 소유권 권능의 귀속처에 따라 다음 〈표 2〉와 같이 나눌 수 있다.

이 표에서 소유권의 권능 중 수익권은 (민법의 일반적인 정의와는 달리) 토지가치 즉 지대 및 지가 수익권을 의미한다. 토지소유제도 중에서 토지가치를 토지소유자에게 귀속시키는 토지사유제는 토지원리 ③의 ㉯ 즉 특별이익 환수 조건에 당연히 위배된다. 반면 토지공유제는 개인에게 토지 우선권을 배분하지 않으므로 토지원리 ③과는 무관하다. 따라서 ③의 ㉯를 충족시키는 제도는 토지가치공유제와 토지공공임대제이다.

〈표 2〉 토지소유제도의 유형

소유권의 권능	사유제	가치공유제	공공임대제	공유제
사용권	사	사	사	공
처분권	사	사	공	공
(토지가치)수익권	사	공	공	공

또 둘 중에서도, 토지사유제를 실시하고 있는 우리 실정에서는 토지가치공유제가 더 잘 맞는다. 다른 토지소유제도보다 현행 제도와 가까워서 적용이 쉽기 때문이다. 그러나 이미 토지가 국공유화되어 있는 북한과 같은 사회라면 현 제도와 가까운 토지공공임대제를 도입하는 것이 더 쉬울 것이다.

토지사유제가 형성되기 전의 사회에서는 토지원리 ③의 ㉯를 "지대를 환수하여 국민이 공유한다"로 표현해도 된다. 지가를 지불하지 않고 취득한 토지의 경우 "우선권에서 발생하는 특별이익"은 지대와 같기 때문이다. 여기서 지대는 토지의 잠재적인 임대가치다. 이 원리에 따라, 지대를 과표로 하여 100%의 세율을 적용하는 토지보유세를 필자는 '지대세'라고 부른다. 또 지대세를 최우선적인 조세로 삼는 세제를 필자는 '지대조세제'라고 부른다.[1]

현재의 세제와 지대조세제를 비교하면 〈그림 2〉와 같다.

이 그림은 지대만으로 세수가 충분할 경우를 나타내며, 세수가 불충분하다면

1 지공주의의 원조라고 할 수 있는 헨리 조지(Henry George)는 이 제도를 'land value taxation'이라고 불렀고 우리나라에서는 '토지가치세제'라고 번역하기도 한다.

임금과 이자에도 추가로 과세하게 된다. 추가세액은 물론 지금보다는 매우 적은 금액이 된다.[2]

토지소유제도가 형성되기 전의 원초적인 상태에서는 지대세를 바로 도입하는 것이 좋지만, 현재처럼 토지사유제가 확립되어 버린 상태에서는 완전한 지대세로 바로 가기는 어렵다. 지대를 모두 환수하면 토지 매매가격이 0이 되어 사회에 큰 충격을 줄 수 있기 때문이다. 그렇다면 지대세는 상당한 시간에 걸쳐 점진적으로 도입할 수밖에 없다. 지대세율을 낮은 수준에서 시작하여 서서히 인상하면서, 경제에 부담을 주는 다른 세금을 서서히 대체해 나가는 것이다.

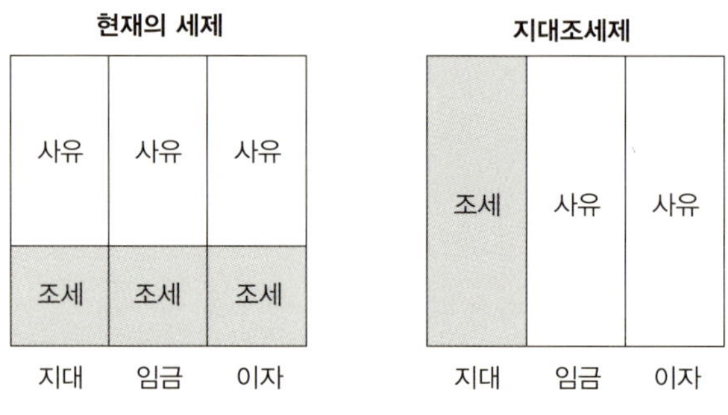

〈그림 2〉 세제의 비교

4. 지대이자차액세 또는 국토보유세

지대세를 서서히 도입한다고 해도 결국은 지가가 0이 되는데, 토지사유제 하에서 부득이 토지를 매입하였던 실수요 입장에서 보면 억울하다고 생각할 수 있

2 헨리 조지가 활약했던 19세기 후반 미국에서는 지대 총액이 모든 정부 재정을 충당하고 남는다고 보았기 때문에 지대세를 토지단일세(single tax)라고 부르기도 했다.

다. 이런 사정을 감안하여 현 토지소유자를 보호하는 범위 내에서 토지 불로소득을 환수하기로 한다면 '국토보유세'가 좋은 대안이 된다.

토지원리 ③의 ㉯는 그 누구도 단순히 토지를 소유한다는 이유만으로 불로소득을 얻어서는 안 된다는 취지를 가지고 있다. 토지사유제 사회에서도 토지 매매시장이 완벽하다면 이 취지를 살릴 수 있다. 토지의 매매가격 즉 지가는 모든 미래의 지대를 자본화 한 금액이므로, 지가가 완벽하다면 지가를 지불하고 토지를 취득한 토지소유자는 특별한 이익을 얻을 수 없다는 것이다.

그러나 현실의 토지 매매시장은 극히 불완전한 시장이다. 사회 변동이 인간의 미래 예측 능력을 초과하는 경우에는 지가가 미래의 지대를 제대로 반영하지 못하고 그로 인해 토지 불로소득이 발생한다. 변화가 거의 없이 안정되어 있는 사회에서는 미래 예측이 그다지 어렵지 않기 때문에 토지 불로소득은 국지적 또는 일시적으로 발생할 뿐이다. 그러나 오늘날처럼 사회변화가 급격한 경우에는 토지 불로소득이 광역적으로 그리고 만성적으로 발생한다.

이러한 현실 토지 매매시장의 흠결을 보완하여, 완전한 시장에서 나타날 상태 즉 토지 불로소득이 존재하지 않는 상태를 만들어 줄 필요가 있다. 토지 불로소득은 '토지를 단순히 보유, 매매함으로써 얻는 특별한 이익'으로서 그 크기는 토지소유자의 수입에서 비용을 뺀 금액과 같다. 예를 들어 자금을 빌려서 토지를 매입한 후 그 토지를 임대하고 있다가 일정 기간 후 매각하고 빌린 돈을 갚는 경우를 생각해 보자. 그러면 토지소유자는 토지를 소유하고 있는 동안 임대료 수입을 얻고 토지를 매각할 때 매각지가 수입을 얻는다. 한편 토지소유자는 토지소유기간 동안 이자를 물다가 토지를 매각한 후 차입금을 상환하므로 이자와 매입지가가 비용이 된다.

이런 사실을 식으로 정리하면 다음과 같다. 토지 임대료 수입은 '지대'라는 용어로 바꾸어 표시하기로 한다.

토지 불로소득 = 토지소유자의 수입 - 토지소유자의 비용
= (지대 + 매각지가) - (매입지가 + 매입지가에 대한 이자)
= (지대 - 매입지가에 대한 이자) + (매각지가 - 매입지가)
= 지대이자차액 + 매매차액

위의 예에서는 돈을 빌려서 토지를 매입한 후 임대한다고 가정했지만, 토지를 자기 돈으로 매입하고 소유자 자신이 사용하더라도 결과는 같다. 자기 돈으로 매입하더라도 그 돈을 다른 용도로 사용할 경우에 얻을 수 있는 금액 즉 이자만큼은 기회비용으로서 역시 비용이 된다. 또 토지를 자신이 사용하더라도 지대만큼의 이익이 생기는데, 이런 이익은 귀속지대로서 역시 수입이 된다.

위 식을 통해, 토지 불로소득으로는, 토지를 보유하는 동안 지대-이자 차액이 발생하고 토지를 매각할 때 매매차액이 발생함을 알 수 있다(토지소유자가 부담하는 조세 등 토지 소유에 부수되는 다른 비용은 없다고 가정한다). 따라서 토지 불로소득을 완전히 환수하려면 토지를 보유하는 동안 지대-이자 차액을 징수하고 토지를 매각할 때 매매차액을 징수하면 된다. 그런데 지대-이자 차액을 징수하면 지가는 매입지가 수준에서 유지되므로 매매차액이 거의 0이 되므로 지대-이자 차액만 징수해도 토지 불로소득 전체를 환수할 수 있다.[3]

지대-이자 차액을 징수하는 토지보유세를 '지대이자차액세'라고 불러도 되지만, 필자는 좀더 친근한 인상을 주기 위해 '국토보유세'라고 하기도 한다. 국토보유세를 토지 취득자 입장에서 보면, 매입지가에 상응하는 금액을 보증금으로 예탁하고 토지를 취득한 후 보증금 이자를 공제한 임대료를 납부하다가 매각 시에 보증금을 찾아가는 것과 같다.

3 지대-이자 차액을 징수할 때 지가가 일정하게 유지되는 이유에 대한 설명은 지면 관계상 생략한다. 졸저를 참조해 주기 바란다(김윤상, 2009: 226~227).

국토보유세는 지대에서 이자를 공제하고 나머지만 징수하기 때문에 지대세보다 금액이 당연히 적지만 공제하는 이자는 거의 일정하므로 지대가 상승한다면 징수액이 늘어난다. 전체 지대 중 징수액의 비율, 즉 지대환수율에 대해 모의실험한 결과는 이렇다. 이자율 연 5%인 사회에서 지대환수율이 75% 정도 되는데 걸리는 시간은, 지대상승률이 연 3%이면 50년, 5%이면 30년, 7%이면 20년이다. (김윤상, 2009:330)

국토보유세는 지가를 매입지가 수준에서 일정하게 유지시키기 때문에 단기간에 도입해도 사회에 충격을 주지 않는다. 지대세를 서서히 도입할 경우에는 과도기에 양도소득세, 개발부담금 등의 부작용이 있는 방법을 쓸 수밖에 없지만, 국토보유세는 그럴 필요가 없이 도입 즉시 토지 불로소득을 완전히 환수하게 된다. 이런 이유에서 필자는 지공주의를 현실에 연착륙시킬 수 있는 수단으로 국토보유세를 선호한다.

5. 지공주의의 확대 적용

지공주의의 토지원리는 자연 전반에 적용하는 자연원리로 폭을 넓히고 지대조세제는 자연조세제로 확대할 수 있다. 여기에서 자연은 다음과 같은 세 가지 종류로 나누어 볼 수 있다. 첫째, 넓은 의미의 토지이다. 여기에는 좁은 의미의 토지 이외에 토지처럼 위치와 존재량이 고정되어 있는 자연이 포함된다. 고정되어 있는 자연에 대한 사용 수요가 늘어나면 혼잡이 발생하고 그에 따라 지대가 발생한다. 오늘날 혼잡이 발생하는 새로운 예로는 전파대역, 위성궤도 등을 들 수 있다. 전파대역은 라디오, 텔레비전, 이동통신 등의 전파를 실어 나르는 통로이기 때문에 오늘날 수요가 급속히 늘어나고 있어 주목된다. 이런 종류의 자연을 특정인이 단독으로 사용하면 타인을 배제하는 결과가 생긴다는 점에서 토지와 공통된다. 따라서 환수의 대상은 배제의 대가인 지대가 된다.

둘째, 토지 이외의 천연자원이 있다. 예를 들면 광물, 석유, 천연 동식물, 오존층 등이다. 이 종류의 공통성은 특정인의 사용이 타인을 배제한다는 점 이외에 사용에 의해 존재량이 줄어들기 때문에 후손도 배제한다는 점이다. 따라서 환수액은 지대 이외에 고갈피해액 내지 자원대체비용이 된다. 오존층의 파괴는 아래에서 언급하는 오염 대상의 하나이기도 하지만 고갈될 뿐 회복이 되지 않는다는 점에서 천연자원의 하나로 포함시켰다.

셋째, 오염 대상으로서의 환경이 있다. 예를 들면 공기, 물 등이다. 이 종류의 공통성은 특정인의 사용이 타인을 배제한다는 점 이외에 사용에 의해 오염되기 때문에 후손을 배제한다는 점이다. 따라서 환수의 대상은 지대 이외에 오염 피해 내지 환경회복비용이 된다.

이를 요약하면 다음 〈표 3〉과 같다.

〈표 3〉 토지, 천연자원, 환경의 비교

대상	사용 결과	형평 비교 대상	환수액의 내용
토지	배제	타인	지대
천연자원	배재+고갈	타인+후손	지대+고갈 피해/자원대체비용
환경	배재+오염	타인+후손	지대+오염 피해/환경회복비용

또한 토지원리는 자연 이외에 개인의 노력에 의해서가 아니라 사회가 공동으로 창출한 공동의 자원에까지 확대 적용할 수 있다. 그 좋은 예로 정부 권력이 있다. 정부는 국민전체의 이익을 위해 존재하고 정부의 권력은 국민이 각자의 자유를 유보하는 데 동의함으로써 정당화된다. 따라서 정부와 정부권력은 국민 공동의 자원이며 모든 국민은 정부 및 정부 권력에 대해 평등한 권리를 가진다. 그런데 정부가 권력을 배경으로 특정 주체에게 어떤 우선권을 부여한다면—예를 들

어 특허권 내지 독점권의 부여, 타 업체에 대한 진입장벽 설정 등—이는 천부된 토지에 대한 단독사용을 인정하는 것과 같다. 그러므로 토지에 대한 단독사용을 인정할 경우와 동일한 조건이 이런 경우에도 적용되어야 한다. 즉 첫째로 모든 국민은 우선권을 취득할 균등한 기회를 가져야 하고 둘째로 우선권으로 인해 특별한 이익이 발생한다면—이런 이익을 경제학에서 "렌트rent"라고 한다—이를 환수해야 하며 셋째로 우선권자는 우선권을 인정하는 사회적 취지의 범위 내에서 권리를 행사하여야 한다는 조건이 그것이다.

6. 재분배 없는 사회보장도 가능하다

사회보장에 대해서는 소극론과 적극론이 팽팽하게 대립되고 있는데 소극론의 주된 근거는 사회보장을 위해서는 재분배가 불가피하여 개인의 자유를 침해하고 시장경제를 왜곡한다는 것이다. 그러나 지공주의를 채택하면 재분배 없는 사회보장이 가능하다.

토지는 국민 공동자산이다. 모든 국민은 토지에 대해 평등한 권리를 가지므로 지대에 대한 권리도 동등하다. 지대 또는 지대이자차액을 환수하여 조성하는 재원을 '지대기금'으로 부른다면 지대기금에 대한 개인별 지분의 크기도 당연히 동일하다. 그렇다면 인간에게 생래적으로 균등한 소득이 보장되어 있고 모든 국민은 자신의 소득으로 자신의 인생을 보장할 수 있다는 뜻이 된다. 즉 재분배 없는 사회보장이 가능하다는 것이다.

지대기금으로 사회보장을 하는 방법에는 여러 가지가 있을 것이다. 가장 단순하게는 모든 국민에게 동일한 금액을 나누어 주는 방법이 있다. 일부에서는 이런 배분금을 국민배당금citizens dividend이라고 부르기도 한다. 실제로 알라스카에서는 석유채굴세severance tax 수입을 주민에게 현금으로 나누어 주는 사례가 있다.

또 재원이 지대에 국한된 것은 아니지만, 모든 국민에게 일정한 최저소득을 동일하게 나누어 주자는 기본소득제basic income가 유럽을 중심으로 제안되고 있기도 하다. 아무런 조건도 제약도 없이 모든 국민에게 일정액을 지급하는 이 방법은 소득·재산 조사means-test가 필요 없다는 장점이 있다.

그러나 사회보장의 관점에서는 금액의 충분성 여부가 문제 된다. 지대기금에 대한 개인 지분이 인간다운 생활에 필요한 기초생활비에 미치지 않을 수 있다는 것이다. 더구나 지대기금의 일부를 사회보장 이외의 정부비용으로도 사용한다면 부족액이 커질 수 있다. 그렇다면 특정 조건을 충족하는 소수에게만 실제 급여가 이루어지는 보험 방식을 설계해 볼 필요가 있다.

모든 사람에게 인간다운 최저생활을 보장하기 위한 보험을 '생존권보험'이라고 부르기로 한다. 생존권보험은 모든 국민이 수태 시점에 자동 가입하는 것으로 한다. 보험의 3대 요소인 보험료, 보험사고, 보험금은 다음과 같다. 첫째, 보험료는 모든 국민이 자신의 지대 지분으로 지불한다. 실제로는 능률을 위해 지대기금을 관리하는 기구가 대납하게 될 것이다. 수태 전의 모든 잠재적인 인간은 불우한 인생에 처할 확률이 동일하기 때문에 보험료는 사람마다 다르지 않다. 보험료는 기초생활비, 소득분포, 지대기금의 크기, 지대기금 중 사회보장에 할애하는 비율 등에 따라 다르므로 사회적 합의를 통해 정한다. 둘째, 보험사고는 소득이 인간다운 생활에 필요한 기초생활비에 미달하는 상태를 말한다. 기초생활비는 개인의 처지에 따라 다르게 정할 수 있다. 셋째, 보험금은 기초생활비와 소득 간의 차액이 된다.

기초생활비 이상의 소득을 얻는 자에게 근로 유인을 부여하는 것이 필요하다면 근로장려금EITC, earned income tax credit에 준하는 금액을 지급하는 방안을 병행하는 것이 좋겠다. 보험 급여에 관한 세부적인 업무는 민간 회사에 맡겨도 된다. 여러 보험회사가 경쟁한다면 그만큼 국민의 선택 폭이 넓어진다. 자녀를 위해 최초로 가입할 경우에는 보험회사를 부모가 선택하겠지만, 자녀가 일정 연령 이상이 되면 본인의 판단에 따라 보험회사를 바꿀 수 있도록 한다.

생존권보험은 현재의 사회보장 중 국민기초생활보장, 국민연금과 기초노령연금 등 사회연금, 실업급여를 바로 대체할 수 있으며 건강보험, 장기요양보험, 의료부조 등 의료 관련 사회보장, 산재보험 등도 설계하기에 따라서는 대체할 수 있다. 나아가서 교육과 주거, 기본적인 문화생활의 보장을 위해서도 지대기금을 활용할 수 있다.

일반 보험과 달리 생존권보험의 보험사고에는 특수한 면이 있다. 보험사고 발생 여부를 판단하는 기간에 따라 판단의 결과가 달라질 수 있다는 것이다. 예를 들어 스키장 시설을 임차하여 성공적으로 운영하는 업주가 있다고 할 때 1년간의 총소득을 보면 보험사고가 발생하지 않지만 여름철만 보면 보험사고가 발생한 것으로 오인할 수 있다. 또 인생에는 기복이 있기 마련이어서, 일생 동안 엄청난 소득이 있는 사람도 그중 몇 년간은 심각한 위기에 처하는 수가 있다. 일생을 단위로 하면 보험사고가 존재하지 않는데도 불구하고 단위 기간을 짧게 잡으면 반대의 결과가 나올 수 있다는 것이다. 따라서 기초생활비 지급 여부는 1월 내지 1년 정도의 단기를 단위로 판단하되, 시간 단위를 길게 잡아 그 기간의 총소득이 일정 수준 이상이면 보험사고가 발생하지 않은 것으로 보아 과거에 지급한 보험금을 환수하는 것이 옳다. 기초생활비 이상의 소득자에게 근로 유인을 부여하기 위해 근로장려금을 지급한다면 이 금액에 대해서도 상환 의무를 부과한다. 다만 상환 의무는 양도와 상속의 대상이 되지 않는 것으로 한다.

모든 보험금 수령자에게 상환 의무를 부과할 경우에 의무 이행을 원활하게 하기 위해 상환금 예치제도를 두어도 좋을 것이다. 현재 소득이 높은 사람이 앞으로 보험금을 수령할 경우에 지게 될 상환 의무에 대비하기 위해 미리 적립해 두는 제도를 말한다. 일생 동안 보험사고 없이 사는 사람도 많을 것이기 때문에, 이런 제도에 참여하도록 하기 위해서는 적절한 유인이 필요하다고 본다. 예를 들면 노령에 이르면 후한 이자를 쳐서 적립금을 되돌려 준다는 것이다. 이렇게 한다면 상환금을 예치하는 사람은 노후 생활에 대비하여 좋은 조건의 연금에 가입한 것과 같은 결과가 된다.

7. 지공주의는 제3의 길

지공주의는 자본주의보다 더 시장친화적이다. 그 이유를 몇 가지 들어 보면 다음과 같다. 지공주의는 생산물과 자연물을 구분함으로써 노력과 기여의 대가를 사유하도록 하는 진정한 사유재산제의 취지에 부합한다. 현실 토지시장의 제약 때문에 불가피하게 발생하는 토지 불로소득을 제거함으로써 완전경쟁시장에서 나타날 토지배분 상태를 이룩한다. 지대세 또는 국토보유세의 세수가 늘어남에 따라 초과부담을 야기하는 다른 조세를 감면함으로써 조세가 시장의 효율성에 미치는 해악을 줄일 수 있다. 토지 불로소득을 환수하지 않으면 토지투기를 막기 위해 전매금지, 거래허가제, 소유상한제 등 시장 기능을 제약하는 조치를 취하게 된다.

실제로 시장주의의 거장들은 지공주의의 시장친화성을 뒷받침하는 언급을 하였다. 프리드먼은 지대세와 같이 지대를 과표로 하고 세율이 균일한 토지보유세를 "가장 덜 나쁜 세금the least bad tax"이라고 평가하였다(Friedman, 1978). 하이에크는 도시계획과 같이 토지소유자의 노력과 무관한 원인에 의해 증감한 토지 가치는 환수 또는 보상해야 하며, 지대조세제는 이 문제에 대한 논리적인 해결책이 된다고 하였다(Hayek, 1960:352~353). 하이에크는 실무적으로 토지 가치를 원인별로 구분 평가하기 어렵다는 실무적인 이유로 현실 적용에 회의적이었으나, 이것이 정당하지 않다는 점은 다음(8. 지공주의에 대한 비판 검토)에서 언급한다.

뿐만 아니라 지공주의는 좌파가 추구하는 가치 즉 평등한 사회, 충분한 사회보장 등을 우파적인 방법으로 구현할 수 있다. 토지 불로소득은 빈부격차를 야기하는 최대의 원인인데 이를 제거함으로써 부당한 빈부격차를 예방한다. 또 바로 위에서 보았듯이 지대기금을 조성하면 재분배 없이 그리고 시장친화적인 방식으로 좌파가 지향하는 사회보장을 설계할 수 있다. 이런 의미에서 지공주의를 '좌도우기론左道右器論'이라고 할 수 있다.

나아가서, 지공주의는 자본주의와 사회주의를 지양하는 제3의 이데올로기라고 할 수 있다. 자본주의는 토지와 자본의 사유를 원칙으로 하고 사회주의는 양자의 공유를 원칙으로 하지만 이는 모두 인간의 상식에 어긋난다. 자본주의가 토지의 사유를 인정하는 것은 그것이 옳기 때문이 아니라 어쩔 수 없이 현실을 긍정한 것이다. 사회주의는 자본을 사회화하는데 이것은 인간의 이기적인 본성을 외면하는 지나친 이상주의이다. 자본의 사유화를 막는다면 극히 일부의 이타적인 사람을 제외한 대부분의 인간은 자본을 생산하려고 하지 않을 것이기 때문이다.

한편, 지공주의는 자본의 사유와 토지의 공유를 바탕으로 한다. 즉 노력에 의해 생산한 것에 대해서는 생산자의 사유를 인정하여 효율성을 달성하고 사람의 노력과 무관하게 천부된 토지는 사유의 대상에서 제외함으로써 형평성을 달성하자는 것이다. 세 체제를 비교하면 〈표 4〉와 같다.

〈표 4〉 세 체제의 비교

체제	토지	자본
자본주의	사유	사유
사회주의	공유	공유
지공주의	공유	사유

8. 지공주의에 대한 비판 검토

지공주의는 우리에게 익숙한 모습의 자본주의도 사회주의도 아니기 때문에 의문과 비판이 제기되어 왔다. 대표적인 것을 예시하면 다음과 같으며 이에 대해서는 졸저(김윤상, 2009: 391 이하)에서 해명해 두고 있다.

- 제도 자체에 대한 의문
  - 사유재산제와 시장경제에 위배되지 않나?
  - 지가가 변하지 않으면 토지 배분은 어떻게 하나?
  - 누가 토지를 소유하고 개발하려 하겠는가?
  - 왜 토지에서 생기는 불로소득만 문제 삼나?
  - 토지투기도 기여하는 점이 있지 않나?
  - 지대세가 전가되지 않나?
- 제도 도입 및 실무에 대한 의문
  - 헌법에 위배되지 않나?
  - 기존 토지소유자에게 지가를 보상해야 하지 않나?
  - 제도 전환의 어려움이 크지 않을까?
  - 지대 평가가 어렵지 않나?
  - 지대총액은 얼마나 되나?
  - 현실에서나 학계에서 어느 정도 수용되고 있나?

여기에서는 여러 비판 중 오설리번Arthur O'Sullivan의 『도시경제학Urban Economics』에 소개된 세 가지 비판만을 검토해 본다.

첫째, 지대를 모두 환수하면 토지 순수익이 0이 되고 따라서 토지의 매매가격 즉 지가도 0이 된다. 이는 사유지를 국가가 몰수하는 것과 같으므로 불공평하다. 둘째, 토지의 순수익이 0이 되면 토지소유자는 소유를 포기할 것이고 토지이용은 정부가 결정하게 되어 비효율이 초래된다. 셋째, 지대를 평가하기 어렵다. 특히 대부분의 토지는 건물 등 인공 시설과 결합해 있으므로 그 가치를 분리해서 평가하기 어렵다는 것이다. 우리나라에도 지공주의를 비판하는 연구가 나와 있는데 역시 비슷한 내용이다(곽태원, 2005; 김정호, 2006).

첫 번째 비판인 불공평성 문제를 보자. 지대를 환수하면 지가가 0이 된다는 점은 이론상 틀림없다. 그러나 토지소유자가 손해를 보는 정책이라고 해서 반대하는 것이 옳을까? 대부분의 정책은 국민 간에 상반된 이해관계를 야기하기 마련이다. 예를 들어, 한미 자유무역협정FTA을 체결하면 반도체, 자동차 등의 수출은 늘어날 수 있지만 농업처럼 국제경쟁력이 약한 부문은 타격을 입게 된다. 따라서 정책의 좋고 나쁨에 대해서는 전체적인 국익을 기준으로 판단해야 한다. '손해 보는 사람이 생기는 정책 변화는 불공평하다'고 한다면 불공평성 시비를 벗어날 수 있는 정책이란 거의 없게 된다. 더구나 지대세 수입이 늘어나면 정부는 다른 세금을 감면하게 되는데, 그렇다면 불공평성 문제는 더욱 줄어든다.

또 지대조세제를 단숨에 도입하면 지가가 갑자기 폭락한다. 오늘날의 사회에서 지가가 일거에 0이 된다면 사회 혼란을 야기할 수 있기 때문에 지대조세제의 도입은 점진적으로 할 수밖에 없다. 즉 지대세의 세율을 낮은 수준에서 시작해서 20년 또는 그 이상의 긴 기간에 걸쳐 서서히 올릴 수밖에 없다. 지대조세제가 바람직한 제도라면 이러한 점진적인 도입마저 불공평하다고 비난할 수 있을까?

만일 '아무리 서서히 이행하더라도 결국 지가가 0이 될 것 아닌가? 따라서 적절한 보상이 필요하다'고 국민이 합의한다면, 토지소유자에게 매입지가와 그 이자를 보상하는 방법을 쓰면 된다. 보상을 한다고 해도 정부가 별도의 보상 재원을 마련해야 하는 것은 아니다. 단지 지대세 대신 국토보유세를 도입하면 된다.

두 번째 비판 즉 "지대를 환수하면 토지소유자는 소유를 포기할 것이므로 토지이용은 정부가 결정하게 되어 비효율이 초래된다"는 비판을 보자. 우선, 토지소유를 포기한다는 생각부터 이상하다. 지대조세제에서는 지가가 0이 된다. 즉 토지를 매입하는 데 비용이 들지 않는다는 것이다. 그렇다면 토지 실수요자는 토지이용에 대한 보장을 더 확실하게 하기 위해서 당연히 토지를 소유하려고 할 것이다. 이런 단순한 사실에 대해서도 오해를 하게 되는 것은 우리가 토지를 재테크의 대상으로 간주하는 잘못된 풍토에 길들여져 있기 때문이다.

또 이 비판은, 지대 소득이 있어야만 토지를 이용할 인센티브가 생긴다는 숨은 가정을 가지고 있다. 이해하기 어려운 가정이다. 경제학 교과서를 보면 기업은 지대를 포함한 생산요소 가격을 비용으로 지불하도록 되어 있다. 즉 기업에 대해 지대는 소득이 아니라 비용일 뿐이다. 정상적인 시장에서 토지를 이용하는 사람은 지대 소득이 아니라 사업 소득을 얻는 데 목적이 있다.

또 관련된 것으로, 지가가 0이 되면 토지시장이 기능을 상실하게 된다는 비판도 있지만, 역시 근거가 없다. 토지 매매가격인 지가가 0이 되지만 토지의 이용가격인 지대는 변함이 없다. '시장에서 토지는 지대를 매개로 하여 배분된다'는 것은 경제학의 기본 원리에 속한다. 지대조세제를 실시해도 지대는 그대로 살아 있고 토지의 입지적 특성을 반영하여 등락하므로 토지시장의 기능에 문제가 없다. 국토보유세에 대해서도 이와 비슷하게 '지가가 일정하게 유지되므로 토지 이용을 정부가 결정한다'는 비판이 생길 수 있겠지만, 지가는 일정하지만 지대는 자연스럽게 변한다는 점을 생각하면 이 역시 근거가 없음이 쉽게 드러난다.

세 번째 비판은 토지와 건물 등 인공 시설을 분리해서 평가하기 어렵다는 것인데, 아마도 토지 평가 실무에 대한 오해에서 비롯된 것 같다. 어느 필지에 대한 지대세의 과표는 그 필지에 인공적인 개량물이 없다고 할 때의 빈 땅 즉 나대지의 가치다. 지상물이 있건 없건 토지를 나대지로 보고 평가하면 된다. 또 실제로 상당수 국가에서 토지와 건물의 분리 평가는 현실 제도로 정착되어 잘 운영되고 있다.

물론, 지대를 정확하게 평가하는 일이 쉽다는 말은 아니다. 모든 세금에서 과세표준을 평가하는 문제는 쉽지 않으며 다 같이 풀어야 할 숙제다. 예를 들어 소득세를 부과하려면 소득을 평가해야 하는데, 눈에 보이지도 않고 프라이버시 문제 때문에 공개적으로 타인과 비교를 할 수도 없는 소득을 정확하게 평가하는 것은 매우 어렵다. 그런데도 소득세는 보편적인 세금으로 자리를 잡고 있다. 이에 비하면 눈에 보일 뿐 아니라 평가 결과를 공개하여 비교하도록 해도 아무 지장이 없다는 점에서 토지에 대한 평가는 오히려 쉽다. 평가의 문제에 대해 염려하는 것은 좋지만 이를 근거로 지공주의를 반대하거나 비판하는 것은 옳지 않다.

참고문헌

곽태원, 2005, 『토지는 공유되어야 하는가?』, 한국경제연구원.

김윤상, 2009, 『지공주의: 새로운 토지 패러다임』, 경북대출판부.

김정호, 2006, 『땅은 사유재산이다』, 나남출판.

남기업, 2007, 『지공주의: 새로운 대안경제체제』, 한국학술정보.

이정전, 2006, 『토지경제학』, 전정판, 박영사.

전강수, 2005, "부동산 양극화의 실태와 해소 방안", 역사비평, 71(2005 여름): 171~201.

Friedman, Milton, 1962, *Capitalism and Freedom*, Chicago: University of Chicago.

Friedman, Milton, 1978, "An Interview with Milton Friedman", *Human Events*, 38(46), 1978 November 18. Quoted in Charles Hooper, "Henry George", *The Fortune Encyclopedia of Economics*, New York: Warner Books, 1993.

Friedman, Milton and Rose Friedman, 1980, *Free to Choose: A Personal Statement*, New York: Harcourt Brace Javanovich.

George, Henry, 1879, *Progress and Poverty*. 김윤상 역, 1997, 『진보와 빈곤』, 비봉출판사.

Hayek, Friedrich, A, 1960, *The Constitution of Liberty*, London: Routledge & Kegan Paul, 1960.

O'Sullivan, Arthu, 2000, *Urban Economics*, 4th ed. Boston: Irwin/McGraw-Hill.

| 감상문 |

지공주의, 땅은 누구의 것인가?

배웅태 (전자공학부)

이번 강의는 교수님의 독특한 말씀과 진행이 인상 깊었다. 강의 내용을 요약하면 다음과 같다.

'지공주의'란 모든 사람은 토지에 대한 권리를 평등하게 가지고 있다는 사상이다. 생산요소 중 토지와 자본의 사유를 허용하는 자본주의와 양자의 공유를 기반으로 하는 사회주의를 지양하여 토지 공유, 자본 사유를 주장한다. 이 사상은 미국의 정치경제학자였던 헨리 조지(1839~1897)가 주장했던 철학이자 경제학설로 토지의 공공성을 강조하며 토지는 전 인류의 소유라고 주장한다. 지공주의는 또한 토지 단일세제와 동일시되기도 한다. 개인에게 최대한의 자유를 보장하고 정부 간섭을 최소화해야 한다는 가장 우파적인 분배관을 취하더라도 지공주의가 필연적으로 도출된다. 지공주의의 구체적인 내용을 담은 토지원리 중 토지소유로 인한 특별이익을 환수한다는 조건을 충족시키기 위한 이상적인 환수 수단은 '지대세'이다. 그러나 토지사유가 정착된 현실에서는 지대이자차액세, 일명 '국토보유세'를 도입하는 것이 좋다고 한다. 토지원리는 토지만이 아니라 자연 전반에 확대 적용해야 할 원리이다. 또 지대를 재원으로 하면 재분배 없는 사회보장도 설계할 수 있다. 지공주의는 자본주의보다 더 시장친화적이고, 좌파의 가치를 우파의 방법으로 달성하는 사상이며 자본주의와 사회주의를 지양하는 제3의 이데올로기이다.

토지원리를 살펴보자. 모든 국민은 토지에 대해서 평등한 권리를 가진다. 사회적 필요성이 있으면 사회적 합의에 의해 특정인에게 우선권을 인정할 수 있다. 사회가 특정인에게 우선권을 인정하려면 다음 조건을 충족시켜 한다. 첫째, 모든 사람에게 우선권 취득 기회를 균등하게 보장한다. 둘째, 우선권에서 발생하는 특별이익을 환수한다. 셋째, 우선권 행사는 우선권을 인정하는 취지에 부합해야 한다.

마지막에 질의 및 응답 시간은 다른 수업에서도 꼭 필요할 것 같은 방식이다. 질의 및 응답 시간에 나온 질문들에 대한 교수님의 답변이다. '부잣집에서 태어난 것은 운인가 특권인가?' 이 질문에 대한 교수님의 답변은 '운'이었다. 자기의 노력에 의해 얻어진 것이 아니다. 태어나는 것은 어쩔 수 없는 것이라고 답변해 주셨다. 또 '내가 많이 가짐에 따라 다른 사람이 상대적으로 박탈감을 느끼면 어떻게 되는 것인가?'라는 질문에 '어떤 것을 선택하느냐에 따라 다르다'라고 답변해 주셨다.

교수님은 하버드대학교 학생들과 우리는 별 차이가 없다고 말씀하셨다. 대신, 하버드대학교 학생은 틀린 답도 자신 있게 말할 수 있고, 우리 학생들은 그렇지 않다고 하셨다. 틀린 답이라도 자신의 생각을 토대로 논리적으로 말할 수 있다면 충분히 존중받을 만한 가치를 지닌 것이라고 하셨다. 나 또한 그렇게 생각한다. 분명 정답은 있다. 하지만 정답이 아니라고 꼭 쓸모없는 말이나 내용이라고 단정 지을 수는 없다. 그러한 다양한 관점에서 많은 생각들이 논의되고 난 후에 올바른 답을 찾을 수 있는 것이기 때문이다. 강의를 듣고 난 후 앞으로 자신감을 가지고, 나의 생각을 잘 말할 수 있도록 노력해야겠다고 생각했다.

아홉 번째 강의

봉화에서 텔레파시까지

– 조영기 경북대학교 전자공학부

1. 정보전달의 발달과정

인간은 다른 동물들과 달리 자신이 수집한 자료를 가공 처리하여 불확실성을 제거하고 가치 있는 것(정보)으로 만들어 상호 교환함으로서 발달된 문명을 이룩하였다. 역사적으로 이러한 정보의 교환방식은 원시적인 방법에서 요즘의 최첨단에 이르기까지 많은 발전을 거듭해 왔다. 과정을 살펴보면 먼저, 원시인류는 동물들과 비슷하게 손짓, 몸짓, 동물과 비슷한 소리를 통해 의사소통을 했다. 그러던 것이 크로마뇽인이 등장하면서 해부학적으로 음성기관이 발달하게 되고 언어를 사용하기 시작하면서 음성언어가 발달하기 시작한다. 이때부터 씨족, 부족 단위의 공동체가 형성되었다. 다음으로 문자가 발명되고 인쇄술이 발달하면서 이전까지는 구전口傳에 의해서만 가능하던 정보가 기록과 인쇄를 통해 오랫동안 보존될 수 있게 되었다. 이로써 가치 있는 정보가 시간을 초월해 축적, 저장될 수 있게 되었고, 이러한 많은 정보를 효율적으로 처리할 수 있는 정보통신장비들이 등장하면서 인류는 점점 더 편리한 생활을 누리고 있다. 최근에는 컴퓨터와 무선통신장비들이 융합되면서 새로운 시대를 열어갈 것으로 보인다. 이러한 첨단 정보통신시대의 그 기술적 바탕이 단지 외래적인 것이 아니라 한국에서도 그 역사적인 뿌리를 찾아볼 수 있다. 이 글에서는 한국 정보통신의 발자취를 더듬어 보고 그것들에 대해서 살펴보고자 한다.

2. 자명고와 전파선제권

『삼국사기』 제4 고구려본기 대무신왕 편에 왕자 호동의 이야기가 있다.

> 4월에 왕자 호동이 옥저 지방에 유람하고 있던 차 마침 낙랑 왕 최리가 사냥을 나왔다가 그를 보고 … 사위로 삼았다. 그 후 호동이 귀국하여 비밀리에 사람을 보내어 최씨 딸(낙랑공주)에게 이르되 무기고에 들어가 고각북과 뿔고동을 파괴하면 예로써 너를 맞이할 것이요, 그렇지 않으면 맞지 않겠다고 하였다.
>
> 앞서 낙랑에서 북과 뿔고동고각이 있어 적병이 오면 저절로 울리게(자명)하는바 이를 부수게 한 것이다. 이에 최녀는 잘 드는 칼을 가지고 무기고에 들어가 북의 가죽과 고동의 주둥이를 부순 후에 호동에게 알리었다. 호동은 왕에게 전하여 낙랑을 치게 하였다.

이 설화에 등장하는 자명고의 구조는 상세하지 않으나 북과 취각뿔고동으로 구성되어 있다. 북의 가죽과 취각의 주둥이를 파괴했다는 기록이 그것이다. 취각이란 신호용으로도 쓰이는 악기의 일종이며 비교적 높은 주파수가 나오는 것으로 군부대에서 쓰이는 나팔과 비슷한 구조이다. 또한 북은 낮은 주파수의 소리로 멀리까지 갈 수 있으며 취각은 북보다 높은 주파수가 나오기 때문에 원거리보다는 근거리에 도달하면서 긴급성을 전파하는 효과가 크다. 이들의 높낮이 주파수의 조합으로 여러 가지 정보 표현이 가능하다고 본다. 그 이외에 자명고 구조는 확실하지 않으나 북이나 뿔고동이 저절로 울리지는 않을 것이므로 아마도 봉화나 파발마에 의한 적군의 침입 정보를 알아낸 다음 북과 뿔고동 소리의 조합으로 아군에게 알리는 잘 정비된 조기 경보통신체제일 것이다. 낙랑국은 이러한 효율적인 자동경보조직을 완비하여, 고구려 인근 남쪽에 존재했던 강력한 세력이었음을 이 기록은 전하고 있다.

이러한 자명고 이야기는 현대의 첩보전과 전파교란전의 원형이기도 하다. 현대전에서 작전명령을 주고받거나, 적의 움직임을 관찰하고, 미사일을 요격하는 등 거의 모든 곳에서 전파가 사용된다. 따라서 가장 먼저 적의 전파병기를 무력화시키는 것이 전쟁의 성패를 좌우한다. 이를 효과적으로 달성하는 한 가지 방법으로 주파수 전 대역에 걸쳐서 적의 전파를 교란함으로써 다른 무기들을 무용지물로 만들어 버리는 것이다. 즉 전파교란의 선재 우위확보는 제해권, 제공권 이전에 확보해야 할 선결과제가 된다. 말하자면 제공권, 제해권이라 하듯이 전파교란의 선수를 잡는다 해서 '전파제공권' 즉, 제파권이라고 할 수 있다. 그렇다면 현대전에서 이러한 제파권을 장악하기 위해 어떤 무기를 사용하는가? 레이더와 스텔스는 각각 전파의 창(공격)과 방패(방어)에 해당하는 것인데 적의 방패(레이더)를 무력화시키는 것이 전파교란의 핵심이며 스텔스가 공격을 담당한다. 스텔스는 온몸에 전파를 흡수하는 재료(전파흡수체)로 뒤덮여 있어서 적의 레이더에 포착되지 않으면서 적의 레이더 기지를 파괴하는 임무를 수행함으로써 적군의 제파권을 무력화시키는 강력한 전파무기인 것이다.

그 옛날 자명고를 파괴하여 고구려를 승리로 이끌었던 왕자 호동은 오늘날의 개념으로 전파교란을 성공적으로 수행했음을 알 수 있으며 오늘 이 시대를 살아가는 우리가 통찰해야 할 점은 자명고의 슬기(전파기술의 개발)를 이어받아야 한다는 것과 왕자 호동과 같은 위대한 전술가를 길러 내야 한다(인재양성)는 것이다.

3. 음성정보의 중요성과 발성기관의 이해

사람이 동물과는 다른 사회생활이 가능하려면 먼저 사람 사이에 서로의 '뜻情 알림報'이 이루어져야 한다. '뜻 알림情報'이 이루어지는 것이야말로 인간이 사회생활을 꾸려 나가는 첫 번째 조건이 되는 것이다. 사람은 여느 짐승보다 훨씬 수준 높은 '뜻 알림'의 방법을 통해서 삶을 영위하고 있는데 이러한 사회적 활동을 정보생활이라고도 말한다. 예를 들어 몸에 병이 났을 경우를 생각해 보자. 짐승은 자연치유능력에 의존하여 병을 다스릴 수밖에 없고 어디에다 고통을 호소하지도 못한다. 이는 정확한 뜻 알림을 이루기가 어렵기 때문이다. 반면에 사람은 고통을 호소하고 때로는 행동으로 표현함으로써 전문적으로 병을 치료하는 사람의 도움을 받는다. 이러한 협동과정을 거친다는 것은 여느 짐승과는 다른 사회생활이 이루어지고 있음을 살필 수가 있으며 그 밑바탕에는 정보생활이나 정보활동이 짙게 깔려 있다. 다시 말하면 정보생활이 불완전하다면 사회생활도 제대로 하지 못하는 것이다.

그렇다면 사람들의 정보생활은 어떻게 가능한 것인가? 사람과 짐승의 차이를 가장 확연하게 구분 짓는 것은 무엇일까? 이에 대한 답은 여러 가지가 있으나 가장 먼저 눈에 띄는 것은 '생각하고 말을 한다'는 사실이다. 사람을 다른 짐승과 비교했을 때 보고 들을 수 있으며 달릴 수도 있고 또 소리를 지를 수도 있지만 짐승이 사람처럼 말을 하거나 생각을 할 수는 없다.

사람이 생각하고 말하는 작용은 골두뇌로부터 유래한다. 골세포의 판단작용에 의해 목청을 떨리게 함으로써 소리가 입 밖으로 나올 수 있는 것이다. 말하자면 골세포는 판단장치이고 목청은 발생장치이며 입은 출력장치인 셈이다. 사람들이 이용하는 가장 간단한 정보시스템인 셈이다. 물론 이러한 수준의 정보생활이 가능한 이유는 사람의 골이 다른 동물에 비해 월등한 기억용량을 가진 것과 해부학적으로 보아서 말을 할 수 있는 목청구조를 가지고 있기 때문이다. 예컨대 원숭이가 인간의 골에 해당하는 세포 수를 가졌다 해도 인간처럼 말을 할 수는 없다. 원숭이의 목청은 사람의 목청구조와는 사뭇 다르기 때문이다. 앵무새가 인간과 비슷한 소리를 낸다 해도 자기의 뜻을 나타내지 못하는 앵무새의 골세포 수는 사람의 그것에 비해 현저하게 떨어지기 때문에 자기 생각을 집어넣을 수 없기 때문이다. 실제로 사람처럼 말을 할 수 있는 골세포 수를 가지려면 적어도 100만 단위 이상의 신경단위를 가져야 한다고 한다. 그 신경단위 속에는 부로커자리(언어중추를 이룸), 베르네케자리(감각 언어중추를 이룸), 모난돌자리(청가중추를 이룸) 등 적어도 말에 관련된 3개 이상의 언어중추 기관이 관여하게 된다.

소리를 내는 기관으로는 입, 혀, 이, 입천장, 입술, 목젖, 목청, 숨통 등인데 이들을 조정함에 따라 수많은 변화를 일으키며 서로가 다른 소리를 내게 된다. 물건의 이름, 자연의 모습, 자기의 느낌을 나타내기도 하며 다른 사람에게 가르쳐 주는 구실도 하게 된다. 사람이 내지르는 소리에는 높낮이나 세기 또는 색깔이 각각 다르게 나타나는데 이를 소리의 3요소라 한다. 이러한 특징이 한데 모여 소리값을 지니게 되고 이 소리값이 이어짐으로써 소리마디가 되고 이것이 모여 낱말을 이룬다. 이 낱말은 다른 사람에게 전해져서 원래의 뜻을 헤아리게 된다.

이렇게 사람들의 정보생활에 중요한 구실을 하는 말은 언제부터 사용되었을까? 오늘날 인류와 같은 비슷한 해부학적 목청구조를 가진 크로마뇽인이 약 5만 년 전에 나타났으니 오늘날 우리가 쓰는 말은 약 5만 년 전에 발생된 것임을 미루어 짐작할 수가 있다. 이때의 사람들은 몸짓이나 손짓과 함께 말을 해서 자기의 뜻을 남에게 알렸을 것이고 비로소 짐승과는 다른 사람다운 정보생활을 시작한 셈이다.

4. 에밀레 쇠북의 소리

잔잔한 호수에 돌을 던지자 퐁당하고 소리가 들린 후에 동그란 무늬만이 한없이 퍼져나간다. 이는 돌이 물에 떨어지는 순간 물의 표면을 떨게 하여 소리를 만들고 나머지의 힘은 물결이 되어 밀려 나가는 것이다. 같은 원리로 북이나 쇠북을 치면 떨림이 있은 후 소리가 나오고 그 떨림이 공기를 타고 밀려 나가기 때문에 물결과는 달리 인간의 눈으로는 볼 수 없고 다만 귀로 들릴 뿐이다.

쇠붙이를 소리 나게 하는 방법으로는 밖에서 때리는 것 외에도 안에서 쳐서 소리를 내게 하는 경우도 있다. 이러한 소리 도구를 탁鐸 또는 방울鈴이라 한다. 그러나 목탁木鐸은 밖에서 치지만 나무종으로 부르지 않으며 풍경風磬은 안에서 때리지만 경쇠로 부르지 바람종風鐘이라고 부르지 않는다. 반면에 서양의 종은 대부분 안에서 때려 소리를 낸다. 이치를 보면 서양종은 방울에 가까우며 쇠북이라 할 수는 없다. 개화기에 우리나라에 전래된 서양종은 초기에는 땡땡이라고 하여 경멸했지만 그 후 〈학교종〉이라는 동요에서 보듯이 후세 사람들이 종의 반열에 끼워 주고 말았다. 우리의 쇠북은 땡땡거리는 것이 아니라 '뎅그렁' 울리는 소리를 낸다. 이것이 본래 우리의 소리이고 이은상 님이 지은 〈성불사의 밤〉에도 잘 나타나 있다.

우리나라 쇠북은 신라시대의 상원사 동종과 선덕대왕 신종이 남아 있다. 상원사의 것은 725년에 주조되고 높이가 167cm이며 우리 쇠북의 원류이다. 후자는 771년에 주조되었으며 높이가 365cm에 이르고 19톤의 대형이며 선덕대왕 신종이란 공식명칭을 가지고 있다. 우리나라 쇠북은 입구가 약간 오므라져 있는 것이 특징이다. 이에 비해 서양의 것은 흔히 보이는 것처럼 종구가 헤 벌어져 있으며 중국의 쇠북도 이러한 쇠북의 구조로는 여운이 길지 못하고 더구나 맥놀이는 일어나기가 어렵다. 맥놀이가 일어나는 것은 진동의 겹침으로 인해 울림이 커지게 되고 소리 끌림이 길어진다. 끊어질 듯 다시 솟구쳐 오르는 것은 이 때문이다.

더구나 우리의 쇠북은 땅 밑에 자기 몸통만한 울림통鳴胴을 두고 있는데 종의 입구와 맞닿아 있어서 맥놀이 현상을 한층 더 잘 일어나게 한다. 또한 잡음을 제거할 뿐 아니라 땅속으로도 소리를 퍼져 나가게 하는 효과를 가진다.

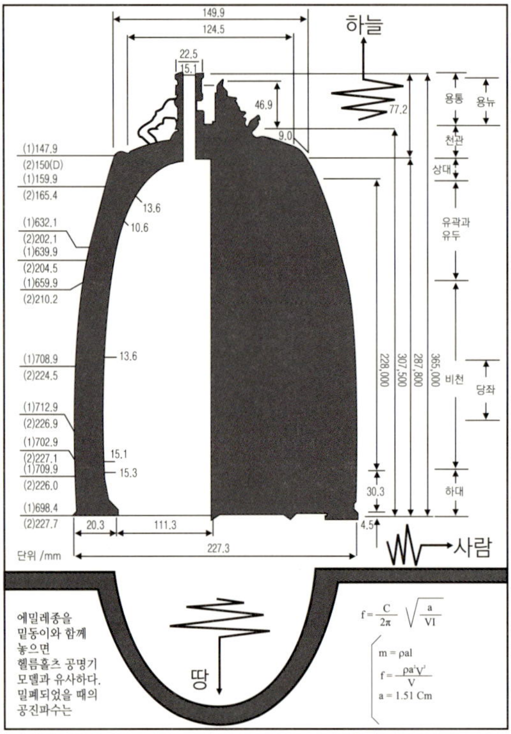

〈그림 1〉 선덕대왕 신종의 시스템적 구조와 치수[1]

에밀레 쇠북의 소리를 분석해 보면 3가지의 주된 소리로 구성되어 있다. 대개 100Hz 미만의 소리와 100~400Hz 그리고 400Hz 이상의 주파수가 그것이다.

1 진용옥, 『봉화에서 텔레파시통신까지』, 지성사, 1997, p.88.

그러나 서양종은 대개 400Hz 이상의 소리만 나오고 공중으로 전파되도록 하늘을 향해서 울린다. 이에 비해 중국의 종은 지상으로만 잘 전파되도록 구성되어 있다. 이는 서양인들이 미래를 중시하는 생각으로 신과 가까이 하려던 것에서 유래되었다고 보면, 중국인은 현실을 중시하므로 지상에 치중한다는 의미로 해석된다. 그러나 우리 쇠북 소리는 이 두 가지 소리의 성분 이외에도 땅으로 전파되는 소리가 포함되어 있다. 에밀레 쇠북의 낮은 67Hz 소리는 땅속으로 잘 전파되는 성분이다. 중국 종도 이런 주파수가 나오지만 울림 통 구조가 빈약하고 약간 높이 매달기 때문에 땅속으로 전파되는 세력은 약하다. 결국 하늘과 땅 그리고 인간에게 전파되도록 설계된 우리의 쇠북은 천지인天地人 사상을 공학적으로 실현한 사례라고 보여진다. 소리뿐 아니라 전달하는 방법도 세 부분으로 구성되어 있어서 꼭대기에 있는 음통과 지하에 딸린 울림통 그리고 쇠북 자신의 몸통에서 하늘과 땅 그리고 사람에게 전파되어 나가는 구조로 되어 있다는 것이다.

5. 만파식적(萬波息笛)의 음향 공학적 구조

『삼국유사』 권2 만파식적 조에 이런 글이 실려 있다.

> 제31대 신문대왕의 이름은 정명, 성은 김 씨이다. 개요開耀 원년 신사(681) 7월 7일에 즉위했다. 아버지 문무대왕을 위하여 동해변에 감은사를 창건했다. 이듬해 5월 초하루에 해관 파진찬 박숙청이 아뢰길 '동해 속에 있는 작은 산 하나가 물에 떠서 감은사를 향해 오는데 물결에 따라 이러 저리 왔다 갔다 합니다.' … 왕은 그달 7일 이견대利見臺로 나가 그 산을 바라보고 사자를 보내어 살아 보도록 했다. 산 모양은 마치 거북머리처럼 생겼으며 산 위에 한 개의 대나무가 있는데 낮에는 둘이었다가 밤에는 합해져서 하나가

> 된다고 했다(혹은 그 산도 또한 낮과 밤에는 대나무처럼 열렸다 합쳤다 한다고 했다). … 왕이 감은사에 와서 묵는데 이튿날 점심 때 보니 대나무가 합해져서 하나가 되는데 천지가 진동하고 비바람이 몰아쳐서 7일 동안이나 어두웠다. 그달 16일에 이르러서야 바람이 자고 물결이 안정되었다. 왕이 배를 타고 들어가니 용 한 마리가 검은 옥대 하나를 바친다. 왕이 용에게 '이 산이 대나무와 함께 혹은 갈라지고 혹은 합치는 것은 무엇 때문인가'하고 묻자 용이 대답하길 '비유해서 말씀드리자면 한 손으로 치면 소리가 나지 않고 두 손으로 치면 소리가 나는 것과 같습니다. 이 대나무란 물건은 합쳐야 소리가 나는 것이오니 성황께서 소리로 천하를 다스릴 징조입니다. 왕께서는 이 대나무를 가지고 피리笛를 만들어 부시면 천하가 화평해질 것입니다. 이제 대왕의 아버님께서는 바다 속의 큰 용이 되셨고 유신은 다시 천신이 되어, 이 두 성인이 마음을 같이하여 이런 값으로 칠 수 없는 큰 보물을 보내시고 나로 하여금 바치게 한 것입니다.' … 왕은 대궐로 돌아오자 그 대나무로 피리를 만들어 월성 천존고에 간직해 두었다. 이 피리를 불면 적병이 물러가고 병이 나으며, 가뭄에는 비가 오고, 장마에는 날이 개며, 바람이 멎고 물결이 가라앉는다. 이 피리를 만파식적萬波息笛이라 부르고 국보로 삼았다.

이상이 『삼국유사』에 있는 만파식적에 관한 기록이다. 만파식적이 실제로 존재했는지 그 진위여부는 파악하기 어려우나 감은사 터, 대왕암 수중릉이 확인된 사실로 볼 때 전설만이 아니라 사실로 존재했던 역사적 기록임에 틀림없다. 그러면 만파식적은 구체적으로 어떤 구조를 가졌으며 그 음향은 어떠했기에 이 피리를 불면 적병이 물러나고 심지어 가뭄에 비가 온단 말인가? 속단하기는 어렵지만 유추컨대 만파식적은 두 부분으로 구성되어 있었던 것 같다. 대나무가 밤낮으로 합쳐졌다 떨어져다 한다거나, 이 대나무가 자란 산이 갈라졌다 합쳐졌다 한다는 신문왕의 목격담, 용이 왕에게 옥대를 바치면서 한 설명을 종합해 볼 때 이와 같은 이중구조의 함축적 의미는 피리를 불려면 두 손을 사용해야 한다는 것을 상상할 수도 있으며 또는 손가락과 대나무가 합작되어 소리를 낼 수 있다는 의미를 상징하는 것으로도 볼 수 있는 것이다. 이러한 점을 참고하여 만파식적의 흔적을 유추해볼 수 있는 것으로 현존하는 죽관 악기, 대금을 꼽을 수 있다. 왜냐하면 대금의 음향학적 구조는 세계에서 유래를 찾아볼 수 없을 만큼 독특하기 때문이다. 따라서 대금의 음향학적 구조를 살핌으로써 만파식적의 음향학적 구조를 유추해 볼 수가 있다.

대금을 만드는 대나무는 보통의 대나무가 아니라 기형적으로 자란 대나무이다. 음계를 조정하는 구멍도 각각의 위치가 다르다. 그런데도 동일한 음계가 나온다. 이를 광 간섭계Interfere-meter로 관찰한다면 진동의 최고점의 위치에 구멍이 뚫려 있기 때문이다. 따라서 만드는 사람의 천재적 청음감각에 의해 대나무가 선택되고 그만의 기술에 의해 음계가 조정될 수밖에 없다. 말하자면 대량생산이 불가능할 뿐 아니라 그 기술자가 사라지면 그 기술 또한 사라지고 만다. 한편 대금에는 '갈청'이라는 독특한 떨림막을 중간에 부착시키고 있다. 이는 『삼국유사』의 기록에 두 가지 상이한 재료에 의해서 합성되어야만 제 소리를 낼 수 있다는 공학적인 설명일 수도 있다. 아무튼 갈청은 우리나라의 악기에서만 사용되고 있으며 그 음향이 아직은 건재하고 있다. 갈청은 기류에 의해 목청이 떨리는 것과 같이 대금의 소리에 미묘한 변화를 주고 있다. 이를 통신 공학에서는 변조효과라 한다. 피리(만파식적)와 같이 청(리드)에 의해 소리를 내지 않는 악기이면서도 청의 효과로 변조시킬 수 있는 구조야말로 1500년 전 신라 정보통신적 기술의 위대한 산물인 것이다.

대금의 음역을 갈청이 있을 때와 없을 때로 나누어 파형을 분석한 그림이 아래에 나와 있다. 갈청이 없을 때는 기본모드 주파수가 493Hz에 생기지만, 갈청이 있을 때에는 이것이 2배수 진동인 986Hz로 올라가며 그 진폭도 2배 가까이 높아지게 된다. 이것이 바로 변조효과인데 더 멀리 떨어진 곳에도 청아한 소리를 들을 수 있게 해 준다. 이렇게 갈청의 진동과 변조에 의해 음향에 미묘한 변화가 일어남을 관찰할 수가 있으며 아마도 만파식적의 음향 또한 이에 가까운 음향이 었을 것이다.

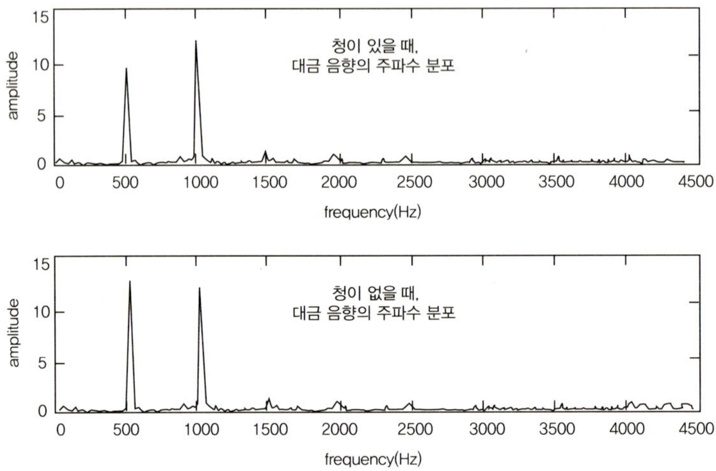

〈그림 2〉 대금의 갈청이 있을 때와 없을 때의 파형 분석[2]

6. 한글의 정보공학적 특징

문자를 정보공학적 측면에서 관찰하면 음성정보의 기호적 변환수단이고 통신로에 전달하기 직전의 원천정보에 해당한다. 통신공학적 측면에서 볼 때는 전달매체에 싣기 전 아직 변조되지 않은 원시형태의 정보를 뜻한다. 또한 문자는 음성의 기호화한 것이므로 본질적으로 음성 정보에 속하지만 시각을 통해서 전달된다. 반면에 언어는 기호화되지 않은 형태의 음성정보이고 최종적으로 청각

2 같은 책, p.108.

을 통한다는 점에서 차이가 있다.

우리 민족은 아득한 옛날부터 말과 고유문자를 고안하여 사용해 왔다. 그러나 지속적으로 계승·발전시키지 못하고 언어와 문자가 유리된 생활을 계속해 왔다. 한글이 창제되기 이전까지 입으로는 우리말을 하면서 문자는 발음과 뜻이 서로 다른 한자로 의사를 표현해 왔다. 그리하여 한자로는 우리말을 다 표현할 수가 없으므로 음이나 훈을 빌어서 우리말을 나타내려는 이두 표기방법을 고안했으나 일정한 법칙이 없어 이해가 쉽지 아니하였다. 이러한 이중어 사용의 역사는 신라 지증왕(500~514) 때쯤 본격적으로 굳어진 것으로 보인다. 동왕 4년에 종래의 '서라벌'로 음차하여 국명을 '신라'로 바꾼 것이라든지 '마립간' 대신에 '왕'의 명칭을 사용한 것이 이때의 일이기 때문이다. 이러한 조치로 말미암아 토박이말과 한자어가 병행적으로 쓰이게 되는 이른바 '언중의 이중구조'를 형성하게 된다. 대중은 토박이 말을 쓰고 지식인 지배층은 한자어를 쓰면서 외래 한자어는 값진 말로 대우받지만 우리말은 천덕꾸러기, 낮춘 말로 하락한다. 이와 같은 현상은 후대까지 지속되어 사고의 이중화가 심화되었다.

일본 문자의 경우에 한글보다 먼저 만들어졌으나 단순한 한자의 차용이나 획의 단순화를 시도한데다가 그것조차도 음소가 아닌 음절문자로 고안함으로써 제한된 표기에 그친다. 따라서 일본 문자만으로는 의사표시가 불가능하며 이를 타개하기 위해서는 한자를 병용하지 않으면 안 된다. 사실상 일본문자는 독자적인 문자라기보다는 한자의 보조적 기호에 불과한 것이다. 역설적으로 일본은 이러한 불완전한 고유문자이기 때문에 이중문자 사용의 불편을 감수해야 했고 그렇기 때문에 일본의 문화는 영원한 차용구조를 가질 수밖에 없다.

전술한 것처럼 우리나라의 문자는 다른 나라와 마찬가지로 처음에는 상형문자를 쓰다가 자연스럽게 가람토와 같은 고대의 기호문자로 변천되었을 것이다. 이어서 한자가 전래되고 세력을 얻게 되면서 가람토의 고유문자는 쇠퇴하게 되고 결국 소멸하게 된다. 그러나 한자 사용은 자연히 문자와 언어가 괴리되는 현상이 나타나자 이를 해결하는 방편으로 이두문자를 고안하여 보완하였지만 임시방편에 불과한 것이었다. 결국 근원적인 언문일치의 오랜 숙원을 해결하려는 노력이 구체적으로 실현된 것이 한글창제로 나타난 것이다.

세종은 1443년 12월에 훈민정음을 창제하여 우리말을 적을 수 있는 글자를 만들어 백성들의 일상생활에 편리하도록 하였다. 훈민정음은 한글을 뜻하기도 하지만 해설을 해 놓은 서적을 뜻하기도 하는데 해설서는 본문과 해례 두 편으로 이루어져 있다. 전 65면, 총 5,158자로 이루어져 있으며 훈민정음이라는 새 글자를 고안함에 있어 음성학적 지식과 상세한 설명이 부가되어 있다. 이 설명에는 기본자의 제자題字에 있어 모음은 하늘, 땅, 사람에서 그 형상을 취하여 '·, ㅡ, ㅣ'로 하고 발음기관 혹은 발음 시의 상형에서 모음을 기호화했다. 모음 3자는 삼재사상에 바탕을 두고 자음은 5행 사상에 근본을 둔다고 볼 때 한글 창제가 3재5행 사상에 기본을 두고 있음을 알 수가 있다. 숫자는 하늘의 별자리 28숙宿과 동일하다. 윷놀이의 말판도 28점인데 이 또한 하늘의 별자리를 표현하고 있어 결코 우연한 일치만을 아닐 것이다. 또한 한글은 발음상의 차이를 초성과 종성을 따로 만들지 아니하고, "종성은 초성을 다시 쓴다"고 하였으며 위치를 다르게 표현함으로써 초성과 종성을 위치로 구분하여 쓴 점도 정보 이론적으로 보아 매우 타당성 있는 고안이었다.

| 감상문 |

봉화에서 아이폰까지

홍정익(경영학부)

우리가 보는 것은 연속적인 것이 없다. 우리의 인생도 연속적인 것처럼 보이지만, 우리는 끊임없는 불연속 속에 살아간다는 다소 의아한 이야기로 이번 강의가 시작되었다. 처음에는 교수님께서 어려운 말씀을 하셔서 선뜻 이해가 되지 않았지만, 곧 흥미를 가지고 강의에 집중할 수 있었다. 자료를 종합한 후 가공, 처리과정, 불확실성의 제거를 거쳐 비로소 '정보'가 만들어지는 것인데, 이때 정보는 수신자가 감지, 해독 가능한 것이라고 한다. 정보교환도구는 최초에는 손짓, 몸짓, 소리에서 시작하여 불을 이용하는 단계로 발전하였으며, 이후 발성기관(목청 발달, 언어사용)을 이용하는 형태에서, 인쇄술을 이용하는 단계(정보저장 및 축적 → 문명 발달의 근간)를 거쳐 현재의 정보처리 및 통신기술을 이용하는 형태로 발전해 왔다고 한다. 이 과정에서 과거 인간이 돌에 새겨 놓았던 벽화는 수천 년이 흐른 지금도 발굴이 되는데, 인간이 과학기술의 발달로 만들어 낸 메모리칩과 같은 것은 그 안에 정보를 담아 놓더라도 조금만 손상이 가면 한순간에 그 내용을 알 수 없게 된다는 측면에서 돌에 쓴 것은 오래가지만, 인간이 만든 것은 오래가지 못한다고 하셨는데 이 말이 상당히 재미있었다. 어찌 보면 고대 우리 선조가 지금 우리의 인류보다 더 지혜로운 것이 아닌가 하는 생각이 들기도 했다. 간단한 정보교환도구의 과정 설명 뒤에 이어진 우리나라의 역사에서의 정보교환에 대한 내용들은 더욱 눈길이 가고 흥미로웠다. 무엇보다 우리나라의 역사발전 과정을 정보통신 수단의 관점에서 해석한 것이 재밌었다. 특히 우리 선조들이 이용했던 봉화의 원리에 대해 '2진법'을 사용했다는 측면에서 디지털의 시초라고 볼 수 있다는 것이 가장 인상 깊었다. 뿐만 아니라 실제로 봉화가 위치했던 장소들은 현재 마이크로 웨이브 중계소가 설치된 위치와 일치하는 곳이 대부분이라는 점은 놀라웠다. 봉화에 불을 지피거나 끄고, 개수를 조절함으로써 그 의미를 다양하게 만들어 내고 가장 적절한 곳에 봉수대를 설치하였던 선조들의 지혜는 참으로 대단하다. 현재의 우리나라의 IT강국, 세계적인 디지털화를 이루어 낸 국가가 될 수 있었던 원동력이 바로 이러한 곳에 숨어 있지 않았나 하는 생각이 들었다.

이외에도 자명고를 조기경보체제의 시초라고 해석한 것, 에밀레종에는 동서양 종들의 특징이 모두 담겨 있으며 이는 '천지인' 사상이 깃든 것이라는 설명, 우리나라 국민들이 즐겨먹는 깍두기는 펄스부호 변조의 원형이라 볼 수 있다는 점, 우리 한글에 담겨 있는 정보공학적인 특징 등이 기억에 남는다.

현대 사회의 우리가 가장 많이 접하고 있는 '정보'에 대해 그 의미와 발전과정에 대해 알아볼 수 있었던 이번 강좌는 상당히 흥미로웠다. 특히나 우리의 역사 발전 과정을 정보통신 관점에서 해석한 것들은 지금껏 보지 못했던 새로운 관점에서의 접근이라 더욱 의미가 있었다. 정보의 홍수 속에 살아가는 현대사회에서 '정보'의 의미를 되새겨 볼 수 있는 기회였다. 조영기 교수님이 참고하셨다는 『봉화에서 텔레파시 통신까지』라는 책도 기회가 된다면 꼭 한번 읽어 보아야겠다.

열 번째 강의

한의학의 이해

– 이길재 동원한의원장, 한의학 박사

1. 한의학의 개념

한의학은 오천년의 우리 역사와 함께 했지만 현재 우리가 배우고 있는 한의학은 중국 춘추전국시대~전한·후한에 걸친 시기에서 비롯됩니다. 약 2,000~3,000년 전에 시작된 이야기이니 정말 오래된 이야기입니다.

그 시기에 황제와 그 신하 기백이 문답하는 내용을 적어 놓은 책으로 『황제내경』이라는 책이 있습니다. 대나무나 비단에 글을 적은 것으로 일부는 무덤에 묻힌 것을 찾아서 정리한 것도 있는데 그 내용은 아주 방대하고 정확하여 지금도 한의과대학에서 교재로 사용되고 있습니다.

한의학이라는 학문은 과거를 연구하고 찾아가는 학문이기 때문에 수 천 년 전의 인류의 역사와 문화, 생활습관까지 연구해야 합니다. 물론 『황제내경』을 시작으로 신농씨의 『신농 본초경』, 후한시대 장중경의 『상한론』 그리고 당-송-명-청을 거치면서 오늘날까지 많은 발전을 이루어 왔지만 그때 이미 예방의학, 섭생, 건강유지법, 병의 원인 진단, 치료, 침과 뜸, 약물사용법까지 지금도 이용할 수 있도록 거의 완벽하게 밝혀 놓았으니 우주인이 지구에 와서 가르쳐 주지 않았나 생각될 정도입니다.

예를 들어 2,000~3,000년 전에는 해부학도 없었는데 손이나 발에 침으로 자극을 주어 머리의 병을 치료한다는 것을 어떻게 알았을까요? 과학이 발달한 지금도 그 정확한 기전은 알 수가 없으니 말입니다. 그 당시에 화타華陀, 중국 한나라 때의 명의는 사람을 마취하여 뇌수술도 했습니다.

한의학은 동양의 자연철학에 기초하여 발전된 학문으로 인체를 소우주로 보고 우주의 삼라만상을 음양오행으로 해석하는 관념적인 방법에 기초하여 인체 기능의 유기적 조화 및 균형을 찾아가는 의학입니다. 또한 한의학은 동양철학의 바탕 위에서 자연과 우주조화의 원리를 중심으로 반만년 동안 발전하여 우리의 건강을 지켜 온 민족의학입니다. 인간도 자연의 한 부분으로 생각하고, 우리의 몸을 자연의 조화 원리에 동화시키고 순화시켜서 질병에 대한 치유력을 증강시키는 것을 치료의 목표로 하는 학문입니다.

2. 한의학과 서양의학의 차이점

여러분이 잘 알고 있는 것처럼 서양의학은 현대의 해부학적·세포학적 시각으로 물질 중심의 분석적 방법에 기초하여 직접적인 병리 조직 치료에 초점을 두고 있습니다. 반면 한의학은 서양의학에서 말하는 병명이나 육체 조직 하나하나만이 아닌, 몸 전체의 생명현상(생명력)과 정신을 대상으로 전인적全人的 치료를 하는 것을 목표로 합니다. 이를 전일全一개념이라고 합니다.

간단하게 말하면 서양의학은 현재 눈에 보이는 조직을 위주로 보고 한의학은 눈에 보이지 않는 그 기능을 위주로 인체를 관찰합니다. 우리에게는 손가락

다섯 개가 있고 첫째 손가락부터 다섯째 손가락까지 각각 이름을 붙여 부르지만 모두 손입니다. 간肝, 심心, 비脾, 폐肺, 신腎, 오장五臟도 편의상 각각 이름을 붙였지만 하나의 몸이며 같은 신경, 같은 혈액의 영향을 받지요. 한의학에서는 오장육부가 전부 연관되어 몸이 하나로 돌아간다고 합니다. 예를 들어, 갑자기 소화가 안 되면 서양의학에서는 소화제를 먹으면 되지만 한방에서는 위장병이 오래되면 신경화로 인한 심장화 때문인지, 애간장을 태워서 간기가 울체되었기 때문인지, 피로 때문인지를 구분하여 치료를 합니다. 그리고 신약은 해열제로 유명한 아스피린을, 남녀노소를 불문하고 열이 나면 이 약을 복용합니다. 고혈압과 당뇨병에도 체질과 관계없이 거의 같은 약을 복용합니다. 간단하지요. 그러나 한약은 감기 등으로 열이 나도 사람마다 몸 상태에 따라 처방이 다 다릅니다. 체형과 위장상태는 사람마다 다 다른데 어떻게 누구에게나 같은 약을 사용하겠습니까?

한의학의 진단에서는 오장육부의 균형상태와 인체 내의 정기正氣, 외부의 사기邪氣, 병의 원인의 강약을 판별하여 접근한다면 서양의학에서는 내과적으로는 어떠한 세균에 의한 것인지, 직접적으로 어느 장부에 염증이나 종양이 있는지 알아내는 것에 치중한다고 볼 수 있습니다.

한의학의 치료에서는 자연의 기氣가 살아 있는 생약초를 처방하거나 침구로 우리 몸의 기氣를 조절하여 병소가 존재할 수 없도록 체내 환경을 변화시키고 저항력이 생기도록 하는 데 주안점을 두고 있습니다.

3. 한의학의 특징

1) 전일全一개념

한의학에서는 인체의 내·외부를 하나의 통일된 전체로 인식하는데 이 전체를 음양의 상대되는 두 가지 속성으로 파악합니다. 예컨대 질병을 병명 위주로 보는 것이 아니고 어떤 병이든지 인체의 부위를 상하, 내외, 표리로 나누고 또 기와 혈로 나누어 어느 부위에 병이 있는지 관찰하여 진단·치료합니다.

또한 인체와 자연의 관계를 매우 중요하게 보는데 왜냐하면 인간이 자연 속에서 생활하므로 자연조건은 생존의 조건이며 기후 등의 변화는 필연적으로 인체에 영향을 주기 때문입니다. 자연조건이 정상적인 궤도를 벗어나면 인체의 정상적인 생리조절기능을 뛰어 넘게 되어 이로 인해 질병이 발생됩니다.

2) 천인상응天人相應

사람은 자연에서 태어나 자연으로 돌아갑니다. 이 세상에 존재하는 모든 것은 기氣로 이루어져 있으며 이러한 기氣의 생명력은 자연변화와 유기적인 관계에 있습니다.

즉, 동양철학에서는 무극無極의 상태에서 하나의 기氣가 생겨나 이 기氣의 활동과 변화로 음양이 생기고 또 변화하여 우주 만물이 생겨났다는 이론으로 출발하지요. 그래서 한의학에서는 이를 전인상응天人相應 또는 천인합일天人合一이라 합니다.

즉 사람도 천지 사이에서 태어났으므로 천지의 변화의 원리음양오행의 원리에 따라 내부적 순환체계를 갖추고 살아가며, 또한 유한한 용량으로 인해 천지의 기를 흡입하여 끊임없이 자신의 기를 보충 받으며 살아가야 하므로 천지외부의 영향을 받을 수밖에 없는 삶을 살아갑니다. 이것이 바로 천인상응天人相應입니다.

쉽게 생각하여 우리는 숨 쉬고, 먹고, 배설하며 살아갑니다. 이 모든 것이 천지에서 비롯된 것입니다. 또한 인간의 생명은 작게는 부모로부터 온 것이지만 그 근원을 찾아가면 천지자연에서 온 것이므로 인간의 존재 자체에 우주자연의 조화 및 변화의 원리가 담겨 있는 것입니다.

4. 한의학의 기본이론

한의학의 기본 이론은 음양오행陰陽五行, 정신기혈精神氣血, 경락經絡, 장부臟腑, 병인病因학설을 포괄하는 것으로, 이 이론들을 통해서 인체의 구성과 생리활동 및 병리변화, 질병의 발병 원인을 설명하고 있습니다. 이를 토대로 기혈, 팔강, 장부, 육경, 경락, 체질 등의 변증을 하여 치료를 합니다.

1) 음양오행陰陽五行

음양오행학설은 고대의 천인합일의 자연관으로서 한의학에서는 이를 생명체 관찰의 이론적 방법으로 삼고 있습니다.

① 음양陰陽

자연계에서 사물의 변화는 음양의 대립과 통일에 의해 이루어집니다. 우주 내 모든 사물은 각각 음 또는 양의 속성을 갖고 있고 하나의 사물 내부에도 또한 음과 양의 두 가지 속성이 있으며 음과 양은 서로 연관되어 있다고 봅니다. 그 성질이 강하고 동動적인 것을 '양陽'이라 하고, 약하고 부드럽고 정靜적인 것을 '음陰'이라고 합니다.

예를 들면 양-음을 하늘-땅, 남-여, 낮-밤, 봄·여름-가을·겨울, 열熱-한寒, 가벼움-무거움, 밝음-어두움, 외향-내향, 움직임-정지 등으로 볼 수 있고 인체에 대해서는 양-음을 표-리, 등-배, 상부-하부, 육부-오장, 기-혈, 흥분-억제 등으로 봅니다.

② 오행五行

오행은 처음에 고대인들의 생활에 필요한 물질을 목木, 화火, 토土, 금金, 수水 다섯 가지 기본 요소로 생각한 것으로서 우주 안의 모든 사물은 이 다섯 가지 요소의 운동과 변화에 의해서 구성된다고 보며 우주의 모든 현상과 만물의 생명 현상을 관찰하여 이들의 기화관계로 설명하는 일종의 사상체계입니다.

목木을 예로 들어 설명하면 목木은 계절로는 봄, 기후로는 바람, 방향은 동쪽, 색깔은 청색, 맛은 신맛, 인체에서는 간담肝膽에 해당하고, 근육을 주관하며 정서적으로는 화내고 분노하는 성질로 봅니다.

음양은 공간 속에 존재하는 개개 사물의 특성을 두 개의 상대성으로 파악하는 관찰 방법이고 오행은 시간에 따라 변화하는 사물의 특성과 변화를 일으키는 힘의 작용기전을 다섯 단계로 구분하여 사물의 역동성을 설명하기위한 용어입니다. 즉, 구체적 변화의 원리를 '오행五行'이라는 용어로 설명을 하는 것입니다.

계절의 변화와 이에 따른 초목의 '생장화수장生長化收藏'은 이러한 오행 작용의 특성을 잘 나타내 주는데 봄은 오행 중에 목木의 성질을 따르며, 여름은 화火, 가을은 금金, 겨울은 수水, 환절기는 토土의 성질을 따릅니다. 만물은, 목木의 뻗치는 힘을 받는 봄에는 감싸고 있는 껍질을 깨고 싹을 틔워 밖으로 뻗쳐 나오며, 화火의 펼치는 힘을 받는 여름에는 형체를 부풀리며, 금金의 힘을 받는 가을에는 여름까지 외형적으로 자라고 부풀렸던 과정을 돌이켜 내실을 다지고 열매를 맺음으로써 결실을 거두고, 수水의 힘을 받는 겨울에는 가을에 거둔 결실을 감추어 굳게 하여 저장합니다. 토土는 환절기의 기운으로, 조절하는 작용이 있어 앞의 네 성질이 자신의 역할을 적절하게 수행할 수 있도록 조절해 줍니다. 그리고 이러한 작용을 주재하는 힘들을 목기木氣, 화기火氣, 금기金氣, 수기水氣, 토기土氣라고 합니다.

오행 상호 간의 상생, 상극, 상모, 상벌작용에 의하여 인체의 오장 육부가 정상적인 생리기능을 하기도 하고, 질병이 발생하기도 합니다.

2) 정신기혈精神氣血

정신기혈은 인체를 구성하는 기본요소로서 인체 생리활동의 기초가 됩니다.

'정精'은 인체를 구성하고 생명활동을 유지시키는 가장 기본적인 물질입니다. 선천지정先天之精은 부모에게서 타고나는 유전자라 할 수 있는 생식능력이 있는 물질인 '생식의 정精'을 말하고 후천의 정精에 의해 공급되며, 후천지정後天之精은 음식을 섭취하여 만들어진 영양물질을 말합니다. 자동차의 기름에 비유할 수 있겠지요. '신神'은 인간의 정신활동을 지칭하고 '기氣'는 우리가 말하는 기운을 말하는데 한방에서는 진기眞氣 또는 원기元氣라고도 합니다. 기의 작용으로 혈이 운행하여 온몸을 돌 수 있도록 해 주기 때문에 이를 일종의 '엔진'이라고 할 수 있습니다. '혈血'은 호흡과 음식을 섭취하여 만들어진 혈액 등의 물질적인 것을 말합니다.

3) 경락經絡

경락은 인체의 각 부분이 상호 연계되는 통로로 내장과 체표의 조직이 상호 교통함으로써 인체 각 부분을 연결하여 하나의 생체를 구성하는 것입니다. 즉 경락은 인체의 기, 혈, 진액이 운행하는 주요 통로이며 인체의 각 부분이 연결되는 길이라고 봅니다.

4) 장부臟腑

장부란 우리가 알고 있는 오장육부를 말하나 한의학에서는 주로 기능적인 면으로 봅니다.

① 심心은 혈액을 주관하고 정신사유 활동을 주관하고 혀에 통하며 소장과 서로 표리가 됩니다.

② 폐肺는 기氣를 주관하고 호흡과 인체의 표부表部를 다스려서 피부의 방어 기능을 하는데 예를 들어 폐기肺氣가 허하면 땀이 많이 나게 되며 대장과 표리가 됩니

다. 폐는 수액을 조절하므로 폐의 기가 허하면 자고 일어났을 때 얼굴이 부석부석해지기도 합니다.

③ 비脾는 기육肌肉과 사지四肢를 주관하며 음식을 섭취하여 영양분을 인체의 각 부위에 공급합니다. 비기脾氣가 약하면 입맛이 없고 사지가 나른하여 기운이 없고 마르며 위와 표리를 이룹니다.

④ 간肝은 혈액을 저장하여 필요한 곳으로 보내 주고 근육을 주관하여 피로를 풀어 주는데 그 영향은 손톱에 나타나며 담膽과 표리 관계가 됩니다.

⑤ 신腎은 정精을 저장하고 선천지본先天之本이라 하여 생장과 발육, 생식을 주관합니다. 비뇨생식기의 작용 외에 뼈와 부분적으로 뇌를 포함한 골수를 생산하고 그 영향은 귀에 나타납니다.

장부에는 이 외에도 심포心包, 명문命門, 삼초三焦가 있습니다.

5) 병인病因

한의학에서 생각하는 병인은 크게 내인內因, 외인外因, 불내외인不內外因으로 나눕니다.

'내인'은 희喜, 노怒, 우憂, 사思, 비悲, 경驚, 공恐 등의 칠정七情의 변화에 따른 내부의 병인을 말하고, '외인'은 풍風, 한寒, 서暑, 습濕, 조燥, 화火의 육기六氣의 외기변화에 따른 외적인 영향을 말합니다. 그리고 '불내외인'으로는 사고, 낙상, 타박, 노권상, 방로상 등에 의한 영향을 말하고 추가로 음식상이 있는데 이것은 외인 또는 내인으로 모두 볼 수 있습니다.

또한 한의학에서는 발병의 원인에 있어서 인체의 정기正氣의 작용을 대단히 강조합니다. 정기존내正氣存內 사불가간邪不可干, 사지소주邪之所湊 기기필허其氣必虛라고 하여 정기가 충실하면 질병이 침범하지 않는다고 봅니다. 인체의 정기는 쉽게 체력, 저항력, 면역력, 정력 등등 다양하게 표현되는데 한마디로 '인체의 내부사정'이라고 할 수 있습니다.

예를 들면 똑같이 신종플루 바이러스에 노출되더라도 어떤 사람은 이환罹患, 병에 걸림되고 어떤 사람은 이환되지 않는 그 차이를 말하는데 쉽게 말하자면 체력이라고 볼 수도 있겠습니다. 내부의 사정이 강하면 똑같은 외부항원이나 내부의 칠정의 변화가 오더라도 견딜 수 있고, 내부의 사정이 약하면 적은 양의 외부항원이나 내부의 작은 변화에도 쉽게 이환될 수 있습니다. 그런 까닭으로 한의학에서는 인체의 내부사정을 중시합니다.

즉, 병이라는 것은 인체 내부의 정기상태에 따라서 여러 가지 병인으로 발현되며 그 발현양상과 부위를 망문문절望聞問切 사진四診에 의해 판별하여 다양한 변증기준에 따라 증證을 찾아냅니다.

6) 진료 과정

① 한의학에서의 진단

한의학에서 병리적 상태를 찾아내는 방법을 알아보겠습니다. 한의학에서는 인체의 전반적인 상황을 관찰하는 데 망문문절望聞問切 사진四診을 활용하여 환자의 임상자료를 수집하고, 동시에 변증시치辨證施治를 하는 중요한 근거로 활용합니다.

우선, '망진望診'은 눈으로 보아 환자의 질병을 진찰하는 것으로 몸의 형태肥瘦, 살의 찌고 마름 또는 활동 상태, 얼굴색, 표정, 태도, 혀 등을 관찰합니다. '문진聞診'은 귀로 들어서 진찰하는 방법으로 환자의 말소리, 호흡, 해수咳嗽, 기침 등을 듣는 것입니다. '문진問診'은 의사가 환자에게 불편한 몸 상태를 물어보아 진단에 참조하는 진찰 행위입니다. 이때는 주로 입맛이 어떠한지 대소변 등의 위장상태와 수면 생활 습관과 근무 환경, 땀의 상태, 몸의 한열寒熱, 평소 가지고 있는 질병의 유무 그리고 특히 여성의 경우 생리 상태를 우선적으로 묻습니다. 끝으로 '절진切診'은 의사가 환자의 맥을 짚어 보거나 복부 또는 사지를 만져 보아 진단에 참조하는 진찰행위입니다. 이 중에서도 맥진脈診과 설진舌診, 복진腹診이 가장 중요하다고 할 수 있습니다.

② 진단의 최종과정-변증辨證

병이라는 것은 인체 내부의 정기상태와 위에서 말한 여러 가지 병인에 의해 생기며 그 나타나는 양상과 부위를 망문문절望聞問切 사진四診에 의해 판별하여 불편한 증상들이 어떤 성질을 가지고 있는지를 분석·판단하여 어떻게 치료할 것인지 결정합니다. 따라서 한의사는 변증을 한 후 시치施治 즉, 치료에 들어가게 됩니다.

변증하는 방법은 기혈변증, 팔강변증, 오장육부변증, 육경변증, 경락변증, 체질변증 등이 있습니다. 이 중 기혈변증은 기허, 기체, 혈허, 혈열 등을 판별하는 것입니다. 팔강변증은 변증법 중에서도 가장 대표적이고, 포괄적인 개념입니다. 즉, 인체를 표리表裏, 한열寒熱, 허실虛實, 음양陰陽으로 구분하여 그 병이 표表에 있는지 이부裏部, 장부에 있는지 한증寒症인지 열증熱症인지 내 몸이 허해서 생긴 병인지 외부사기가 실해서 생긴 병인지, 전반적으로 음증陰症인지 양증陽症인지를 구분하는 것입니다.

예를 들면 환자가 감기에 걸려 머리가 아프고 열이 나며 저절로 땀이 나고, 입이 마르고 기침을 하고 혀에 백태가 있고 맥이 뜨고 빠른 증상이 있으면 풍열병風熱病의 초기증상으로 보고 풍열표증風熱表證으로 판단하여 신량해표辛涼解表시키는 약물(매우면서 시원하게 하는 약물)로 치료합니다. 여기서 풍열표증을 '증證'이라 합니다.

여기서 한 가지 추가할 것이 체질의학으로 사람에 따라 장부의 선천적인 편차가 있고, 이에 따라 위에서 살펴본 병의 경로도 일정한 패턴이 나타난다는 개념을 치료에 응용하는 의학입니다. 가장 대표적인 것이 이제마 선생님의 사상의학이 되겠습니다. 사상의학의 경우 선천적 장부의 편차를 살피기 위해 체질변증의 개념이 들어가 있는 것입니다.

③ 진료과정의 정리

망문문절의 진단으로 환자가 어디가 어떻게 불편한지 정보를 알아내어 병의 원인을 찾고 환자의 정기와 사기의 강약을 판별하여 변증을 하고 치료방법을 선택하여 투약 및 시술을 시행합니다.

즉 변증이 이루어진 후 증證에 합당한 치방과 치료혈을 선택한 후 한약, 침, 구灸, 뜸, 부황, 약침, 봉약침, 추나推拏, 수기법 등의 시술을 통해 질병을 치료하는 것입니다.

5. 사상의학四象醫學

사상의학은 조선말기의 철학자이면서 의학자인 동무 이제마(1837~1900)에 의해 제창되었으며, 그의 사상은 격치고格致藁와 동의수세보원性命論, 四端論, 臟腑論 등으로 이루어짐등에 잘 나타나 있습니다. 사상의학은 역리에 기본을 두고 천인성명의 이론적 체계를 바탕으로 사상인의 장부생리의 특징을 발견하여 이를 의학에 적용함으로써 질병의 예방과 치료에 있어 새로운 발전을 가져 왔으며 일상생활 속에서 쉽게 활용할 수 있는 양생의 방법론을 함께 제시하고 있습니다.

사상四象이란 자연의 이치로서 자연의 이치를 깨닫고 치지格物致知, 사물이나 인생을 겪어 보고 아는 것가 가능해야 비로소 알 수 있습니다. 또한 역리에 기본을 두고 있어서 형이상학적인 이론이라 다소 난해하여 공식화될 수가 없지만 사람의 성정性情과 장부의 기혈다소氣血多少에 따라 네 가지로 나누어 폐대간소肺大肝小는 태양인太陽人, 간대폐소肝大肺小는 태음인太陰人, 비대신소脾大腎小는 소양인小陽人, 신대비소腎大脾小는 소음인少陰人이라고 봅니다. 다음은 각 유형별 특징입니다.

- **태양인** - 체질은 폐가 크고 간이 작아서 상부 목덜미가 실하고 머리가 크며 얼굴은 둥근 편이고 살은 찌지 않는 편이고 보통 이마가 넓고 눈에는 광채가 있으며 성정은 남들과 잘 소통하고 사교적이고 진취적이다.
- **소양인** - 비脾가 크고 신腎이 작아서 비부위 흉각이 발달하고 허리 아래가 약하며 몸은 뚱뚱하지는 않은 편이고 상체가 실하고 하체가 가벼워 동작이 빠르고 명랑하며 보기에 경솔해 보일 수가 있다.
- **태음인** - 간이 크고 폐가 작아서 허리가 발달하고 목덜미 위가 약하며 보통 체격이 크고 비대한 편이고 손발이 큰 편이고 땀이 많고 교만한 인상을 주며 성정은 욕심이 많고 겉으로는 점잖으나 속마음을 잘 드러내지 않는다. 묵묵하며 지구력이 있고 끈질긴 면이 있다.
- **소음인** - 비위가 약하고 신방광부가 발달하여 상체보다는 하체가 실하거나 또는 상하체가 잘 균형이 잡혀 있고 여자는 오밀조밀하고 예쁘며 애교가 있다. 소음인은 소화가 잘되고 대변상태가 좋으면 건강하다고 본다. 성정은 내성적이고 사교적이고 외유내강하나 세심하고 불안정한 편으로 신경증환자가 많다.

근래 매스컴을 위시하여 사상의학에 대한 관심이 많아져서 부족하나마 개략적인 설명을 하였으나 그 뜻이 심오하여 섣불리 넷으로 나누어 음식을 가려 섭취하는 데는 문제가 많다고 생각됩니다. 실제 한의원에서 사상체질로만 진료하는 곳도 있으나 앞에서 살펴본 전반적인 이론을 바탕으로 환자 진료에 참고로 해야 합니다.

사상은 자연의 이치인 만큼 자연의 변화에 따라서 변화가 있겠지요. 여름 같은 가을도 있고 겨울 같은 봄도 있기 때문입니다. 그래서 한의원마다 사람의 체질을 다르게 볼 수도 있습니다.

6. 동의보감

한의학은 역사가 긴 만큼 의서의 양도 방대합니다. 따라서 모든 의서를 소개할 수는 없고 세계문화유산으로 지정되어 우리의 자랑이며 한의학에서 현재까지 많이 이용되는 의서인 『동의보감』에 대해 간단히 소개하고자 합니다.

『동의보감』은 선조 29년(1596)에 태의 허준이 왕명을 받아 유의 정작, 태의 양예수 등과 함께 편찬을 시작하여 전란으로 광해군 2년(1610)에 이르러서야 간행된 의서로서 25권 25책으로 되어 있습니다.

그 내용은 크게 내경편, 외형편, 잡병편으로 되어 있습니다. 같은 병도 3가지 관점에서 본 것이죠. 내경편은 인체 내부의 변화를 위주로 병을 살피고 외형편은 인체외형의 변화를 위주로 병을 살피며, 잡병편은 병을 위주로 인체 내외형의 변화를 살피고 있습니다. 따라서 환자를 볼 때는 내경편, 외형편, 잡병편을 모두 두루 살펴보고서 변증시치를 해야 합니다.

『동의보감』은 허준과 내의원 의관들의 종합논문이라고 할 수 있습니다. 의학대가들이 자신의 의학적 소견들을 논문 형식으로 기존의 의학서적들을 총망라하여 기술한 형식입니다.

즉, 자신들의 경험적 의견만을 적은 것이 아니라 경험적으로 훌륭한 내용들을 그 시대의 학문적 검증을 거쳐서 기술한 형식인 것입니다. 물론 그 내용 중에는 현대적 시각으로 보면 다소 황당한 내용들도 있는 것이 사실이나 대다수의 내용은 현재까지 임상적 효용성을 인정받고 있습니다.

7. 침구치료

1) 침구치료의 목표

침구치료의 목표는 인체의 항상성을 유지하는 것에 있습니다. '항상성'이란 부족한 것은 더해 주고 지나친 것은 덜어 주는 것이며 또한 막힌 것은 뚫어 주고 부족한 것은 보태 주어 에너지의 흐름 상태를 유지시키는 것입니다. 인체의 기운이 상부에 몰려 있다면 하부로 내려 주고 하부에 몰려 있다면 위로 끌어 올려 주고, 좌측으로 편중되어 있으면 우측으로, 우측으로 편중되어 있으면 좌측으로 돌려주는 것입니다.

친구나 부모님과 다투고 나면 어떻습니까? 머리가 깨질 듯이 아픕니다. 이럴 때는 기운을 아래로 내려 주어야 합니다. 밤새도록 공부하고 나면 어떤가요? 기운이 아래로 몰려 있거나 상부의 기운을 지나치게 소모한 것이므로 머리가 멍하고 기운이 없죠? 그럴 때는 기운을 위로 올려줘야 합니다. 오른팔을 많이 사용하여 통증이 나타난 경우는 어떻게 해야 할까요? 오른팔의 경락의 기운이 막혀 있으면 그 경락을 바로 자극하여 막힌 기운을 소통시킬 수도 있고 왼팔의 경락에 침으로 우측에 편중된 기운을 좌측을 돌릴 수도 있습니다. 경락을 예로 들어 볼까요? 체하면 어떤가요? 명치와 배꼽 사이가 아프면서 앞머리가 아플 수도 있고, 다리에 기운이 빠질 수도 있습니다. 이럴 때는 족양명의 기운이 막혀 있는 것이므로 족양명위경의 소통을 원활하게 해 주면 이러한 증상들이 한꺼번에 사라집니다. 이런 식으로 인체의 상하좌우 경락의 상태를 확인하여 항상성을 유지시켜 주는 것이 침구치료의 목표이자 한의학의 궁극적인 목표가 됩니다.

2) 침구치료의 원리

인체에는 기본 12정경 365혈위와 기타 기경팔맥, 경외기혈 등의 혈이 있습니다. 혈穴이란 무엇일까요? 인체의 기혈氣血이 모이는 곳, 즉 'energy point'입니다.

따라서 누구나 혈穴을 누르면 혈穴이 아닌 곳보다 다소 더 통증을 느낍니다. 무협 영화를 보면 다소 과장된 면이 있지만 혈을 눌러 기절시키기도 하고, 동작을 멈추게 하기도 하지요? 동양무술에서는 이러한 부분을 응용하기도 합니다.

인체의 전면과 후면에는 나누어서 12경락이 흐르고 있으며 이 12경락은 인체의 표부뿐 아니라 내부의 오장육부와도 연관이 되어 있습니다. 따라서 외부의 변화(한의학에서는 육음 즉 '풍, 한, 서, 습, 조, 화'라고 함)가 내부에 영향을 주고 또한 내부의 변화가 표부로 발현됩니다. 물론 이 속에는 인체와 자연, 우주를 연관해서 생각하는 사상과 소우주의 생명관이 들어 있습니다.

쉽게 설명 드리면 추운 곳에서 비를 맞으며 야구경기를 보고 난 후 온몸이 쑤시고 아프고 2~3일이 지나면 기침을 하면서 '감기에 걸렸구나' 생각하는 경우가 있을 겁니다. 왜 그럴까요? 단지 추운 곳에 있었을 뿐인데 기침은 왜 하는 걸까요? 물론 양방에서는 바이러스가 침범하여 감기에 걸렸다고 하지만, 이것을 한의학에서는 '풍한감모風寒感冒'라고 합니다. 차가운 기운이 경락을 통해 들어오면 오슬오슬 몸이 춥고 쑤시고 아픈 증상이 나타나다가 수태음폐경을 따라 폐와 대장에 영향을 주기 시작하면 비로소 기침을 시작하게 되는 것입니다. 즉 외부의 변화가 경락을 따라 내부에 전달된 것이죠. 또한 인스턴트 음식이나 기름기가 있는 음식을 많이 먹게 되면 주로 얼굴 전면과 가슴 주위에 여드름 같이 피부트러블이 발생하죠? 이는 기름진 음식이 위부에 자극을 주어 족양명위경 경락에 영향을 주면 이러한 피부트러블이 발생하는 것입니다. 이는 인체 내부의 변화가 인체 표면으로 발현된 한 가지 예로 볼 수 있습니다. 즉, 경락은 인체 외부와 내부를 연결시켜 주는 통로입니다.

그러면 혈과 경락은 무슨 관계가 있을까요? 한의학에서는 혈은 경혈이라고 부르는데 경經은 경로, 혈穴은 구멍, 락絡은 경로의 이음을 뜻한다고 보면 됩니다. 따라서 경락은 경혈을 연결한 선인 셈입니다. 즉, 인체표면의 경락상의 치료 경혈에 자극을 주어 인체표부는 물론 내부까지의 변화를 유도하는 것이 침구의 원리이며 침針은 침으로, 구灸는 뜸으로 자극을 하여 인체의 변화를 유도해 내는 치료과정입니다.

8. 맺으며

항생제와 마취제, 그리고 다양한 수술법과 최신의 진단법들이 계속 개발됨에 따라 서양의학의 중요성과 필요성도 점점 커지고 있는 것이 사실입니다. 또한 당장 외과적 수술이 필요한 경우라면 양방병원 응급실을 가는 것이 현재의 의료 상황에서는 올바른 선택입니다.

하지만 한의학과 서양의학 모두 장단점이 있습니다. 또한 각각의 의료가 강점을 발휘하는 질환들이 있습니다. 바로 급성적인 증상이나 통증을 완화하는 것은 서양의학이 강한 반면, 병의 근본에 접근하거나 만성적인 질환에 있어서 오장육부를 조절하고 경락기능을 활용하는 것은 한의학의 장점입니다. 현 의료시장은 서양의학이 주도세력으로 서양의학을 잣대 삼아 치료방법의 옳고 그름을 판단하여 한의학을 폄하하는 경향이 있습니다. 두 학문 모두 그 가치를 존중받을 수 있기를 바랍니다.

참고문헌

김완희, 1993, 『한의학원론』, 서울: 성보사.

이제마, 홍순용·이을호 역술, 1973, 『사상의학 원론』, 서울: 행림출판.

전국 한의과대학 침구 경혈학교실 편저, 2001, 『침구학(상)』, 서울: 집문당.

허준, 동의보감 국역위원회 역술, 1999, 『대역 동의보감』, 서울: 법인문화사.

홍원식 편저, 1989, 『중국의학사』, 서울: 동양의학연구소.

| 감상문 |

한의학이란? - 임상한의사의 관점에서

최영식(경영학부)

이번 강의는 양의학과 한의학을 모두 배우신 분의 강의였다. 처음에는 약학대학에서 양의학을 배웠지만 본인의 몸이 약해서 한의학에 관심을 가지게 되었고 지금은 한의사를 하고 계시다고 했다. 한의학이라는 전문적인 분야에 대한 강의라서 굉장히 어려울 것 같았지만 한의학에 대한 아무런 지식도 없는 우리를 위해서 매우 쉽게 설명해 주신 덕분에 잘 이해할 수 있었다.

한의학은 몸에 병이 생겼을 때 자연치유될 수 있도록 유도한다. 그리고 서양의학이 주로 눈에 보이는 것 위주로 치료한다면 한의학은 눈에 보이지 않는 기氣를 중시하며 철학이 바탕이 되어 치료를 한다고 볼 수 있다. 이번 강의를 통해서 한의학이 서양의학보다 비과학적이라고 하지만 오히려 서양의학보다 더욱 과학적일 수 있다는 것과 한의학의 기본 개념들(음양오행과 정신기혈, 경락, 장부)에 대해서도 대략적으로 배울 수 있었다. 또한 준비해 오신 EBS다큐멘터리를 통해 앞으로 우리 의학이 가야할 길인 통합의학에 대해서도 살펴볼 수 있었다. 통합의학은 아직 한의학과 서양의학이 분리되어 있는 우리나라에서는 조금 낯선 분야이지만 중국에서는 굉장히 활성화된 의학이라고 한다.

특히 한의학은 왠지 옛날 것 같고 과학적이지 않은 것 같아서 조금은 멀리해 왔는데 이번 강의를 통해서 한의학도 매우 과학적인 학문이며 역사가 깊고 오히려 우리 몸에 더욱 알맞은 의학이라는 것을 알 수가 있었다. 물론 강사님은 단순히 한의학의 장점만 강조한 것이 아니라 서양의학도 배우신 분이라 서양의학의 장단점과 한의학의 장단점이 어울리는 통합의학을 강조하셨다. 지금은 서양의학에서 한의학을 많이 무시하는 경향이 있고 두 의학이 서로 어울리지 못하고 있지만 중국의 예를 보듯이 두 의학이 서로의 장단점을 잘 보완해 주면 오히려 환자의 상태가 더 좋아질 수 있을 것이다. 의학은 환자의 병을 낫게 하기 위해서 존재하는 것이므로 두 의학의 목적이 같은 만큼 서로 잘 어울릴 수 있을 것이라고 생각한다.

그리고 우리나라 고유의 의학이라고 할 수 있는 사상의학에 대해서도 알게 되었다. 사상의학은 이제마 선생이 만든 것으로 철학 사상의 일부가 의학에 접목된 것이라고 한다. 많은 언론에서 사상의학과 체질에 대해서 이야기를 하는데 직접 한의사를 통해 사상의학이 어떤 철학을 가지고 있고, 체질은 어떤 것인지 알 수 있어서 좋았다.

그리고 우리 한의학의 자랑인 『동의보감』에 대해 들을 수 있었다. 세계문화유산으로 지정될 정도로 그 우수성을 인정받고 있는 훌륭한 책이지만 그 내용에 대해서는 알 기회가 없었다. 하지만 이번 강의를 통해서 『동의보감』이 허준 혼자서 만든 것이 아니라 오랜 시간 동안 여러 사람들이 함께 만든 책이라는 것과 그 전까지 나왔던 의학서적의 내용을 정리하고 여기에 허준이 자신만의 경험을 더하여 만든 책이라는 것을 알게 되었다. 비록 짧은 시간이었지만 한의학의 기초와 사상의학, 그리고 통합의학에 대해서도 배울 수 있었던 소중한 시간이었다. 한의학이 비과학적이라는 편견을 버리게 되었고 우리 한의학에 자부심을 느낄 수 있게 되었다.

열한 번째 강의

중국의 동북공정東北工程 들여다보기

– 윤재석 경북대학교 사학과

1

저명한 역사학자 칼 베크Carl Becker는 '모든 역사는 현재의 역사이다'라고 갈파한 적이 있다. 과거에 일어난 사실들은 단순한 객관적 사실 그 자체로 머물러 있는 것이 아니라 역사가의 현재적 관점과 새로운 방법론 또는 역사가의 꾸준한 노력에 의하여 역사적 사실을 끊임없이 연구하고 재해석·재평가해야 한다는 의미일 것이다. 이는 역사에 대한 기본적 정의 곧 '역사는 과거의 객관적 사실과 이에 대한 역사가의 탐구행위가 결합되어 나타난 산물'이라는 점을 재확인한 것이자 역사해석의 현재성과 역사가의 존재 이유를 밝힌 것이기도 하다.

그러나 역사적 사실에 대한 끊임없는 재해석의 당위성에도 불구하고 이 과정에서 나타날 수 있는 문제점 역시 적지 않다. 역사가가 자신이 소속된 국가나 민족 혹은 정치적 입장에 치우치거나 역사가 개인의 주관적 신념이나 가치관 또는 종교적 신념을 역사해석에 대입해 넣을 경우, 역사적 사실을 왜곡하거나 연구의 객관성을 심각하게 훼손할 수밖에 없는 것이다. 유럽중세사에 대한 신학적 해석, 일본의 역사교과서 왜곡, 나치즘·군국주의·식민주의적 관점에 입각한 독일과 일본의 역사 왜곡, 주체사관에 의한 북한 역사학자들의 한국사 왜곡, 최근 한국의 진보·보수 양측의 정치적 이해관계를 반영한 역사교과서의 집필과 검정 과정에서 불거진 보혁간保革間의 갈등 등은 그 대표적 사례일 것이다. 이는 역사학이 빠질 수 있는 최악의 모순으로서 간혹 국가 혹은 민족 간의 심각한 정치군사적 대립을 유발하거나 심지어 전쟁의 위험까지 초래하는가 하면, 계층 혹은 계급 간의 이해관계의 충돌을 부추길 위험마저 도사리고 있는 것이다.

이러한 측면에서 볼 때, 2002년부터 5년간 중국에서 진행한 '동북공정' 역시 역사학이 정치적 시녀로 추락할 수 있음을 그대로 드러낸 사건이라 할 만하다. 더욱이 동북공정을 둘러싸고 '역사전쟁'이라는 용어가 등장할 정도로 한중 양국민의 감정적 대립까지 나타난 것은 중국 측의 의도 여부와는 무관하게 '현실에 복무하는 역사학'을 강조해 온 중국역사학계 일각의 문제를 그대로 드러낸 것이라 하겠다.

이와 더불어 한국사를 비롯한 역사 교육을 내팽개치고서 중국·일본 등과 역사문제가 제기될 때마다 꼬리에 불붙은 여우처럼 이리저리 뛰어다니는 한국의 위정자와 언론사 및 일부 시민단체 그리고 일부 역사학계의 행태는 근시안적 탁상 교육행정과 더불어 정치·경제·문화의 글로벌화를 내세우면서도 여전히 민족이라는 좁은 틀을 벗어나지 못하는 한계를 그대로 보여 주었다.

동북공정을 둘러싸고 불거진 여러 현상들과 이에 대한 올바른 이해와 반성을 위해서는 무엇보다 동북공정의 실체에 대한 객관적이고 정확한 이해를 선행할 필요가 있다. 그리하여 본고에서는 동북공정의 수행 주체와 그 성격, 그리고 동북공정의 추진 배경과 원인 및 그 내용과 목적 등을 중점적으로 살펴보고, 이에 대한 한국 측의 대응을 비판적 관점에서 분석해 보고자 한다.

2

이른바 '동북공정'의 원래 제목은 '東北邊疆歷史與現狀系列硏究工程'동북 변경의 역사와 현상에 대한 일련의 연구 프로젝트으로서, 동북지방에 대한 중국정부의 대형 국책 연구 사업이라 할 수 있다. 이 사업에서 수행한 연구의 지리적 범위는 '동북지역' 곧 현재 중국의 동북삼성(吉林省·遼寧省·黑龍江省)이다. 그리고 주된 연구대상은 이들 동북지역의 과거 역사와 변경의 경계를 연구함과 더불어 이 지역의 현재와 미래에 닥칠 수 있는 제반 문제 및 이로 인해 나타날 수 있는 현재와 미래의 현상을 파악하는 것이다. 이 프로젝트를 수행한 중심 기관은 중국 국무원 산하의 이른바 '중국의 싱크탱크'로 불리는 중국사회과학원中國社會科學院에 소속된 중국변강사지연구센터中國邊疆史地硏究中心이며, 연구 기간은 2002년 2월부터 2007년 5월까지로서 총 5년이었다.

이 프로젝트의 성격과 목적에 대한 이해를 돕기 위하여 우선 이 프로젝트의 책임 기관인 중국사회과학원과 연구 수행 기관인 변강사지연구센터에 대하여 알아볼 필요가 있다. 중국사회과학원은 '중국과학원 철학사회과학 학부中國科學院哲學社會科學學部'[1]를 기초로 1977년 5월에 설립되었다. 그 후 문화대학명이 끝난 직후인 1977년부터 현재까지 산하 연구소가 대규모로 늘어나 현재 1개 연구원(마르크스주의연구원), 44개 연구소, 45개 연구센터가 소속되어 있으며, 3,200여 명(고급전문가 1,676명, 중급전문가 1,200여 명)이 연구자로 활동하고 있다. 중국사회과학원은 국무원의 산하 기관인 만큼 원장은 주로 학자이자 정치적 역량이 뛰어난 중국공산당 권력 서열 10위 전후의 인물들이 맡았다. 제1대 원장 후챠오무胡喬木, 2대 원장 마홍馬洪, 3대 원장 후승胡繩, 3대 원장 리티에잉李鐵映, 4대 원장 천퀘이웬陳奎元 등이

1 경제연구소, 철학연구소, 세계종교연구소, 고고연구소, 역사연구소, 근대사연구소, 세계역사연구소.

그들인데, 현임 천쿼이웬 원장은 국가주석인 후진타오胡錦濤의 최측근 중 한 명이고, 동북공정 초창기의 원장이었던 리티에잉은 중앙정치국위원을 겸한 인물이다. 따라서 이 기관은 중국 최고 권부가 장악한 최고의 국책연구기관으로서 국가정책의 개발과 연구 및 자문을 수행하고 있음을 알 수 있다.

구체적으로는 '중국의 개혁개방과 현대화 건설 사업에서 창조적 이론 개발과 정책 연구'를 목표로 하여 주로 '사회주의 물질문명의 건설', '사회주의 정신문명의 건설', '민주법제의 건설'에 필요한 연구를 수행하고, 이와 더불어 정부 각 기관의 의뢰를 받아 국가경제와 사회발전에 필요한 이론과 실제 문제를 연구하기도 한다. 이러한 연구를 지원하기 위해 사회과학원 산하에는 537만여 권의 도서를 소장한 인문사회과학 방면의 종합도서관을 운영하는가 하면, 주요 연구 성과를 편찬하는 4개의 출판사와 『중국사회과학中國社會科學』, 『역사연구歷史研究』, 『고고考古』, 『철학연구哲學研究』, 『경제연구經濟研究』, 『법학연구法學研究』, 『문학평론文學評論』, 『세계경제世界經濟』 등 82종의 학술잡지를 간행하고 있다.

중국사회과학원이 국무원 산하의 기관으로서 북경에 위치하면서 중국대륙 전체의 인문사회과학 방면의 연구를 책임지고 있다면, 각 성省과 주요 도시에도 중국사회과학원과 유사한 기능을 갖춘 사회과학원이 44곳에 분포하고 있다. 예컨대 북경시사회과학원·흑룡강성사회과학원 등은 자신이 위치한 지역의 인문사회 방면의 학술적 연구와 지방 정부에서 필요로 하는 정책 연구와 이론 개발을 맡고 있다. 후술하듯이 동북공정에 중국사회과학원과 더불어 길림성사회과학원 역사연구소가 협조 기관으로 참여하게 된 이유도 바로 여기에 있는 것이다.

한편, 중국사회과학원에서 수행하는 인문학 방면의 연구는 주로 전통적 역사문화의 정리와 홍보 및 '사회주의정신문명건설'의 추동을 그 목표로 이루어지고 있는데, 문사철文史哲 관련 연구소가 그 핵심을 이루고 있다. 그러나 최근 이들 연구소는 현실에 곧바로 활용할 수 있는 응용성의 연구보다는 순수학문의 연구에 치중한 나머지 국가정책과 이론의 개발에는 적극적이지 못하여 재정 지원이 그

다지 충분치 못하다고 한다. 이러한 상황에서 국가정책의 개발과 홍보에 가장 충실한 역할을 수행하고 있는 인문학 연구 기관이 바로 동북공정을 추진한 변강사지연구센터이다. 이 기관은 중국사회과학원의 주요 연구소가 1977년에 설립되어 주로 순수학문 연구에 치중해 왔음에 반하여 이보다 한참 늦은 1983년에 설립되어 주로 민감한 변경지역의 역사와 국경선 관련 연구를 수행하고 있는 만큼 중국사회과학원 내에서 국책 연구 사업을 진행하는 가장 전형적인 기관이라 할 수 있다. 따라서 순수한 인문사회학술기관이라 보기 힘들다.

〈그림 1〉 중국변강사지연구센터의 모습

변강사지연구센터는 그 이름에서도 알 수 있듯이 중국 변경의 역사와 지리를 연구하는 기관으로서, 설립의 주된 목적은 '국가의 통일을 유지하고 변경의 안전과 발전에 공헌하는 것'이다. 주지하듯이 중국은 56개 민족으로 구성된 다민족 국가이자 14개 나라와 국경을 접하고 있다. 따라서 중국정부로서는 국제분쟁의 가장 흔한 촉발 요인으로 작용할 수 있는 인접국과의 국경선 문제와 55개의 비非한족이 거주하는 지역에 대한 장악을 공고히 하기 위해서는 변경지역문제를 능동적으로 해결할 수 있는 연구기관의 설립이 필요하였을 것이다. 그리하여 이 기관은 '중국 근대 변경의 경계 연구', '중국 고대의 영역 연구', '중국 변경 연구사의 정리' 등을 주된 연구방향으로 설정하는 한편, '중국 근대 국경선의 변천', '통일적 다민족 국가의 형성과 발전 법칙', '역사상 변경 통치 정책의 경험과 교훈', '중국변경연구의 역사적 유산', '현대 중국 변경지역의 핫이슈의 연구와 그 대책 및 예측에 대한 연구' 등을 중점적 연구 대상으로 삼고 있다.

이상과 같은 연구를 수행하기 위하여 변강사지연구센터는 변경과 소수민족 관련 모순이 가장 첨예하게 나타날 수 있는 지역에 대한 연구를 전담하는 네 개의 연구실을 운영하고 있다. ① 동북과 북부변강연구실東北與北部邊疆研究室 ② 서북변강연구실西北邊疆研究室 ③ 서남변강·해강연구실西南邊疆與海疆研究室 ④ 강역이론연구실疆域理論研究室이 그것이다. 이 중 ①은 동북 곧 길림성·요녕성·흑룡강성, ②는 신강위구르자치구와 서장장족자치구, ③은 운남성과 광서장족자치구와 그 인근 해역, ④는 변경이론을 각각의 연구 대상으로 삼고 있다. 아울러 이들 각 지역에는 변강사지연구센터의 지부에 해당하는 연구기지를 설치 운영하고 있는데, 1996년에 설립한 중국변경의 역사와 사회를 연구하는 운남지역 사업소中國邊疆歷史與社會研究雲南工作站와 중국변경의 역사와 사회를 연구하는 동북지역 사업소中國邊疆歷史與社會研究東北工作站, 1999년에 설립한 중국변경의 역사와 사회를 연구하는 신강지역 사업소中國邊疆歷史與社會研究新疆工作站와 중국변경의 역사와 사회를 연구하는 광서지역 사업소中國邊疆歷史與社會研究廣西工作站가 그것이다. 이외에도 변강사지연구센터가 관리하는 중국사회과학원 내 변경 연구 관련 기관으로 중국 역사문화 정보센터中國歷史文化信息中心·신강 발전 연구센터新疆發展研究中心·동북 변경국가 정보 조사연구 기지東北邊疆國情調研基地 등이 있다.

이상에서 변강사지연구센터와 그 산하 연구실 및 각 지역의 연구기지와 변경 연구 관련 연구 기관의 분포에서 볼 때, 가장 주목되는 것은 이들 모든 기관에 공통으로 설정되어 있는 연구대상 지역이 동북과 서북 지역이라는 점이다. 이는 이들 변강사지연구센터의 연구프로젝트의 지역별 현황 양 지역에 대한 중국 정부의 경계심이 얼마나 깊은지 그대로 보여 주는 것이다. 특히 위구르족의 분리 독립 운동으로 유혈사태까지 치다를 정도로 민족모순이 심각한 신강위구르자치구와 동북지역을 같은 반열에 두고 있다는 점은 중국정부가 동북지역 역시 서북지역 못지않게 민족분규 또는 인접국과 국경선 문제의 발생 가능성이 높은 위험 지역으로 인식하고 있음을 보여 주는 것이다.

〈그림 2〉 변강사지연구센터가 수행하는 연구프로젝트의 지역별 현황

이러한 인식을 뒷받침하는 또 하나의 중요한 단서로 〈그림 2〉와 뒤의 〈표 1〉에 제시한 중점 연구프로젝트 현황을 주목할 수 있다. 2002년 2월부터 2007년 2월까지의 연구기간에 수행한 '동북변경의 역사와 현상에 대한 일련의 연구 프로젝트東北邊疆歷史與現狀系列研究工程', 2005년부터 시작한 '신강의 역사와 현상에 대한 종합 연구新疆歷史與現狀綜合研究', '북부변경의 역사와 현상에 대한 종합 연구北部邊疆歷史與現狀綜合研究'가 그것이다. 이 세 연구프로젝트의 대상 지역은 다른 소수민족지역과는 달리 이 지역에 거주하는 민족의 모국이 중국 국경에 인접해 있다는 공통점이 있다. 동북지역 조선족의 경우 한국과 북한, 북부지역 몽고족의 경우 몽골인민공화국, 신강지역의 경우 위구르족과 민족적 계열과 종교를 같이 하는 서아시아 제국이 중국과 인접해 있는 것이다. 따라서 중국정부의 입장에서 볼 때, 이 세 지역과 여기에 거주하는 소수민족은 다민족국가인 중국의 영토이자

공민이면서도 중앙정부의 힘이 약하거나 변경에 대한 장악력이 떨어질 때에는 언제나 분리·독립할 수 있는 위험성을 내포한 지역인 것이다. 뿐만 아니라 이러한 위험이 현실화될 경우 여타 소수민족의 분리 독립 움직임도 시간문제인 것이고, 이는 곧 중화민족의 와해를 의미하는 것이기도 하다. 이러한 상황에 대한 중국정부의 적극적 대응이 바로 중국사회과학원에 변강사지연구센터를 설립하고, 이들에게 중국의 동북부·북부·서북부 지역에 대한 연구를 수행하도록 한 것이다. 여기에는 〈그림 2〉와 〈표 1〉에서 보듯이 길림성·요녕성·흑룡강성·내몽고자치구·신강위구르자치구 등이 주요 연구대상으로 포함되어 있다.

앞에서 언급하였듯이 이들 소수민족 지역은 대부분이 모국 또는 모문화母文化와 인접해 있을 뿐 아니라, 중국의 국경선에 가장 길게 인접해 있기 때문에 중국정부의 입장에서 이들에 대한 경계를 늦추는 것은 불가능한 일이다. 따라서 이들 지역에 중화민족의식을 꾸준히 고취시킴과 더불어 끊임없이 한족을 이들 지역으로 옮겨 살게 하는가 하면, 소수민족 문화의 중시와 우대책을 통하여 회유를 하기도 한다.

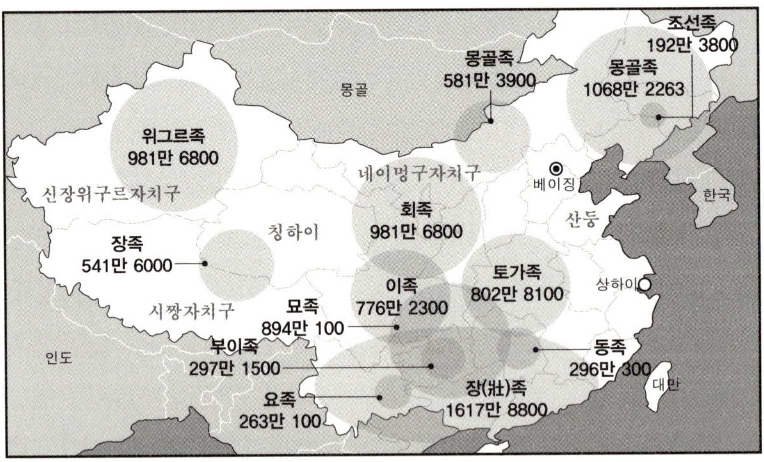

〈그림 3〉 중국의 소수민족지역의 분포와 인구 수

한편, 〈그림 3〉에서 보듯이 이들 소수민족 중 조선족의 경우 인구(약 200만 명)는 여타의 소수민족에 비해 지극히 적지만 이들의 정치적 위상은 매우 높은 편이다. 조선족은 교육열과 경제적 수준이 소수민족 중의 으뜸이라 할 만하고, 항일전쟁과 '항미원조전쟁'한국전쟁에 대한 중국의 호칭에서 중국 측의 적극적 협조자 또는 열사(62,942명의 조선족이 한국전쟁의 중국 측 지원병으로 참전)로 활약하였으며, 혈맹으로 맺어진 북한과의 가교 역할을 하는 존재이기도 하기 때문이다. 조선족인 리더주李德洙를 소수민족 관련 업무를 총괄하는 중앙정부 기구인 국가민족사무위원회의 주임장관급의 최고 책임자이자 통전부부부장統戰部副部長 및 16차 중국공산당중앙위원회 위원으로 임명한 것은 조선족의 중국 내 위상을 잘 보여주는 한 사례라 하겠다.

그러나 중국정부가 조선족의 주 근거지인 동북지방을 중시하는 한편 경계의 눈초리도 늦추지 않는 주된 요인을 우선 국제관계의 측면에서 찾아볼 필요가 있다. 지리적으로 동북지방은 중국 내에서는 서부의 내몽고자치구와 면해 있고 밖으로는 북한·러시아와 면해 있으며, 또한 간접적이지만 한국과 접해 있다. 뿐만 아니라 현재로서는 민족의 정체성을 거의 상실하였으나 한때 중국 대륙의 역사를 주도한 청나라 황실의 후예들인 만주족 역시 동북지방에 1천만 명 이상이 거주하고 있으며, 내몽고자치구의 몽고족은 중국을 석권함은 물론 세계대제국을 건설한 칭기스칸의 후예들이다. 더욱이 북한은 경제난과 정치적 불안으로 붕괴의 위험이 상존하고 있는 지역인데, 근래에는 탈북자까지 동북지역으로 대거 유입되어 동북지역 사회문제의 주된 요인으로 떠오르고 있다. 따라서 북한과 지리적으로나 인적으로 직접 연계되어 있는 동북지역은 향후 한국 주도의 한반도 통일이 이루어질지도 모르는 상황에서 동북아지역의 화약고가 될 가능성을 배제할 수만은 없는 형편이다. 더욱이 한국 학계의 일각에서는 일제와 북한 정권에 의해 체결된 조중 국경선에 대한 부당성을 거론하는가 하면, 심지어 일부 시민단체와 종교단체에서는 만주지역을 한국의 고토故土로 주장하면서 수복운동까지 제기하고 있는 마당에 중국 측으로서 이에 대한 대비는 어쩌면 불가피한 선택인지도 모른다.

3

다음의 〈표 1〉에 의하면 동북공정을 수행한 기관은 변강사지연구센터만이 아니다. 여기에는 협조기관으로 동북 삼성三省의 성정부省政府와 그 휘하의 행정·교육 기관이 참여하였고, 직접 연구를 담당한 기관으로는 중국사회과학원의 변강사지연구센터 외에 길림성사회과학원의 역사연구소, 동북사범대학 동북아연구센터, 길림사범학원 고적연구소, 중국인민대학 청사淸史연구소 등이 포함되어 있다. 이들 연구소는 인민대학의 청사연구소를 제외하고 모두 길림성에 위치하고 있는데, 이는 동북공정의 가장 중점적 연구 대상이 이 지역이기 때문일 것이다. 잘 알려져 있듯이 이 지역은 조선족이 가장 많이 분포하고, 한국 고대사와 직접적으로 연계된 지역이며, 향후 남북통일 등 한반도의 정세변화에 따라 국경 분쟁의 발생 가능성이 가장 높은 지역이다. 또한 현재는 탈북자의 증가로 인하여 사회적 불안이 가중되고 있는 지역이기도 하다. 뿐만 아니라 이 지역은 한국의 기업이 다수 진출해 있고, 한국인 관광객이 가장 많이 찾는 지역 중의 하나이기도 하다. 이들 중에서 일부 종교단체나 시민단체 혹은 일반 여행객 중에는 이 지역을 한국의 고토로 생각하면서 '고토수복'을 부르짖기도 한다. 따라서 이러한 제반 상황이 동북공정의 핵심적 연구 대상 지역으로 길림성을 선택하게 한 요인으로 작용하였을 것이다.

다음으로 변강사지연구센터의 홈페이지(http://bjzx.cass.cn/)에 수록된 내용을 근거로 동북공정의 추진 현황을 살펴보면 다음과 같다. 총 연구기간은 2002년 2월부터 2007년 2월까지 총 5년이고, 2002년 기준 연구비 총액은 중국 화폐로 250만 위엔(과제경비 지출총액 245.6만 위엔, 행정경비지출 총액 21.4만 위엔, 총예산액 272만 위엔, 부족액 22만 위엔)이다. 연구비 출연 기관은 재정부가 200만 위엔, 길림성·요녕성·흑룡강성이 각각 25만 위엔, 중국사회과학원이 25만 위엔인데 그중 흑룡강성이 미납하여 실제 2002년의 총 예산은 약 250만 위엔(한화 약 3억7천여만 원)이었다고 한다. 이러한 연구수행 경비의 규모는 한국의 언론매체에서 동북공정의 경비를 수천억 원으로 제시한 것과 많은 차이를 보이는 액수이다.

〈표 1〉 변강사지연구센터의 연구프로젝트 현황

	동북변경의 역사와 현상에 대한 일련의 프로젝트	신강의 역사와 현상에 대한 종합 연구	북부변경의 역사와 현상에 대한 종합 연구
주관기관	중국사회과학원 변강사지연구센터	중국사회과학원 변강사지연구센터	중국사회과학원 변강사지연구센터
참여기관	길림성사회과학원 역사연구소, 동북사범대학 동북아연구센터, 길림사범학원 고적연구소, 중국인민대학 청사(淸史)연구소		
연구기간	2002년2월~2007년2월	2005년~	2010년1월~
연구비	총 250만 위엔 (한화 약 4억 2천5백만 원)		

한편, 동북공정의 시행 요인과 목적 및 그 수행 방침을 가장 잘 보여 주는 것으로 2004년 6월 11일 총 8명으로 구성된 '동북공정전문가위원회'의 〈동북공정개요〉가 있다. 이에 따르면 동북공정의 착수 원인을 "동북지방은 동북아의 중심지로서 전략적 요충지임에도 불구하고 일부 국가의 연구기관과 학자들의 역사왜곡과 소수 정치가들의 황당무계한 논리" 때문이라고 하였다. 아울러 개혁개방 이후 "중국 동북지역·러시아·북한·한국·몽골 그리고 일본·미국 등과 중국 양

자 간의 관계 및 다자간의 관계가 모두 크게 변하고 있는 새로운 국제관계의 상황에서 동북 변경지역의 안정을 한층 더 굳건히 하는 것"이 목표라고 하였다. 이를 요약하면, 변화하는 동북아의 국제정세 속에서 동북지역을 전략적 요충지로 파악하고, 이 지역에 대한 안정적 지배를 달성하기 위해서는 주변국들의 이 지역에 대한 자국사 위주의 역사 해석을 부정하고, 유사 이래 이 지역의 역사를 중국사의 일부로 귀속시킴으로써 이 지역의 안정적 지배에 대한 역사적 당위성을 확보하며, 나아가 현실적으로 한국과 중국 및 북한과 중국의 관계에 있어서 이 지역에 대한 주도권을 확고하게 장악하는 것 등을 동북공정의 목표로 해석할 수 있다. 이는 애당초 이 프로젝트가 순수한 학문적 동기에서 출발하지 않았음이 자명하다는 점을 보여 주기에 충분한데, 이를 더욱 극명하게 표현한 것으로 〈동북공정개요〉의 다음 내용을 주목할 필요가 있다.

> 동북공정전문가위원회는 이 공정의 학술 연구에서 다섯 가지의 의식을 강화해야 한다. 첫째, 정치의식이다. 이 공정의 직접적인 목표는 국가의 장기적 안정을 확보하기 위한 것이기 때문에 국가의 통일, 민족의 단결, 변경의 안정을 큰 목표로 시각을 넓혀야 한다. 둘째, 전반적인 의식이다. 이 공정은 동북변경을 연구 중심으로 한다. 동북 변경은 중국 변경의 구성 부분이고 통일된 다민족 국가의 나눌 수 없는 구성 부분이다. 동북변경 지역은 동북아시아 지역에 위치해 있기 때문에 동북변경 전략의 구성을 연구할 때 동북아의 전반적인 전략 구성에 대한 연구에서 벗어나서는 안 된다. 셋째, 책임의식이다. 사회과학연구자는 국가에 책임지고 인민에게 책임지고 역사에 책임지는 것을 이념으로 해야 한다. 실용주의와 비과학적인 연구는 피해야 한다. 넷째, 정품精品 의식이다. 이 공정의 연구 성과는 중국 정부의 정책 결정에 자료를 제공해야 하고 후세인들이 변경 역사를 연구하는 데 기초를 마련해야 한다.

이에 따르면 동북공정의 직접적 목표가 연구결과를 정책 결정 자료로 반영하여 변경지역의 안정과 중국이라는 통일적 다민족국가의 내부 결속을 공고히 하며, 나아가 동북지방을 동북아전략의 전진기지로 삼아 동북아질서의 주도권을 확보하기 위한 것임을 알 수 있다. 그런데 이러한 선언적 목표는 다음과 같은 구체적 목표를 전제로 한 것이다. 첫째, 역사적으로 동북지역은 고조선·고구려·발해의 역사 무대이지만 현재 중국 영토 안의 역사는 모두 중화민족의 역사로 편입함으로써 이 지역을 한국사 혹은 조선사의 일부로 파악하는 논리를 사전에 차단하고, 이를 통하여 중국의 이 지역에 대한 지배의 역사적 정당성을 확보한다. 둘째, 남북통일 이후에 초래될 수 있는 국경·영토 분쟁에 대비하기 위하여 이 지역에 대한 역사적·지정학적 소유권을 공고히 한다. 셋째, 56개 민족을 중화민족이라는 개념으로 규정하고, 이를 국가 안정의 기초로 삼기 위한 일환으로 한반도와 인접해 있는 조선족의 민족적 정체성의 혼란을 방지하고, 내부적으로는 중국이라는 통일적 다민족국가의 존립의 당위성을 강화함으로써 동북지역에서 소수민족의 독립의지를 사전에 차단한다. 넷째, 동아시아의 지정학적 요충지인 동북지역에 대한 지배를 강화함으로써 이 지역과 접해 있는 북한·러시아는 물론 한국·미국·일본의 이 지역에 대한 영향력을 최소화시킨다.

이상과 같은 동북공정의 목표는 당시 중국의 대내외적 상황 변화와 밀접한 관계가 있다는 점도 주목된다. 즉, 1976년 문화대혁명이 종료되고 개혁개방 정책의 기조 하에 자본주의시장경제를 도입하면서 중국은 내외적으로 급격한 환경 변화를 경험하게 된다. 우선 종래 소련 및 동유럽의 몰락으로 사회주의체제에 대한 회의감이 확산되는 가운데 개혁·개방 이후 자유주의·민주주의·물질만능주의 등 자본주의 가치관이 성행하는가 하면, 티베트의 장족과 신강의 위구르족을 중심으로 한 소수민족의 분리·독립 움직임이 두드러지게 되었다. 이에 중국정부는 '사회주의 현대화'를 국가의 당면과제로 삼는 한편, 그것의 세부 실천과제로 '사회주의 물질문명의 건설'과 '사회주의 정신문명의 건설'을 추진하게 된다. 그 핵심 내용은 애국주의와 집체주의의 강화를 통하여 사회주의 정신문명을 고양하고, 중국 내 각 민족의 단결과 사회주의 조국에 대한 사랑을 전제로 '중화민족주의'를 고취함으로써 애국주의를 고양하며, 청소년들에게는 이에 대한 도덕교육을 강화하게 된다. 이는 동북공정이 단순히 동북지방의 문제에서만 제기된 것이 아니라 중국의 대내외적 환경 변화에 대응하기 위해 변경지역 전체에 대한 전방위적 정책 연구의 일환으로 기획되었음을 의미한다.

이외에도 동북공정의 실시 배경으로 중국의 대외정책의 변화도 주목되는데, '도광양회韜光養晦'에서 '화평굴기和平崛起'와 '유소작위有所作爲' 정책으로의 변화 속에서 동북공정의 성격을 살펴볼 필요가 있는 것이다. 1980년대 등소평은 개혁·개방정책을 실시하면서 국제적으로 영향력을 행사할 수 있는 경제력이나 국력이 생길 때까지는 침묵을 지키면서 강대국들의 눈치를 살피고, 전술적으로도 협력하는 소위 '도광양회'를 외교정책의 기조로 삼았다. 이는 낙후한 경제력을 끌어올려 사회주의 강성대국으로 성장하기 위한 불가피한 정책으로서, 그러한 만큼 이 기간 동안 대외적으로 중국의 위상은 그다지 볼만한 것이 없었다. 그러나 급속한 경제발전을 통해 힘이 축적되자 2003년부터는 세계평화를 지지하면서 대국으로 발전하겠다는 뜻의 '화평굴기'를 외교정책의 기조로 삼는가 하면, 이어 2004년부터는 화평굴기 대신 국제 관계에서의 적극적 관여와 개입을 통하여 중국의 역할을 강조하고, 국익을 확대하고자 하는 '유소작위'라는 적극적이고 공세적인 대외정책을 펴기 시작하였다. 동북공정은 이러한 일련의 외교정책의 변화 가운데에서 시행된 것으로서, 화평굴기와 유소작위의 대외정책의 연장선상에 놓여 있는 것이다. 동북공정의 내면에 대내외적인 중화민족주의 의식의 강화와 패권주의적 경향이 농후하게 묻어나는 것도 이러한 외교 전략의 변화와 전혀 무관치 않을 것이다.

이상과 같은 대내외적 배경에서 실시된 동북공정은 소기의 목표를 수행하기 위한 방안으로 프로젝트의 방향을 기초 연구와 응용 연구를 포함한 연구 부문과 번역 및 당안(국가의 공식적 기록물) 자료의 정리라는 세 유형으로 나누어 진행되었다. 그 가운데 가장 중요한 연구 영역에 〈고대 중국의 변경에 대한 이론 연구〉, 〈동북 지방사 연구〉, 〈동북 민족사 연구〉, 〈고조선·고구려·발해사 연구〉, 〈중국과 한반도(북한·한국)의 관계 연구〉, 〈중국 동북 변경 지역과 러시아 원동 지역의 정치·경제 관계사 연구〉, 〈동북 변경 사회의 안정화 전략 연구〉, 〈한반도 형세 변화가 중국 동북 변경의 안정에 끼치는 영향에 관한 연구〉 등이 포함되어 있는데, 그 중심 주제는 고구려를 비롯한 한국고대사와 밀접한 관계가 있는 분야이다. 이 결과 기초연구로서 2002년 27개 과제, 2003년 15개 과제, 2004년 6개 과제가 선정되어 연구되었고, 이외에 14개의 응용연구와 번역 과제, 4건의 당안 자료 정리 과제가 선정·연구되었다.

이 중 한중 관계사와 관련하여 동북공정의 결과 제기된 주요 쟁점과 중국 측의 연구 결과 및 이에 대한 한국 측의 대응 내용을 살펴보면 〈표 2〉와 같다. 지면의 제한으로 각 쟁점에 대한 학술적 분석은 생략하고, 여기에 나타난 동북공정의 성격을 중심으로 살펴보기로 하자. 〈표 2〉에서 보듯이 동북공정에서 가장 비중 있게 다룬 부분은 고구려사를 중국사로 귀속시키고자 하는 문제로서 한국고대사의 근간을 뒤흔드는 내용이다. 이와 관련하여 우선 일견 무모한 듯이 보이는 이들 연구결과의 도출 과정에 대한 접근부터 시작하기로 하자.

우선 중국의 고구려사에 대한 인식 변화에 주목할 필요가 있다. 즉, 청나라 이전은 물론 1949년 중화인민공화국의 건국 이후의 마오쩌뚱毛澤東 시대까지도 중국학계와 역사교과서에서 고구려사는 조선사(한국사)로 인정하였다. 이는 마오쩌뚱이 건국 초기에 봉건적 잔재와 부르주아계급사회의 잔재를 일소하기 위하여 소수민족을 억압하는 역사 해석이나 용어에 대하여 대대적인 수정을 가하도록 지시한 이래 나타난 결과이기도 하다. 그리하여 고구려사는 물론 중국 소수민족의 역사는 그들 고유의 역사로 인식되었다. 그런데 1960년대 요녕성 등지에서는 농토조성 작업과정에서 고구려 유물을 대거 발굴하고, 그 처리를 놓고 고심하다가 비록 고구려사는 조선사(한국사)에 속하지만 중국 영토 내에 있는 자료이기 때문에 이를 지방사 연구 차원에서 보존·연구해야 한다는 결론이 내려졌다. 그런데 결과론적으로 이때부터 중국 내 고구려 유적은 중국의 것으로, 평양으로 천도한 이후의 고구려 유적은 한국사에 포함시킨다는 이분법적 해석이 생겨났는데, 이러한 관점을 발전시킨 것이 '일사양국론(一史兩國論, 하나의 역사를 이해관계 당사국 상호가 공유하자는 논리)'이다.

〈표 2〉 동북공정에서 제기된 주요 쟁점과 한국 측의 대응 논리

주요 쟁점	중국	한국
고조선의 역사 귀속문제	고조선은 기자조선→한사군으로 이어지는 중국사의 일부이다.	고조선은 독자적인 청동기 문화를 이룩한 단군조선의 나라이다.
만리장성의 동쪽 끝 지점	만리장성은 대동강까지 이르렀다.	만리장성은 요하遼河까지만 축조된 것이 명백하다.
부여사의 귀속 문제	부여족은 한민족과 무관한 중국 고대 소수 민족 중의 하나였다.	부여는 예맥족濊貊族이 세운 나라로서 한민족의 한 원류이다.
발해사의 귀속 문제	발해의 국호는 말갈에서 발해로 개칭한 당나라 지방정권의 하나였다.	발해는 처음에는 진국辰國, 이후에는 고려 혹은 고려국으로 칭하였으며, 고구려를 계승한 자주 독립 국가였다.
고구려사의 귀속 문제	고구려 정권은 전한의 현도군 고구려현高句麗縣 경내의 변경민족이 수립한 중국의 소수민족이 세운 정권으로서 중국고대의 지방정권의 하나였다.	고구려는 민족의 기원과 역사 계승의식 모두 한민족의 자주 국가였다.
	고구려는 고대 중국의 영토 안에서 성립 · 발전 · 멸망했으므로 중국의 지방정권이다.	고구려는 한군현漢郡縣 세력의 축출 과정에서 건국 · 발전한 독립국이다.
	고구려는 중국과 조공 · 책봉 관계를 맺은 중국의 지방정권이었다.	조공 · 책봉은 외교의 한 형식이자 국제무역의 한 형태일 뿐 국가의 귀속 여부를 결정하는 잣대가 될 수 없다.
	고구려와 수 · 당의 전쟁은 중국 내부의 통일전쟁이다.	고구려와 수 · 당의 전쟁은 국가 간의 전쟁이다.

주요 쟁점	중국	한국
고구려사의 귀속 문제	고구려 멸망 후 그 유민의 상당수가 중국으로 들어가 한족漢族에 흡수되었으므로 고구려사는 중국사의 일부이다.	고구려 멸망 후 역사의식의 계승과 부흥운동의 측면에서 고구려는 한국고대사의 일부이다.
	고려는 고구려를 계승한 나라가 아니다.	중국 측 기록인『송사宋史』에도 고구려-고려의 계승관계를 분명히 기술하고 있다.
	오늘날의 조선족은 고구려 멸망 이후 만주에서 존속해오며 혼혈된 민족을 모태로 거기에 한반도의 '일부 조선인'이 다시 융합하여 형성되었다. 따라서 조선족과 한민족의 혈통은 동일한 것이 아니다.	조선족의 주류는 19세기 한반도로부터 만주지역으로 이주해간 한민족으로서 언어 · 풍속 · 습관 등 모든 문화적 요소가 한민족과 일치한다.

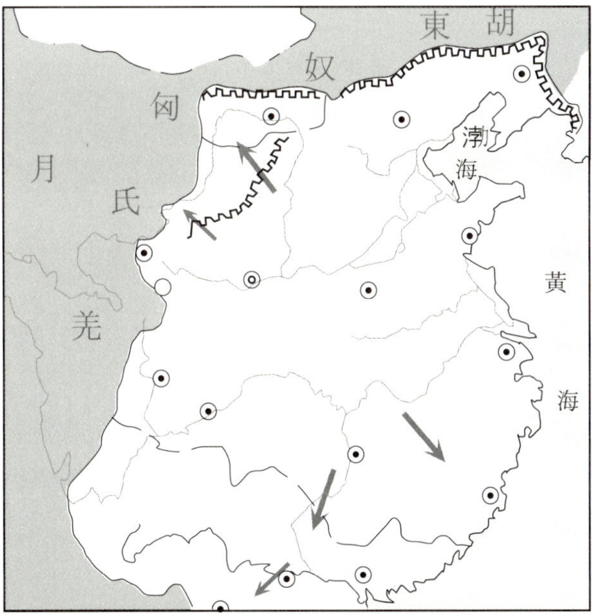

〈그림 4〉 진제국의 영역과 만리장성 지도

한편, 이러한 상황에서 1992년 8월 한중수교와 더불어 양국 간의 인적 · 물적 교류가 비약적으로 늘어나면서 고조선·부여·발해·고구려의 고토였던 동북지역 특히 한때 고구려의 중심지였던 길림성 일대는 획기적인 변화를 맞게 된다. 한국 기업의 진출이 늘어나는가 하면, 조선족이 한국으로 대거 이동하면서 일각에서는 조선족의 한국국적 회복운동이 가시화되고, 한국정부에서는 '재외동포특별법'을 제정하는 움직임까지 보이게 된다. 뿐만 아니라 북한의 경제적 빈곤과 체제 불안정에 편승하여 이 지역으로 탈북자가 대거 유입하여 사회문제를 야기하는가 하면, 북한의 갑작스런 붕괴마저 점쳐지고 있었다. 더욱이 한중수교 이후 백두산과 더불어 고구려 유적이 밀집한 길림성을 중심으로 한국 관광객이 기하급수적으로 증가함은 물론, 현지 가이드들이 만주를 한국의 영토로 설명하는 것에 대해 중국 역사학자들이 경계심을 갖기 시작하였다. 아울러 동북지역의 일부 한국인 여행객과 시민단체·종교단체·언론인·정치인들 중에는 고구려 유적지에서 태극기를 게양하고 '대한민국만세'를 외치거나, 고구려 유적지의 관리 부실을 해당 지방정부에 항의하는가 하면, 심지어 이 지역에 대한 한국의 연고권을 주장하면서 고토 수복운동을 벌이자는 움직임까지 나타나기 시작하였다. 이러한 일부 한국인들의 안하무인격 행태는 당시 동북지방의 대내외적 환경 변화와 더불어 야기된 동북공정의 필요성을 더욱 강화시키는 요인으로 작용하였다. 더욱이 여진족(만주족)이 바로 동북지역을 근거로 금과 청나라를 세워 전 중국을 석권했던 역사적 경험으로 미루어 이상과 같은 일련의 사태는 이 지역에 대한 전통적인 경계심을 더욱 강화시키는 한편 이 지역에 대한 실효적 지배의 당위성을 역사적 사실에서 그 증거를 찾도록 자극하였다. 이러한 것이 고구려사의 중국사 편입을 주요 내용으로 하는 동북공정의 핵심적 관점이라 할 수 있을 것이다.

한편, 이상과 같은 동북공정에 의해 도출된 연구 결과물은 내용상이나 논리상으로 역사왜곡이라 할 만한 것들이 다수 포함되어 있지만 그것의 중국 내 파급 효과는 적지 않은데, 정치적인 측면보다는 주로 학생과 일반 대중에 대한 왜

곡된 역사관을 심어 주는 현상이 곳곳에서 나타나고 있다. 예컨대 일부 역사지도에는 〈그림 4〉와 같이 진나라의 만리장성의 동쪽 끝이 대동강하구에 있었던 것처럼 묘사하는가 하면, 〈그림 5〉에서 보듯이 집안集安의 고구려왕성 유적지에 대한 설명문에는 〈高句麗人弁非朝鮮人고구려인은 결코 조선 사람이 아니다〉이라는 제하의 고구려사 관련 내용이 기재되기도 하였다. 그리고 〈그림 6〉은 동북공정의 구려사 관련 연구 결과물을 요약 소개한 것으로서 주목되는데, 이에 따르면 고구려는 중국고대의 지방소수민족이 세운 정권으로 확정하고 있음을 알 수 있다. 그리고 대외적으로도 고구려사가 중국사의 일부임을 선포하기 위해 중국은 2004년 6월 28일 쑤조우에서 열린 제28차 유네스코 세계문화유산위원회WHC회의에서 길림성과 요녕성 일대의 고구려 유적지를 '고구려의 수도와 왕릉, 그리고 귀족의 무덤들'이라는 이름으로 세계문화유산으로 정식 등재하였다. 당시 북한 또한 '고구려 고분군The Complex of the Koguryo Tombs'을 세계문화유산으로 등재하였으나 양적인 측면에서 중국이 등재한 것에 전혀 비할 바 못된다. 양측의 동시 등재는 한편으로 중국과 북한이 고구려 유적을 양분한다는 점을 대외적으로 천명하는 것으로서, 일사양국론을 용인하는 듯한 인상을 심어 주기에 충분하다. 이는 동북공정을 통해 얻고자 한 중국 측의 목표가 일부 실현되었음을 시사하는 사건이라 할 만한 것이다.

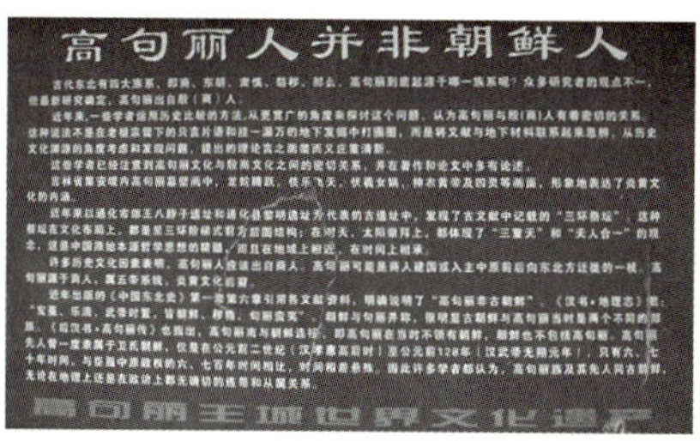

〈그림 5〉 집안(集安)의 고구려왕성 유적지에 대한 설명문

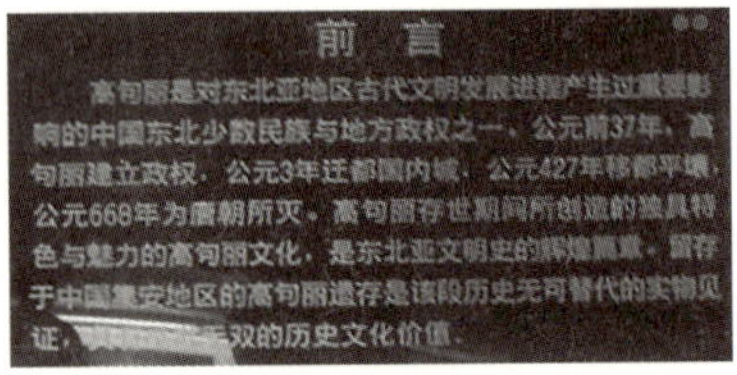

머리말

고구려는 동북아지역 고대문명 발전과정에서 중요한 영향을 낳은 중국 동북 소수민족과 지방정권의 하나이다. 고구려 정권은 기원전 37년에 건립되어, 기원 3년에 국내성으로 천도하였고, 기원 427년에는 평양으로 천도하였으며, 기원 668년 당나라에 의해 멸망되었다. 고구려는 존속기간 동안 독자적 특색과 매력을 갖춘 고구려 문화를 창조하였는데, 이는 동북아 문명사의 빛나는 업적으로서, 중국 집안지역에 남아 있는 고구려 유적은 해당 시기의 고구려 역사를 대체할 수 없는 실물 증거이다.

〈그림 6〉 요녕성박물관의 고구려사 소개글

이상과 같은 동북공정에 대한 한국의 대응에 대하여 살펴보자. 한국에서는 동북공정에 의한 한국고대사 왜곡에 대처하기 위해 2004년 3월 교육부 산하에 고구려연구재단을 발족하였고, 2006년 9월에는 이를 확대 개편하여 중국과 일본의 역사왜곡에 대응하기 위해 고구려연구재단을 흡수·통합한 동북아역사재단을 출범시켰다. 한국정부가 주변국과의 역사문제를 해결하기 위해 학술용역을 수행하는 정부투자기관을 발족시킨 것이다. 당초 고구려연구재단에서는 중국의 동북공정에 맞서기 위해 4개의 공동기획연구를 선정하여 중국의 논리를 학문적으로 반박하는 데 박차를 가하였다. 즉 고조선과 부여의 주민 구성 및 국가 형성, 고구려와 발해의 계승성, 한중 외교관계에 대한 연구, 근대 동아시아 국경 확정 과정 등의 프로젝트가 그것이다. 이외에 한국정부는 범정부 차원의 대책을 추진하는 한편, 여야의원 25명이 중국의 역사왜곡 중단 촉구 결의안을 국회에 제출하는가 하면, 외교부를 통하여 “중국 학계의 고구려사 왜곡이 자칫 양국관계에 부정적인 영향을 미칠 수 있다"는 우려를 중국 측에 전달했으며, 제28차 세계유산위원회에서 북한 내 고구려 벽화고분이 세계문화유산으로 등재되도록 주유네스코 대표부를 통해 북한 측의 등재 노력을 지원하기도 하였다. 이외에 민간에서는 시민단체 혹은 종교단체가 주도하여 고구려사가 한국사의 일부임을 밝히는 서명운동을 벌이기도 하였다. 그러나 한때 들불같이 타올랐던 동북공정에 대한 한국민의 공분과 목청껏 외쳤던 역사교육의 중요성은 이 사업의 종결과 더불어 시들어 버렸고, 일각에서는 중국과 일본이 역사문제를 제기할 때마다 이 분야 전공자들의 취업률이 약간 올라가는 결과만 낳을 뿐 근본적 대응책은 전혀 찾아볼 수 없다는 자조 섞인 비판까지 내놓는다.

4

중국의 동북공정은 동북아시아 특히 한반도의 역사와 현재의 국제정치에서 자국의 이익을 확보하기 위하여 중국정부가 진행한 대형 국책 사업임이 자명하다. 그러나 다른 한편으로 이 사업은 중국의 내부모순과 더불어 특히 한중·조중 관계상의 대외적 모순에 대한 중국정부가 취한 최소한의 방책일지도 모른다. 최근 중국은 경제대국으로서의 위상만이 아니라 국제정치의 핵심세력으로 급부상하면서 외교정책의 기조 역시 패권주의를 지향하는 조짐이 여러 곳에서 나타나고 있다. '도광양회'에서 '화평굴기'를 거쳐 '유소작위'로 이어지는 외교정책의 기조 변화는 이를 잘 반영하고 있다. 따라서 2002년부터 5년간 진행된 동북공정 역시 대외적으로는 이러한 외교정책의 변화에 상응하는 하나의 현상이라 해도 과언이 아니다. 이는 한편으로 향후 주변국과의 관계에 있어서 중국의 이해관계가 상충되는 현상이 나타난다면 동북공정 이상의 국책사업도 시도될 수 있다는 점을 충분히 예측케 한다.

그렇다면 과연 동북공정에 대한 한국 측의 대응 방식은 옳은 것일까? 고구려연구재단이나 동북아역사재단 등 국책 연구기관을 설립하는 것만이 최선의 방책이었을까? 이러한 일이 터질 때마다 정치인이나 시민단체가 중심이 되어 반대 서명이나 규탄대회를 여는 행태를 언제까지 계속할 것인가? 필요할 때마다 역사학을 정치적 도구쯤으로 여기는 위정자들에게 의식의 변화를 기대하기는 힘든 것인가? 이러한 모든 의구심의 저변에는 '돈 안 되는 순수학문'의 무용성을 강조하는 학술정책과 자국의 역사 교육마저 거의 포기해 버린 교육정책이 빚어낸 근시안적이고 천박한 한국정부의 행태가 도사리고 있음을 간과할 수 없다. 이들이 취한 행태는 결코 역사학적 관점이 아니라 역사에 무관심한 국민의 감정에 호소하거나 케케묵은 민족주의에 편승하여 중국정부에 항의하는 것이 고작이었다.

중국의 동북공정과 일본의 역사왜곡에 대응하기 위하여 고구려연구재단과 동북아역사재단을 만들었다고 자부할는지 모르지만 이 역시 근시안적 정책에 불과하다. 이들 기관은 중국의 변강사지연구센터를 흉내 낸 또 하나의 관제화된 역사물 양산 기관에 불과한 것이다. 장기 지속적이고 근본적인 방안을 마련하기보다는 기껏해야 자신들이 비판한 중국의 행태와 동일한 방식으로 대응하였을 뿐인 것이다. 이들 관제 연구기관을 중심으로 양산되는 역사 연구물은 그 속성상 역사학이 견지해야 하는 객관성과 공정성을 담보하기 힘든 것은 자명한 일이다. 한국이 비난하는 동북공정의 학술적 행태와 조금도 다를 것이 없다. 그리고 역사분쟁의 이면에는 근본적으로 국가 간의 정치·외교적 문제가 도사리고 있음에도 역사학을 정치의 시녀로 전락시키는 방법으로 문제를 해결하고자 하는 것은 너무나 비역사적인 접근 방식이다. 역사학의 정치적 시녀화는 국가주의와 민족주의의 관점에서 한 발자국도 벗어나지 못하는 획일적인 자국사 위주의 역사물을 양산할 뿐이고, 이것은 또 다른 형태의 역사분쟁을 예고하는 것에 불과한 조치인 것이다.

서두에서 언급한 '역사는 현재의 역사이다'라는 관점은 선인의 역사적 경험에 대한 끊임없는 통찰과 재해석을 통하여 현재에도 인간을 옥죄고 있는 인간사회의 근원적이고 본질적인 질곡과 모순을 풀어헤치는 지혜를 마련하도록 역사학자에게 부여한 사명을 천명한 것일 것이다. 결코 단순히 현재의 국가나 민족 혹은 정권을 홍보하거나 그들에게 유리한 역사해석을 만들어 내자는 것이 아닌 것이다. 이러한 측면에서 볼 때, 중국은 물론 한국 역시 역사학을 순수 학문의 영역에 두지 않고 정치적 시녀로 간주하는 정책입안자들의 근시안적 안목이 상존하는 한, 앞으로도 인접국과의 역사분쟁은 끊이지 않을 것이다. 역사적 사실에 대한 연구와 평가는 역사가의 순수한 학문적 접근에 맡길 일이고, 중국은 물론 한국 역시 자국사 위주의 편협한 역사관에 매몰되지 말아야 하며, 학문적 객관성이 담보된 자유로운 연구풍토와 학문적 양심이 숨쉴 수 있는 연구 환경의 조성이 어느 때보다 절실한 것이다.

참고자료

중국사회과학원 홈페이지(http://www.cass.net.cn/)

중국변강사지연구센터 홈페이지(http://bjzx.cass.cn/)

길림성사회과학원 홈페이지(http://www.jl-ss.com/)

중화인민공화국 국가민족사무위원회 홈페이지(http://www.seac.gov.cn/gjmw/index.htm)

조인성, 2010, 『중국 동북공정 고구려사 연구논저 분석』, 동북아역사재단.

耿鐵華, 2003, 『好太王碑一千五百八十年祭』, 中國社會科學出版社.

李治亭, 2003, 『東北通史』, 中州古籍出版社.

李德山·栾凡, 2003, 『中國東北古民族發展史』, 中國社會科學出版社.

楊軍, 2006, 『高句麗民族與國家的形成和演變』, 中國社會科學出版社.

魏國忠·朱國沈·郝慶雲, 2006, 『渤海國史』, 中國社會科學出版社.

李大龍, 2006, 『漢唐藩屬體制研究』, 中國社會科學出版社.

| 감상문 |

중국의 동북공정 들여다보기

서병수 (생명과학부)

다양한 분야를 다룬 복현모둠강좌가 어느덧 마지막 시간이 되었다. 일반 강의에서는 들을 수 없던 참으로 다양하고 유익한 강의가 많았기에 마지막 수업이 더욱 아쉽게 느껴졌다. 이번 강의는 바로 얼마 전까지 우리의 가슴을 분노로 가득 채웠던 중국의 '동북공정 프로젝트'에 대한 것이었다. 하지만 이 강연을 처음 들었을 때 우리의 반응은 '우리가 뭘 더 몰랐다는 거지?'가 아닌, '아, 맞다. 그런 게 있었지'였다. 무엇이 문제였을까? 분명 당시에는 엄청난 이슈였고, 친구들과 있어도 그 이야기가 나오지 않은 때가 없었는데 말이다. 대중매체에 의해 판단된 정보를 수동적으로 받아들이게 되어 그런 것이 아닌가 하는 생각을 해 보았다. 솔직히 지금까지 동북공정에 대해서 보고 들었던 것들은 대부분이 대중매체를 통한 일방적인 수용밖에 없었다. 내가 적극적으로 알고자 하는 의지를 가지고 정보를 찾고 생각해 본 적이 없었기 때문이 아니었을까? 그런 점에서 이번 수업은 굉장히 흥미롭고 감명 깊었다.

우선 중국이라는 나라에 대해 생각해 보았다. 솔직히 우리가 생각하는 중국, 중국인의 이미지는 좋지 않은 경우가 더 많다. 잘 씻지 않는다, 중화사상에 빠져서 겸손을 모른다, 사람을 믿지 못한다, 다이내믹(안 좋은 의미에서)하다 등등. 하지만 실제로 우리가 경제적으로나 정치적으로 중국보다 '앞서' 있던 적은 우리나라 전체의 역사 중 30여 년밖에 되지 않는다고 한다. 실제로 우리가 배우는 역사책에서도 중국은 빠지지 않고 등장한다. 13억 중국인 중 소수민족만 1억 명이 넘는다고 하니 우리의 상상을 뛰어넘는 나라다. 이러한 풍부한 인적자원을 바탕으로 지금 중국은 세계에서 유래 없는 고도성장을 하고 있다. 하지만 이런 중국에서도 지역 간의 극단적인 경제적 차이는 심각한 문제가 아닐 수 없다. 상대적으로 경제적 하위계층에 속하는 소수민족들이 극단적인 행동을 취할 경우 중국의 사회 전반이 혼란에 빠지기 때문이다. 그 예로 티베트지역의 독립운동(그들은 '폭동'이라 일축하지만) 사건이 있다. 이런 사회의 위협을 제거하기 위해 정치, 경제적으로 불안한 한반도와 만주지역은 조치를 취해야 했을 것이다. 게다가 미래의 통일한국에 대해서 견제하는 준비도 했어야 할 것이다. 혹시라도 모를 조선족들의 독립의 움직이라든지, 통일한국의 건국 시 조선족이 많이 분포해 있는 간도지역에 대해서 중국의 권리가 약해질 수도 있을 것이라는 이유로 중국은 간도지역 지배의 정당성을 부여하기 위해 역사연구를 시작하게 되었다. 그 연구가 바로 동북공정이다. 하지만 실제로 이 연구 또한 생각보다 많이 부풀려진 면도 있으며 말도 안 되는 주장이 포함되어 있기도 하다. 하지만 그만큼 우리나라의 역사 연구 또한 부족한 면이 있기 때문에 우리나라 역사연구에 대해서도 많은 연구가 필요할 것이다. 정확하고 객관적인 역사 연구가 이루어지지 않는 이유는 무엇보다 '역사를 역사 그대로' 두지 않는 지금의 사회 현실 때문이 아닐까 한다. 과거에 사실이었던 역사를 현재의 정치적 이념과 이해 관계의 근거로 이용하려는 태도는 올바른 태도가 아니다. 하지만 지금까지의 역사에서 대체로 '사실로서의 역사'뿐만 아니라 '쓰여진 역사'의 역할도 큰 만큼 우리 스스로가 정의하고 판단하고, 지켜야 할 역사에 대해서 좀 더 관심을 가지고 나아가야 할 것이다. 눈앞에 보이는 직업, 미래에 대한 것도 중요하지만 우리 후손에게 우리의 과거와 현재를 올바르게 이해시키고 우리의 미래를 키워 나가는 것도 중요하기 때문이다. 이제 공식적으로 복현모둠강좌는 마무리되지만, 앞으로도 이런 좋은 강의가 있다면 주저 없이 듣고 싶다. 다양한 분야에 대해 알게 되고, 다시 한 번 더 생각해 볼 좋은 기회가 되었다. 이런 좋은 강의를 마련해 주신, 이재열 교수님을 비롯하여 많은 교수님들께 다시 한 번 감사드린다.